What is
CONSUMERISM ?

컨슈머리즘의 이해

서여주·임은정·정순희 공저

 백산출판사

본 저서는 2014년 한국소비자정책교육학회의
재원을 지원받아 수행되었습니다.

머 리 말

　우리 사회 전반에 4차 산업혁명의 파고가 거세게 일며 산업과 생활의 변화를 이끄는 현실로 성큼 다가왔다. 융합, 연결, 자율화의 특성을 지니는 4차 산업혁명을 맞이하며 오늘날의 소비자들은 디지털 세상에서 확대된 네트워크를 갖게 되어, 실시간으로 정보를 생산하고 서로 공유할 수 있게 되었다. 4차 산업혁명의 가장 근간에는 초연결성이 있는데, 이로써 사람과 사람, 사람과 사물, 그리고 모든 사물이 연결되어 생산과 소비의 전 과정이 지능화되었을 뿐만 아니라, 생산과 소비가 결합되는 가치사슬로 변화되었다. 이에 과거에 비해 오늘날의 소비자들은 더 많은 정보를 더 쉽게 얻어 역량이 높아졌고, 생산에 강력한 영향을 미치거나 중추적인 역할을 수행할 수 있게 되었다. 그렇기 때문에 혹자는 4차 산업혁명으로 드디어 소비자중심 사회의 막이 오른다고 이야기한다.

　그러나 여전히 우리 소비자들은 작고 큰 여러 문제에 직면하고 있다. 과거부터 이어져 온 소비자 안전문제는 완전히 해소되지 않고 있을 뿐만 아니라, 신기술이 생활에 접목됨에 따라 안전에 대한 소비자 불안은 더욱 높아지고 있다. 이외에도 과거에는 없던 새로운 문제도 나타났는데 디지털 시대에서의 정보침해 문제가 대표적이다. 네트워크 기반의 초연결 사회에서 나타나는 소비자 문제는 과거에 비해 오히려 문제의 심각성이나 파급력이 더 크다고 해도 과언이 아니다.

　동시에 소비자의 역할도 더욱 강조되고 있다. 온라인상에서 소비자 간 결합된 네트워크를 바탕으로 각종 비윤리적 소비자 정보가 마치 스마트 소비를 위한 정보인 것처럼 생산·공유되어 무분별하게 확산되고 있기 때문이다. 초연결성은 소비자가 행하는 비윤리적 문제행동의 전파력을 무궁무진하게 높이고 있기에, 오늘날의 소비자들은 스스로의 권리를 지키는 역량을 갖출 뿐만 아니라 책임의식을 바탕으로 시민적 행동에 참여할 필요가 있는 것이다.

새로운 변화로부터 오는 각종 소비관련 사회적 부작용을 방지하고, 소비와 생산에서의 가치가 상호 극대화될 수 있도록 소비자의 올바른 책임의식과 문화가 조성되어야 한다. 이는 사회 구성원 간의 상호신뢰와 협력적 태도뿐 아니라 지속가능성의 윤리를 내재화함으로써 가능할 수 있으며, 이로써 선순환적 경제시스템이 구축되어 진정한 소비자중심적 시장을 이룰 수 있을 것이다.

즉 스스로의 권리와 책임의식, 실천적 참여를 강조하는 소비자주의는 오늘날의 소비자에게 매우 요구된다. 이에 본서는 소비자주의, 즉 컨슈머리즘에 대한 기본적 개념을 소개하고, 이를 사회적 현상과 변화의 흐름에 맞추어 새롭게 해석함으로써 4차 산업혁명에서 나타나는 소비자주의의 한 방향을 제안해 보고자 하였다.

컨슈머리즘에 대해 중심적으로 조명하고 있는 본서는 모두 4부 12장으로 이루어져 있다. 간단하게 각 부를 소개하면 다음과 같다.

제1부는 본서의 도입부분으로, 소비자주의와 관련된 각종 기본개념에 대한 소개를 통해 소비자주의를 설명하였다. 4장으로 이루어진 1부는 소비자주의를 관통하는 개념과 목표를 제시함으로써 소비자주의를 설명하여 기초적 이해를 돕고자 하였다.

제2부에서는 소비자주의가 나타나고 있는 오늘날의 환경을 이슈별로 함께 살펴보았다. 소비자주의가 학문적으로만 존재하는 학술적 개념이 아닌, 오늘날 우리가 살아가는 현실사회에서 구체적으로 발현되거나 혹은 각 경제주체에게 실질적으로 요구되는 실체적 개념임을 보여주었다.

제3부에서는 기업, 정부, 소비자단체 등 주요 경제–사회 집단을 조명하며 소비자주의를 확산시키기 위한 이들 집단의 노력을 다루었다. 더불어 앞으로 소비자주의의 확장과 소비자중심적 사회로의 발전을 위해 각 경제–사회 집단에게 어떠한 주체적 역할과 책임이 요구되는지를 제안하였다.

마지막으로 본서의 가장 핵심적 부분인 제4부에서는, 국내 도서로서는 선도적으로 4차 산업혁명과 소비자주의를 함께 조명하여 해석을 시도하였다. 4차 산업혁명이 도래됨에 따라 생산과 소비가 서로 긴밀해지고, 소비자가 생산의 중요 부분을 차지하게 되는 현상을 소비자앙트레프레너십으로 명명하였으며, 우리 사회 내 선순환적 가치창출을 위해 이의 의의와 필요성을 제시하였다. 제4부는 본서가 제시하는 4차 산업혁명의 새로운 생산과 소비의 혁명이자, 동시에 저자가 제안하는 새로운 소비사회이기도 하다.

"사회에 거대한 혼란이 다가온 뒤 4차 산업혁명에 대비하려고 한다면 그때는 너무 늦을 것이다." 2013년 노벨 경제학상을 수상한 로버트 J. 실러 교수는 이렇게 말하며, 다가오는 생산과 소비의 변화에 보다 능동적이고 적극적으로 대응해야 할 필요를 제안하였다. 마찬가지로 소비자학을 전공하거나 접하는 학생들 또한 새로운 사회변화에 맞추어 소비자주의를 이해하고, 오늘날의 소비자에게 요구되는 태도와 실천적 행동에 대해 고찰해 보아야 할 필요가 있을 것이다. 비판적 사고와 고찰이야말로 소비자주의를 확장시키고, 가치의 선순환적 창출이 가능한 소비자중심적 사회를 이끄는 도약의 기회를 마련해 줄 것이다.

본서는 대학생을 위한 교재로, 소비자주의와 관련한 기초이론과 함께 여러 가지 사회이슈를 함께 다룸으로써 현실사회에 대한 현실적 비판능력을 함양시키고 이해를 고취시키고자 하였다. 저자들이 많은 노력을 기울였으나, 아직은 시행착오가 많은 1판으로 앞으로 독자로부터의 조언과 충고를 깊이 받아들여 향후 더 나은 내용으로 거듭날 것을 다짐해 본다.

끝으로 본서 집필에 도움을 주신 한국소비자정책교육학회와 아울러 무리한 일정에도 기꺼이 출판을 허락해 주신 백산출판사의 진욱상 대표님과 책을 만드느라 애써주신 편집부 여러분께도 진심을 담아 감사의 마음을 전해 드린다.

2017년 12월
저자 일동

CONTENTS

제1부

컨슈머리즘의 이해

01 소비와 소비자

1. 소비의 개념

1) 소비의 의미

자급자족 사회를 지나 산업사회가 도래됨에 따라 비로소 생산과 소비는 분리되었다. 생산과 분리된 소비(Consumption)의 전통적인 개념은 생산과 대립되는 경제활동으로, 욕구를 충족하기 위해 물품을 사용하고 '소모'하는 활동으로 정의되었다. 더불어 인간의 합리성을 전제로 하는 전통적인 경제학적 측면에서 보면 효용을 극대화시키려는 개인의 선택에 기초한 사적인 일로 치부되었었다.

그러나 모두의 일상생활에서 소비가 중요 부분이 되어버린 소비사회라 불리는 현대사회에 진입함에 따라 소비는 경제적인 측면과 사적인 측면을 넘어서게 되었다. 먼저 소비는 합리성 전제의 활동을 넘어, 만족을 창출하기 위해 시간과 자원을 결합시키는 모든 활동이 되었으며, 개인이 선택하고 소비하는 모습은 그 사회와 문화의 영향을 받고 소비 자체가 그 사회를 반영하게 되었다. 즉 소비자의 소비행위는 개인적 욕구를 충족시키기 위함이지만, 이러한 욕구는 한 사회의 문화적 가치관 및 규범의 영향을 받아 발생하며, 또 이들이 상품의 속성, 생산양식, 사용방법 등과 관련되므로 사회적 행위이기도 한 것이다. 이처럼 소비는 경제행위이기도 하지만 동시에 심리적·사회적인 행위로도 간주될 수 있다. 실제로 Swagler(1979)는 사회의 소비하는 모습은 그 사회의 문화의 영향을 받고 소비 자체가 그 사회를 반영함을 주장한 바 있다.

더불어 오늘날의 소비자들은 물질적 재화나 서비스 그 자체가 제공하는 효용이 아닌, 재화 및 서비스가 지닌 특성들을 소비함으로써 만족을 얻기도 한다. Jean Baudrilard는『소비의 사회』라는 저서를 통해 상품의 소비는 사용가치에 대한 소비이기보다는, 행복, 안락감, 사회적 권위, 근대성 등의 소비임을 설명하였다. 즉 살아남기 위한 의, 식, 주에 대한 소비 외에도, 위신과 품위를 유지하기 위한 소비, 즐거움을 얻기 위해 축제나 콘서트 등에 대한 소비 등이 모두 '소비'인 것이다.

표 1 소비의 의미변화

시기적 구분	소비의 의미
전통사회	직접 생산하여 사용하던 자급자족의 사회에서 소비란 물품을 유용하는 것으로, 인간의 기초욕구를 충족시키기 위해 물품의 사용가치를 창출하는 것을 뜻하였음
산업 자본주의	생산과 분리되어 대비되는 개념의 소비란 상품을 구매하여 효용을 극대화하는 행위로, 상품 생산의 목표는 사용가치의 창조에 있는 것이 아니라 상품으로서의 교환가치 창조에 있음
후기 자본주의	− 소비는 이미지 창출의 수단, 자신을 타인과 구별하기 위한 사회적 행위, 욕구의 재창조 수단이 되었음 − 현대의 소비자는 상품 자체의 기능이나 효용이 아닌, 이미지를 통해 자신을 표현하기 때문에 상품의 이미지는 특정 상징과 가치를 가지는 기호로써 작용함. 이러한 상품의 기호를 통해 소비자들은 자신을 타인과 구분짓기도 함 − 소비는 또 다른 욕구를 창조하는 수단으로서 풍요한 소비사회는 개인에게 새로운 욕구를 끊임없이 생산해냄

2) 소비와 소비문화

'나는 소비한다. 고로 존재한다.(I shop therefore I am.)' 미국 작가 바바라 크루거의 작품 속 문구처럼 소비로 규정되는 오늘날의 현대사회는 소비사회로 불린다. 소비사회에서 소비란 재화의 효용획득 그 이상을 의미하는 것으로, 사회적인 이미지나 상징, 기호 등과 같은 비물질적 요소를 포함한다. 즉 오늘날 상품의 소비는 물질적 소비욕구라는 일차적인 만족을 벗어나 정신적인 것을 포함하며, 소비 자체가 특정 의식과 행동양식을 규정하는 요인이 되고 있는 것이다.

한편 오늘날 소비사회의 설명에 있어 소비문화라는 개념을 빼놓을 순 없다. 소비가 어떻게 문화가 될 수 있는 것일까? 먼저 문화의 의미부터 살펴보자. 문화란, 한 사회의 인간행동을 규정짓는 사회적 규범과 양식의 총체적 복합체로, 한 사회를 살아가는 개인들의 생활양식을 일컫는다. 이러한 문화의 특성으로는, 첫째, 사회 구성원들의 행동의 기준이 되며 규범을 제공하여 욕구의 방향과 내용, 그 충족방법 등에 영향을 미치는 등 사회 구성원의 사고와 행동방향을 통제한다. 둘째, 문화는 사회로부터 습득하는 행동규범으로 개인은 문화적 학습과정을 거치며 이것은 다시 문화적 환경을 형성한다. 마지막으로 문화는 그 사회 구성원 대다수에 의해 수용되고 공유되는 행동지침의 역할을 한다.

문화의 개념과 특성에서 살펴본 바와 같이, 한 사회 내에서 개인의 소비가 그 사회문화의 영향을 받고 소비 자체가 그 사회를 반영하는 오늘날의 사회모습은 문화로서 소비가 지니는 의미를 충분히 보여준다고 할 수 있을 것이다. 소비행위를 통해 충족하고자 하는 욕구는 자생적으로 나타나는 것이 아니라, 한 사회의 문화적 가치관과 제도, 규범 등이 제품생산-사용과 관련되는 사회·문화적인 생산물이기 때문이다. 그렇기에 각 사회별로 문화적 특성이 달라지듯 소비문화도 시대 및 사회에 따라 변화하며, 동일한 사회 내에서도 경제발전 정도와 욕구에 따라 다르게 나타날 수 있다. 그리고 이러한 소비문화는 우리의 소비에 대한 관념, 사고 및 태도, 소비철학, 소비윤리 등과 같은 소비에 대한 사고를 포함하여 소비행위, 소비관습, 소비생활양식, 그리고 재화와 서비스를 모두 포함한다. 한편 소비문화를 변화시키는 대표적인 수단으로는 광고와 유행이 손꼽히고 있으며, 특히 광고의 경우 이미지의 과잉실재(hyper-reality)를 생산하며 소비자로 하여금 지속적인 욕망을 불러일으키고 소비문화를 형성하는 자본주의의 꽃으로 불리기도 한다.

2. 소비자의 개념 및 특징

1) 소비자의 개념

'소비자'라는 용어는 오늘날의 사회에서 흔히 들을 수 있는 아주 익숙한 단어다. 경제적 행위이자 심리-사회-문화적 행위인 소비를 통해 개개인은 소비자로서의 정체성을 형성해 나가기 때문에, 현대사회는 소비사회로, 현대인은 소비하는 인간, 즉 호모콘수무스(Homo Consumus)라고 불리기도 한다. 그렇기 때문에 우리는 일상생활 속에서 광고, 마케팅 등을 통해 소비자라는 용어를 쉽게 접할 수 있다. 요람에서 무덤까지 매 순간 소비하며 살아가는 우리는 소비자라 불린다. 그렇다면 '소비자'란 누구이며, 어떤 역할을 하는 사람들을 일컫는 것일까?

일반적으로 소비자(Consumer)는 소비생활을 위하여 상품이나 서비스를 구입·소비하는 사람들을 가리킨다. 소비자란, '장래 시장의 구성원', '상품이나 서비스를 사적인 용도로 제공받는 사람', '타인이 공급하는 물품이나 서비스를 소비생활을 위해 구입·이용하는 자' 등으로 정의될 수 있다.

한편 우리나라 「소비자기본법」에 따르면 소비자란 "사업자가 제공하는 물품 및 용역을 소비생활을 위하여 사용하거나 이용하는 자 또는 대통령령이 정하는 자"로 정의되고 있다. 이에 따르면 소비자는 사업자가 공급하는 상품 및 서비스를 소비생활을 위하여 구입하여 사용하거나 이용하는 자이며, 사업자에 대립하는 개념이다. 다시 말해 소비자라는 개념은, 첫째로 국민의 소비생활에 관련되는 측면을 취급하는 개념이고, 둘째로 소비자는 사업자에 대립하는 개념이며, 셋째로 소비자는 소비생활을 영위하는 자를 의미한다. 단, 여기서 소비자와 대립되는 개념인 사업자란 제품 및 서비스를 공급함으로써 이윤추구 목적으로 사업을 영위하는 사람으로, 물품을 제조, 수입, 판매하거나 용역을 제공하는 생산자, 도매업자 및 소매업자 등을 예로 들 수 있다.

반면 보다 넓은 의미의 소비자에는 개인뿐 아니라, 가계, 학교, 교회 등의 조직도 포함된다. 더불어 「소비자기본법 시행령」에 따르면 소비자의 범위에 제공된 물품 등을 원재료, 자본재 또는 이에 준하는 용도로 생산활동에 사용하는 자는 제외하고 있으나, 제공된 물품 등을 농축산업 및 원양어업을 제외한 어업활동을 위하여 사용하는 자 또한 소비자로 규정하고 있다. 이는 농축산업 및 어업과 같이 특수한 상행위의 경우 중간단계의 상인이나 제조업자에 대한 보호의 필요성이 소비자정책 차원에서 대두됨에 따라 이를 반영하여 규정된 것이라 해석할 수 있다. 그러나 일반적으로 소비자라고 할 때에는 재생산 및 재판매를 하지 않고 순수하게 사용만 하는 '최종소비자'를 의미하며, 사업상 재화를 구입하여 재판매하는 중간소비자나 산업사용자는 포함시키지 않는 것이 일반적이다.

이에 본고에서 다루는 소비자란 거래과정의 말단에 위치하여 최종소비자로서 생활을 영위하는 생활자를 의미한다. 즉 자신의 생산물을 사용 또는 소비하는 경우나 사업자로부터 구입하더라도 자신의 소비생활을 위한 것이 아닐 경우에는 소비자가 아니라고 할 수 있다. 더불어 소비자의 소비활동은 단순히 재화와 용역을 구매하고 사용하는 데 국한되지 않으며, 소비를 가능도록 하는 소득의 획득, 재화와 용역의 창출, 이용 후의 결과까지를 포함하는 일련의 과정으로서 사회경제적·문화적 행위이다. 그렇기 때문에 소비자는 일상적인 삶의 유지를 위해 소비활동을 행하는 사회경제-문화적 행위의 주체이다.

2) 소비자의 역할 및 의의

소비자는 기본적으로 제품 및 서비스를 소비하는 소비자인 동시에 그 제품의 생산자이며 구매자이다. 더 나아가 소비자는 거래의 주체이면서 가격 결정자이고, 또 자본주의 경제의 통제자이기도 하다. 결국 소비자는 자원획득에서 구매, 사용, 처분의 과정에 이르는 활동을 수행하는 주체로, '자원의 획득자-배분자-구매자-사용자 및 처분자'로서의 권리실현과 함께 사회시스템 속에서 바람직하게 행동할 책임을 지니고 있다. 소비자의 역할, 활동 및 의의는 다음과 같다.

(1) 생산자(획득자)로서의 소비자

소비자는 시장에서 생산된 상품을 소비함과 동시에 생산요소를 제공하는 주체이다. 소비자는 노동자로서 노동의 대가인 임금으로 소비하기도 하지만, 생산자로서 노동력을 재생산해 생산요소를 제공하기도 한다. 결국 생산자로서의 소비자는 소득의 원천에서 소득을 획득하는 방법과 관련된 문제를 내포하는데, 이는 직업선택의 문제 외에도 소비자 기본권리와 책임의식이 요구된다. 모든 소비자들이 어떠한 형태로든 사회적·물질적 생산활동에 직간접적으로 관련되어 소비, 교환과 분배 등의 상호관계를 규정하기 때문이다.

(2) 배분자로서의 소비자

배분자의 소득에서 차지하는 저축과 지출의 비중, 그리고 지출비목별 배분에 대한 결정을 포함한다.

더불어 소비자는 재화 생산의 최종 감독 단계에서 기업 및 산업에 대한 생산자원의 배분자로서도 역할을 수행한다. 가장 대표적인 예로, 기업의 생산시설 규모와 그 가동률은 그들이 생산하는 제품에 대한 소비자 수요에 따라 달라진다는 점이다. 결국 시장과 사회적으로 발생하고 있는 이윤과 손실을 결정하는 데 있어서도 소비자는 직간접적으로 영향력을 행사하고 있는 것이다.

(3) 구매자로서의 소비자

소비자들은 욕구 충족을 위해 자신의 구매력 범위 내에서 상품을 구매하며, 이를 위해 정보를 수집하고 구매의사결정과정을 거친다. 소비자의 구매의사결정에는 개인의 합리성과 이성적 판단뿐 아니라, 비합리적인 판단도 영향을 미치며 이외에도 구매자-제품-판매자 특성 및 상황적 특성과 문화적 특성 등이 영향을 미친다. 한편 구매자의 역할에 있어 정보수집의 경우, 최근 온라인 사용의 확장으로 정보가 급증함에 따라 정보수집과 구매의사결정과정이 변화하고 있다.

(4) 사용자로서의 소비자

소비자는 자원의 특성인 유효성, 접근가능성, 대체가능성 등을 인식하여 효율적으로 사용해야 하며, 재화의 상징적 가치에 대해서도 제대로 인지하여 활용할 수 있어야 한다.

(5) 처분자로서의 소비자

지속가능성이 전 세계적인 이슈로 떠오른 가운데, 소비자는 소비의 결과와 환경 간의 상호작용을 고려해야 한다. 올바른 처분자로서 자신의 효용가치를 극대화할 수 있는 소비를 통해 환경오염과 지구생태계의 파괴를 최소화할 수 있도록 노력해야 하며, 이를 통해 현세대와 후세대를 모두 고려하는 소비주체가 되어야 한다.

(6) 소비 상담자로서의 소비자

소비는 그 형태와는 관계없이 소비의 내적 욕망을 충족시키기 위해 나타난 행동이다. 소비자의 욕망은 사회적 욕망으로 집적되어, 기술진보를 유발함으로써 새로운 발명품이나 신제품을 시장에 출현하게 한다.

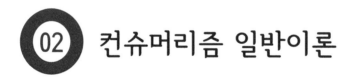

(7) 가격 결정자로서의 소비자

판매자와 함께 주된 거래주체인 소비자의 수요는 시장경쟁과정을 통해 상품가격을 결정하게 된다. 그러나 현실적으로 대부분의 시장이 독과점 형태를 띠고 있는 오늘날, 시장가격형성에 소비자가 참여하지 못하는 경우가 왕왕 발생하고 있으며, 소비자들 또한 상품의 품질이나 성능 등을 명확히 인식하지 못한 상태에서 다양한 제품의 가격과 품질 사이의 비교 없이 구매를 하고 있다.

(8) 기업 및 정부 정책 영향자, 그리고 자본주의경제 통제자로서의 소비자

소비자는 자신의 선택을 통해 기업 활동과 기업경영에 크게 영향을 미치며, 또한 정치적 투표를 통해 정부의 친소비자 경제정책 수립에도 영향력을 발휘한다.

더불어 제반 경제활동에 대해 감독기능을 수행하기도 한다. 즉 소비자가 상품 가격 등에 대하여 유·무형의 영향을 미치며, 기업 등의 경제활동을 관찰·감독하는 것이다. 이러한 소비자의 감시·감독 기능은 생산자의 의사결정에 영향을 미치고, 더 나아가 현대 자본주의경제를 다소나마 통제하는 역할까지도 한다.

02 컨슈머리즘 일반이론

1. 컨슈머리즘의 이해

1) 컨슈머리즘의 개념

소비자 주권과 혼용되어 쓰이는 컨슈머리즘(consumerism)은 우리나라 말로 소비자주의로 해석할 수 있다. 컨슈머리즘(Consumerism)이라는 용어는 1960년대

초 소비자 옹호주의를 반대하는 미국 산업계의 냉소적 견해로부터 사용되기 시작하였다. 당시의 컨슈머리즘은 페미니즘, 패시즘 등과 같은 하나의 사상으로 ism(사상)과 Consumer Activism(소비자 옹호주의)의 결합으로 설명되었었다. 그러나 시간이 흐름에 따라 미국 산업계를 중심으로 컨슈머리즘에 대한 긍정적 견해가 수용되었고, 학자 Mayer(1989)는 Consumerism을 소비자의 경제적 복지와 정치적 힘을 증진시키는 운동으로서 Consumer Movement(소비자 운동)와 상호 대체할 수 있는 개념으로 정의하였다.

그러나 사실 컨슈머리즘이라는 단어에 대해 본 책에서 말하는 소비자 권익 보호 및 증진의 측면과 소비를 통해 인간의 행복을 추구하려는 소비지향적 측면의 상반된 해석이 혼재되어 있다. 1957년 Vance Packard의 저서 『낭비를 만들어내는 사람(The Waste Makers)』에서 사용된 컨슈머리즘은 흔히 말하는 소비주의를 의미하는 것이었고, Sterns(2001) 또한 컨슈머리즘을 근대적 소비의 양상으로 소비를 통해 정체성을 획득하는 이데올로기로 설명하였다. 이처럼 소비와 물질주의적 측면을 강조하는 이 개념은 컨슈머리즘이 아닌, '소비주의'로 구분하여 이해하는 것이 바람직하다.

소비자의 권익보호 및 복지추구의 긍정적인 개념으로서의 컨슈머리즘(Consumerism)은 미국에서 태동하였으며, 발전의 역사는 크게 3가지 국면으로 나누어볼 수 있다. 1890년대부터 1910년대까지의 1기, 1920년대부터 1930년대까지의 2기, 1960년대 전후부터 1970년대까지의 3기로 구분되며, 이 중 제3기에서 컨슈머리즘에 대한 논의와 발전이 가장 활발하였다고 평가되고 있다. 그리고 바로 이 3기에 우리가 현재 쓰고 있는 현대적 의미의 컨슈머리즘 개념이 정립되었다고 볼 수 있다.

오늘날 우리가 이야기하는 컨슈머리즘은 1962년 존 F. 케네디 대통령이 의회에서 제출한 소비자이익의 보호에 관한 특별교서와 1965년 랩프 네이더(Ralph Nader)의 등장으로 결정적인 실체가 완성되었다. 랩프 네이더는 제너럴 모터스와의 공방 끝에 자동차 안전법 등 수많은 소비자보호 관련법을 의회에 통과시켰으며, 다수의 소비자 운동을 새롭게 조직함으로써 지식인과 젊은이들의 적극적 참여를 유도하여 대중의 컨슈머리즘 의식 확산에 기여하였다. 이후 컨슈머리즘은 시대적 요청에 따라 기업의 이윤극대화에 대응한 소비자단체, 소비자 운동의 소비자보호에 대한 주장과 비판여론을 통해 전 사회적으로 확산되어 기업에서는 피할 수 없는 사회적 힘이 되었다.

한편 여러 국내학자들은 컨슈머리즘의 개념적 토대가 성숙됨에 따라 컨슈머리즘을 사회적 환경과 소비맥락의 변화 속에서 새롭게 재정립해야 함을 강조하며, 컨슈머리즘을 새롭게 조명하였다. 소비자 운동과 동일시되었던 초창기의 컨슈머리즘에서 더 나아가 이념적-철학적 차원의 개념으로서 소비자와 관계를 가진 모든 조직(개인, 기업, 정부, 단체 등)으로부터 소비자이익을 보호하며, 교환관계가 미치는 모든 영향의 범위를 고려하는 것이 바로 오늘날의 컨슈머리즘이라는 것이다. 즉 일상생활에서 문제의식을 느끼고 이를 해결하고자 하는 노력으로서 이념과 철학 및 실천적 차원의 운동을 포함하는 개념인 것이다. 이러한 컨슈머리즘의 지향성에 대해 이기춘과 나종연(2006)은 '소비자 주권의 실현', '사회적 책임의 실현', '생태환경에 대한 배려', '신뢰의 구축', '소비자역량의 강화'의 다섯 가지를 제시함으로써 컨슈머리즘이 지니는 사회적 고려와 실천의 목표를 보여주었다. 이후 컨슈머리즘은 개인의 참여와 실천을 나타내는 시민성의 특성과 융합되어, 일상생활에서의 비판의식과 변화를 위한 실천과 참여를 강조하는 소비자시민성의 개념으로 이어지게 되었다. 소비자시민성에 대한 내용은 본 책의 4부에서 살펴보기로 한다.

2) 컨슈머리즘의 등장배경

소비자와 생산자 간 제품, 가격, 품질 등에 대한 대립현상이 나타남에 따라 컨슈머리즘이 발생하게 되었다. 대량생산-대량소비의 시기에 진입하던 때, 기업들은 문제를 발견하고 이를 해소하기 위해 노력하지 않았을 뿐 아니라, 소비자들을 문제해결의사와 그럴 능력이 없는 사람으로 간주함에 따라 시장에서 소비자문제는 계속해서 심화되고 있었다. 기술이 거의 없는 근로자의 고용으로 인해 상품의 질은 저하되고 있었고, 기술진보는 제품의 복잡성을 증대시켰으며, 제품의 성능과 신뢰성 문제는 물론이고 서비스의 양적 증대 문제마저 나타나게 되었다. 이러한 가운데 소비자들은 계속된 물가상승으로 인해 보다 우수한 제품을 기대하였고, 때마침 나타난 소비자 리더의 소비자 운동은 소비자들의 의식을 고조시키기에 충분하였다.

위에서 살펴본 영향 외에도, 컨슈머리즘의 주된 등장배경으로 크게 기업 생산 성격의 변화와 소비자 주권의 붕괴를 들 수 있다.

(1) 기업 생산 성격의 변화

자본주의와 산업화가 급속히 이루어짐에 따라 새롭고 다양한 상품들이 대량생산되어 대량유통−대량소비되는 사회체계가 구축되었다. 이러한 생산의 변화는 대량소비의 측면 외에도 소비자들의 생활 또한 변화시켰다. 소비자들은 더 편리해졌고, 더 풍족해지고, 끊임없이 새로운 상품을 찾게 되는 등 생활의 윤택함이라는 긍정적인 측면이 나타나게 되었다.

그러나 기업은 산업화가 확장됨에 따라 소비자 욕구와 의사에 부응하는 재화를 생산하기보다는 더 나은 이윤창출을 위해 오로지 대량유통과 대량소비를 위한 생산으로 기업의 생산 성격을 변화시켰다. 결국 대량생산에 의해 나타난 고도의 대중소비사회는 소비와 소비자를 위한 생산이 아닌, 생산을 위한 생산, 이윤을 위한 생산의 성격만을 갖게 된 것이다. 바로 여기에서 컨슈머리즘이 발생한 근원적·구조적 문제를 찾을 수 있다.

(2) 소비자 주권의 붕괴

일부 기업들의 허위·과장 광고, 과잉 포장, 계획적 진부화 등은 소비자의 정상적이고도 합리적인 소비생활을 저해할 뿐 아니라 불필요한 노력마저 증가시켰다. 소비자를 이윤 획득의 수단으로 여기는 일부 기업들이 소비자들에게 불필요한 소비를 조장하거나, 계획적 진부화로 사용가치가 남아 있는 제품을 폐기토록 하는가 하면, 상품 가격을 지나치게 높게 책정함으로써 소비자잉여마저 착취하기도 한다. 더욱이 고도로 기술이 발달된 오늘날까지도 일부 기업은 유해·결함 상품을 시장에 출현시키고 산업공해를 배출함으로써 소비자의 생명·안전뿐 아니라 환경까지 파괴하고 있다. 이로 인해 소비자들은 인간으로서의 행복추구권과 쾌적하고 안전한 환경에서 살아갈 권리마저 침해당하는 등 여전히 여러 가지의 소비자문제를 겪고 있다.

3) 컨슈머리즘의 목표

일반적으로 컨슈머리즘은 소비자 교육, 소비자 방어, 기업의 사회적 책임의 세 가지 목표를 갖는다. 이들 목표는 서로 구분되는 지향점이 아니라, 상호 관련성을 가진다.

(1) 소비자 교육

소비자정보의 부족은 가장 기본적이고 심각한 소비자문제이다. 소비자에게 정확하고 충분한 정보를 제공하는 것은 무엇보다도 중요하기 때문에, 합리적이고도 바람직한 소비생활에 필요한 정보를 습득케 하는 소비자 교육은 컨슈머리즘의 첫 번째 목표라고 할 수 있다. 상품의 가격, 품질·기능, 사용방법, 제조업자 및 판매처의 신용도 등에 대한 정보는 소비자들이 상품을 선택하는 데 매우 유익하게 활용될 수 있기 때문이다.

(2) 소비자 방어

소비자 방어(self-defense)란, 소비자가 제반 불이익이나 피해로부터 스스로 방어하는 것을 말한다. 소비자 방어에는 두 가지 방법이 있다. 첫째, 소비자 개인이 스스로 또는 어떤 조직(예컨대 소비자단체 등)과 연계하여 특정 상품의 구매나 특정 상점에서의 구매를 거부하는 보이콧의 방법, 둘째 소비자들이 자신들에게 영향을 미치는 법률의 입법과 정책을 지지하거나 반대하는 방법이 있다.

소비자 방어가 실현되기 위해서는 소비자 교육을 통한 소비자의 의식 및 역량의 제고가 먼저 이루어져야 한다. 소비자 교육은 소비자 주권 실현을 위한 가장 기본적이고도 중요한 과제인 동시에 소비자 운동의 실천적 목표가 되기 때문이다. 소비자가 소비생활에서 발생하는 문제를 인식하고 이를 해결하고자 하는 것은 역량 있는 소비자의 육성에서부터 시작되기 때문에, 결국 소비자 방어와 소비자 교육의 상호관련성은 매우 높다.

(3) 기업의 사회적 책임

컨슈머리즘은 의존효과(dependence effect)에 대한 소비자의 저항력을 함양시킴으로써 상품 선택 시 소비자들이 스스로 판단할 수 있도록 하고, 소비자 주권을 확립하는 데 그 목적이 있다. 이를 위해, 개별 소비자 혹은 소비자 조직은 자신들의 통일된 의견을 사업자에게 전달하고, 기업 스스로 여러 가지 사회적 책임을 수행해야 할 것이다.

2. 컨슈머리즘의 역사와 업적

1) 외국의 소비자 운동의 발전

초기 컨슈머리즘과 동일한 개념으로 혼용되던 소비자 운동은 소비자들이 자신의 권익을 지키기 위해 사업자의 부당행위에 조직적·비조직적으로 대항하기 위한 운동을 의미한다. 서구에서 시작된 소비자 운동은 발생배경에 따라 영국에서 시작된 생활협동조합형 소비자 운동, 미국에서 발전된 정보제공형 소비자 운동 및 고발형 소비자 운동으로 나눌 수 있다.

(1) 제1기 : 생활협동조합형 소비자 운동

영국을 중심으로 한 서유럽제국의 소비자 운동은 산업혁명 이후의 성숙된 자본주의를 배경으로 하고 있다. 이 시기에는 산업혁명으로 야기된 노동자와 자본가의 대립현상이 심했으며 노동조합운동도 활발하였다. 이러한 소비자 운동의 시초는 1844년 12월 영국에서 저임금과 실직의 어려움을 겪던 모직물 직공 28명이 결성한 '로치데일 공정개척자 조합(Rochdale Society of Equitable Pioneers)이다. 이들은 처음 식품점을 개설하여 성공한 뒤 방직공장을 설립하였고, 조합원이 1만 명을 넘어 성공을 거두자 도매부문에도 진출하여 막대한 수입을 올렸다. 그 수익금은 교육 및 자선 사업에 기부하였으며, 투자 자본에 대해서는 고정이자 지불, 그리고 이익금은 구매 실적에 따라 분배하였다. 이는 오늘날까지 소비자조합의 기본 구조가 되어 왔으며, 로치데일 조합은 세계 협동조합운동의 초석이 되었다.

당시 근로자들은 노동에 대한 정당한 대가를 받지 못하고, 높은 소비자물가, 낮은 품질수준 및 유해식품 등으로 인해 고통받는다고 생각하였다. 이때의 소비자 운동은 부당한 노동조건과 더불어 낮은 품질과 유해식품 등의 문제를 해결하기 위해 생필품을 직접 구입하는 데 중점을 둔 극히 제한된 소비자 운동이었다.

(2) 제2기 : 정보제공형 소비자 운동

1872년 미국 소비자보호법이 세계 최초로 제정되었으며, 소비자 운동이 본격적으로 시작된 것은 그보다 훨씬 뒤인 1900년경이었다. 미국의 소비자 운동은 소비자에 대한 정보 제공 활동을 중심으로 전개된 것이 특징이다.

미국에서 소비자 운동은 1929년 경제공황을 계기로 확산되었다. 경제공황으로 인한 물가상승과 실업사태 속에서 여성단체들이 소비자 운동을 전개하게 된 것이다. 그리고 이 당시 체이스와 슐링크(Chase & Schlink)의 『Your Moneys Worth?』 등과 같은 소비자계몽 서적은 소비자 운동에 크게 자극을 주었다. 이 책은 기업의 대량생산으로 인한 이익강탈 및 소비자의 구매력을 낭비하는 실태를 고발한 것으로, 기만, 강압적인 판매, 계획적 진부화 전략 등을 비판하였고, 소비자정보를 제공하기 위해 과학적인 상품 표준 및 검사가 필요함을 제시하였다. 뿐만 아니라 소비자들의 생활비 절약방법, 정부의 제품기준 및 공정한 시험기관 설립 등을 제시함으로써 정보제공형 소비자 운동을 이끌었다.

체이스와 슐링크는 1978년에 최초의 상품테스트 기관인 소비자조사연구소(Consumers' Research, Inc.)를 설립하고, 『소비자조사지(Consumers' Research Magazine)』를 발행하여 소비자들에게 다양한 상품정보를 제공하였다. 그리고 소비자 교육운동을 처음으로 전개한 1935년에는 연구소에서 분리된 미국소비자연맹(Consumers Union of U.S.)을 설립하여, 『컨슈머리포트(Consumer Reports)』를 발간하게 되었다.

한편, 루스벨트 대통령의 뉴딜정책에 따라 정부가 소비자보호에 적극적으로 개입하게 되었고, 연방거래위원회(FTC)는 강력한 소비자피해 구제 권한을 부여하였다. 이처럼 미국에서 발생, 발전한 정보제공형의 소비자 운동은 스웨덴, 노르웨이, 영국으로 크게 보급되었다. 그리고 이와 같은 정보제공형 소비자 운동과 제2차 세계대전 이후의 대량생산·대량소비 시대를 배경으로 '현명한 소비자'의 육성을 목표로 한 컨슈머리즘 개념이 탄생한 것이다.

(3) 제3기 : 고발형 소비자 운동

케네디 대통령의 소비자 4대 권리 공포에 힘입어 미국에서 소비자 운동이 활발해졌다. 정부의 노력 외에도, 사회적으로는 1960년대의 급격한 경제발전으로 인한 환경파괴, 공해의 발생, 유해·결함 상품의 증대, 기업에 대한 불신감 고조 등의 사회적 배경 또한 컨슈머리즘의 확산에 크게 영향을 미쳤다. 더불어 소비자 측면에서는 교육 및 소득 수준이 높아지고 물자가 풍부해짐에 따라 기대수준이 높아진 점, 대중매체들이 소비자문제를 자주 다룸으로써 컨슈머리즘이 대중적 관심을 불러일으킨 점 등이 컨슈머리즘의 확산에 영향을 미쳤다고 볼 수 있다.

그 후, 공정포장표시법(1966), 자동차안전법(1966), 상품보증법(1972) 등의 각종 소비자 관련법이 제정되었으며, 1972년에는 소비자상품안전위원회가 설치되었다. 이러한 조치와 더불어 포드 대통령은 1975년 5번째 소비자권리인 교육받을 권리를 제창함으로써 소비자 교육이 활발하게 전개되는 계기를 마련하였다. 이러한 정부의 노력과 함께, 미국 소비자 운동은 랠프 네이더(Ralph Nader)에 의해 더욱 고조되어, 1966년에는 전국적 소비자 조직인 미국소비자연합회(Consumer Federation of America)가 설립되었다.

이후 미국의 소비자 운동은 불량상품 배격, 상품테스트, 가격 인상 반대 등으로 대표되는 이전의 소비자 운동과 달리, 기업 규제와 행정 개선을 적극적으로 촉구하는 진보적인 소비자 운동으로 변화되기에 이르렀다. 오늘날에는 성숙한 소비자, 즉 '책임 있는 시민 소비자'라는 는 목표를 강조함으로써 보다 성숙한 컨슈머리즘을 지향하고 있다.

2) 한국의 소비자 운동의 발전

한국의 초창기 소비자 운동은 여성단체들에 의해 주도되었으며, 1970년대 이후 일본을 위시한 타국으로부터 소비자 보호의식이 확산되면서 소비자 운동도 활기를 띠게 되었다. 그 발전과정은 다음과 같다.

(1) 1950년대~1970년대 후반

우리나라 소비자 운동의 효시로 1955년부터 시작된 서울여자기독교청년회(서울 YMCA)를 꼽을 수 있다. 경제개발 5개년계획이 착수된 1960년대에 들어서게 되자, 1964년에 한국부인회가, 1965년에 대한어머니회가 각각 소비자 운동에 동참하였으나, 별 성과가 없었다. 1970년대에 와서 소비자의식 향상과 주부 교실중앙회(1972), 주부클럽 연합회(1972), 한국여성단체협의회(1973) 등의 여성단체들이 소비자 보호운동과 소비자절약운동을 벌여나가면서 우리나라 소비자 운동이 점차 활력을 찾게 되었다.

한편, 1968년 소비자문제 전문단체로 상공부에 최초로 등록된 한국소비자보호협회가 조직되어 활동을 시작하였으나 이듬해에 활동을 중단하였으며, 1970년대 초반 소비자연맹이 조직되었으나 이마저도 활동을 정지했다가 1978년 협동교육연구원 활동을 재개하였다.

이처럼 초기 우리나라 소비자 운동은 전문 소비자단체가 아닌 기존 여성단체들에 의한 계몽활동 위주의 운동이 전개되었으나, 그 성과는 크지 않았다. 1970년대 후반까지는 소비자단체에 대한 법적·재정적 지원 부족, 소비자 전문가지도자의 부재, 소비자 운동에 대한 인식 부족 등으로 인하여 소비자단체들이 그 역할을 다하지 못했기 때문이다.

(2) 1970년대 후반~1980년대 중반

1976년 여성단체협의회, 주부클럽, 주부교실, 대한 YWCA 등은 당시 경제기획원(현재 기획재정부)으로부터 재정 지원을 받아 소비자보호단체협의회를 조직하였다. 고도성장기였던 1960년대와 1970년대보다 적극적인 소비자 운동이 요구되어 정부가 소비자 활동을 지원했던 것이다. 이후 1979년에 소비자연맹, 1985년에 소비자문제를 연구하는 시민의 모임이 소비자보호단체협의회에 가입하였으며, 같은 무렵 공익단체연구소, 소비자문제연구원 등의 소비자단체들도 출범하였다.

1980년 이후에는 소비자단체들이 관련 국제회의 및 학술회 등의 국제교류에 참여하였으며, 1980년에는 「소비자보호법」이 제정됨으로써 소비자단체를 조직하고 소비자 보호활동을 지원할 수 있는 제도적 기틀도 마련되었다. 더불어 1987년 전액 정부출연의 형태로 준사법권과 권력이 부여된 특수공익법인으로 한국소비자보호원이 출범하게 되었다. 소비자원은 공산품부터 일상식품에 이르기까지 각종 상품에 대한 유해성이나 안전성을 실험하고 국내외 소비생활 현황에 대한 연구 및 소비자상담, 월간지 발행 등의 적극적 활동을 펼치는 등 소비자 보호를 위한 공공기구의 역할을 수행하였다.

(3) 1980년대 중반 이후~1990년대

1987년 12월에 있었던 「소비자보호법」 개정으로 인해 소비자 운동, 특히 소비자 단체에 대한 제도적 지원이 강화되었고, 이로써 우리나라 컨슈머리즘이 도약하는 계기가 마련되었다고 할 수 있다. 즉 소비자의 7대 권리가 제시되고 한국소비자보호원의 설립이 추가된 동법의 개정이 우리나라 소비자 운동 역사에 커다란 전환점이 되었다는 것이다. 그리고 1996년에 「소비자보호법」이 소비자단체의 권한과 지위를 제도적으로 강화시키는 방향으로 다시 개정됨으로써 우리나라 소비자 운동이 본 궤도에 오르게 되었다.

(4) 2000년대

2000년에는 '소비자보호단체협의회'를 '한국소비자단체협의회'로 이름을 변경하였다. 이는 당시 전반적인 소비자 운동 패러다임이 기존의 피해 사후구제라는 소극적인 소비자보호에서 보다 능동적인 소비자 주권확립 운동으로 변화했던 것과도 큰 연관이 있다. 이러한 조직적 변화를 바탕으로 2002년 한일월드컵에 대비하여 외국인 소비자보호센터의 개소 및 판매가격표시 정착 캠페인을 진행하는 등 소비자 권익 수준을 글로벌 수준에 맞추기 위한 노력이 이뤄졌으며, 2003년 자율분쟁조정위원회를 발족함으로써 소비자가 기업과의 분쟁에서 타당한 권익을 추구할 수 있도록 뒷받침하기 위해 노력하였다. 이후 2013년에 자율분쟁조정위원회는 10년간의 활동에 비추어 본 민간조정제도의 개선점 및 발전방향, 민간조정제도의 활성화 방안 등의 토론을 개최하였다. 또한 소비자에게 지속적으로 정보를 제공하기 위한 '식품위해정보시스템'의 소비자정보 사이트를 개발하였다.

2000년대에 들어 가장 두드러진 소비자 운동의 변화는 사이버 소비자 운동, 즉 정보화 환경을 기반으로 새로운 소비자 운동이 활발하게 전개되고 있다는 것이다. 특히 한국소비자단체협의회는 2000년에 디지털시대에서의 소비자보호에 대한 토론회를 열고 관련 논의 등을 진행하기도 하였다. 이러한 움직임 속에 소협과 개별단체는 단체소송제도 도입에 대한 논의 외에도 뉴미디어 및 의료, 금융서비스, 스마트기기, 이동통신서비스 등에 대하여 소비자권익 보호를 위해 꾸준한 노력을 기울였으며, 2013년에는 소비자권익보호기금의 필요성을 대두시키며 활발한 토론을 이어갔다.

3) 컨슈머리즘의 업적

(1) 소비자권리의 법적 보장

1962년 3월 15일 케네디 대통령이 연방의회에 소비자교서를 보냄으로써 소비자 운동의 전환점을 마련하였는데, 그 무엇보다도 대통령이 소비자보호 문제를 최초로 제기하였다는 점에서 그 의의가 크다. 즉 케네디 대통령이 소비자권리장전(Consumer Bill of Rights)을 선언하고, '소비자는 권리를 가진다'는 것을 성문화하여 소비자권리를 보장토록 한 것은 컨슈머리즘이 낳은 대표적 업적이라 할 수 있다. 특히 소비자권리장전은 전 세계 여러 나라의 소비자 관련 법률 제정에 기본 틀을 제공하였다는 점에서 그 의의가 매우 크다.

소비자권리의 공포는 결과적으로 소비자권리의 중요성을 많은 사람들에게 환기시켰으며, 그 내용들은 지역사회에 대한 기업의 기여도를 평가하는 기준으로써의 역할을 하였고, 그 후 소비자 관련 법률을 제정하는 데 기초가 되었다는 점에서 높이 평가되고 있다.

(2) 기업의 인식 변화

컨슈머리즘의 또 다른 업적은 바로 소비자 및 컨슈머리즘에 대한 기업의 인식 변화를 들 수 있다. 기업 경영자들이 소비자 운동으로 인해 기업의 사회적 책임을 보다 크게 인식하게 되었고, 소비자 문제해결에 관심을 기울이게 되었다.

더불어 컨슈머리즘은 기업에게 마케팅 기회를 제공하는 것으로 인식하게 하였다. 단순히 이윤창출을 위해 생산하고 유통하고 판매하는 마케팅 개념에서 벗어나, 그 무엇보다도 소비자의 만족을 최대로 증대시킬 수 있도록 좋은 제품을 개발하고 사회와 환경을 고려하는 마케팅 개념을 도입하게 된 것이다.

(3) 사회문화적 발전

컨슈머리즘은 단순한 소비자 고발이나 부당한 기업행위에 대해 저항하는 것만을 의미하진 않는다. '인간 중심의 복지사회를 이룩한다'는 가치관과 이념에 바탕을 둔 사회개혁운동으로, 부당 상행위 예방, 소비자와 기업 간의 불신해소 및 도덕심 회복 등

사회문화적 측면에서도 많은 발전을 가져다주었다. 예컨대 개인은 컨슈머리즘 운동에 적극적으로 참여함으로써 자유주의 신념과 공동체의식을 함께 함양할 수 있으며, 사회의 전통적 가치와 풍요로워진 물질적 여건을 조화롭게 받아들일 수 있게 된다.

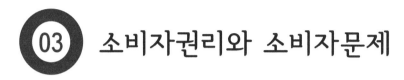 소비자권리와 소비자문제

1. 소비자권리의 의의와 내용

1) 소비자권리의 개념

소비자권리는 제품 및 서비스의 구입, 사용과 관련된 소비자의 권리를 뜻하며, 이러한 권리의 보장은 컨슈머리즘을 실현하는 데 전제가 된다. 생산자나 판매자가 자신이 생산·판매할 상품을 자유로이 결정할 수 있듯이, 소비자 또한 원하는 상품을 자유롭게 선택할 권리가 있는 것이다. 그러나 현실적으로는 여전히 많은 산업분야에서 소비자들은 사업자가 일방적으로 결정한 가격 및 거래조건으로만 구매하는 등의 문제를 가지고 있기 때문에, 소비자의 권리확보와 실천이 요구되고 있다.

그렇다면 소비자권리는 어떻게 나타나게 되었을까?

소비자권리는 미국의 케네디 대통령이 1962년 3월 15일 미국 하원에 보낸 '소비자 이익 보호를 위한 특별교서'에서 선언한 소비자의 4대 권리로, 당시 소비자권리의 내용은 안전할 권리(The right to safety), 알권리(The right to be informed), 선택할 권리(The right to choose), 의견을 반영시킬 권리(The right to be heard)를 그 시작으로 한다. 최초로 소비자권리를 주장한 케네디 대통령은 소비자들이 이들 권리를 원만히 실천할 수 있도록 정부가 각종 조치를 취해야 한다고 주장했다. 케네디 대통령이 최초로 주장한 4가지 소비자권리에 1969년에는 닉슨(R.

Nixon) 대통령이 구제받을 권리를, 1975년 포드(G. Ford) 대통령이 교육받을 권리를, 그리고 1994년 클린턴(W. Clinton) 대통령이 서비스받을 권리를 추가하였다. 이외에도 국제협동조합동맹(1964), 유럽공동체(European Community : EC, 1975), 국제소비자기구(Consumers International : CI, 1980), 일본의 제5회 인권교류 집회(1986) 등에서도 소비자권리를 선언하고 명문화하였다.

소비자권리에 대한 노력은 미국 외의 다른 선진국에서도 살펴볼 수 있다. 유럽공동체는 건강과 안전을 보호받을 권리, 경제적 이익을 보호할 권리, 피해 보상을 받을 권리, 정보와 교육을 받을 권리, 대표의 권리로 구성되는 5대 소비자권리를, 또 국제소비자기구는 안전할 권리, 선택할 권리, 정보를 제공받을 권리, 의사를 반영할 권리, 보상받을 권리, 교육받을 권리, 쾌적한 환경을 누릴 권리 등의 7가지를 주창하였다. 일본의 도쿄시 또한 1995년 10월 사업행위의 적정화 및 소비자피해 구제에 관한 조례를 통해 생명 및 건강이 침해당하지 않을 권리, 적정한 표시를 행하게 할 권리, 부당한 거래조건을 강요당하지 않을 권리, 부당하게 입은 피해를 공정하고 신속하게 구제받을 권리, 정보를 신속하게 제공받을 권리 등의 소비자권리를 명시한 바 있다.

소비자권리를 설명함에 있어 빠질 수 없는 것은 바로 소비자 주권의 개념이다. 1963년 허트(Hutt)에 의해 처음 명명된 소비자 주권이란, 자유경쟁을 원칙으로 하는 자본주의 경제에서 경제 유형, 산업구조, 생산 등을 결정하는 최종적인 권한이 소비자에게 있다는 것을 의미한다. 이외에도 소비자 주권에 대해 사무엘슨(P. Samuelson)은 화폐를 이용하는 소비행위를 정치에서의 투표행위에 비유하면서, 결국 소비자의 선호가 시장에서 어떤 제품이 얼만큼 생산되어야 하는가를 결정하게 됨을 설명하였다. 즉 소비자 주권은 사회 전체에 대한 자원의 배분 등이 시장구조를 통해 소비자의 자유롭고 자주적인 선택에 의해 결정되는 상태를 의미하고, 소비자권리는 제품이 가계에 배분되는 방법이라 할 수 있다. 그렇기 때문에 정부가 무엇을 얼마나 생산할 것인가를 결정하는 사회주의 경제체제하에서는 소비자 주권이 존재할 수 없게 된다.

2) 소비자권리의 이해

우리나라 「헌법」은 1980년 8차 개헌에서 최초로 소비자 보호운동에 관한 규정을 두었고, 현행 「헌법」에서 이를 계승하고 있다. 소비자보호에 대해 현행 「헌법」은 "국가는 건전한 소비행위를 계도하고 생산품의 품질향상을 촉구하기 위한 소비자 보호 운동을 법률이 정하는 바에 의하여 보장한다"고 규정하여 소비자 권리를 인정하고 있다.

반면 1980년에 제정된 「소비자보호법」에서는 소비자권리를 명시적으로 규정하지 않았으나, 1986년 제1차 전부개정 시 소비자를 법적 권리주체로 인정하여 안전할 권리, 정보를 제공받을 권리, 선택할 권리, 의견을 반영시킬 권리, 피해를 보상받을 권리, 소비자 교육을 받을 권리, 그리고 단체를 조직·활동할 권리 등 7가지 소비자 기본권리를 규정하였다. 그리고 그 후 2001년 제6차 일부개정 시 환경에 대한 소비자권리인 안전하고 쾌적한 환경에서 소비할 권리를 추가하였다. 이는 1999년 UN 소비자보호가이드라인 개정 시에 포함된 '지속가능한 소비행태'를 반영하여 추가한 것으로, 이는 현세대의 소비욕구를 효율적으로 충족시키면서 미래세대의 소비 욕구를 저해하지 않도록 하는 지속가능한 소비를 선언적으로 규정한 것이다.

우리나라 「소비자기본법」상의 소비자권리에 대해 알아보면, 다음과 같다.

(1) 안전할 권리

건강과 생명에 위해한 상품으로부터 소비자가 보호받을 권리를 의미한다. 상품이나 서비스로 인한 생명, 신체 및 재산상의 위해로부터 보호받을 권리는 물론, 관련 기관에 대해 안전에 필요한 건의 및 시정 요구의 권리도 포함된다.

(2) 정보를 제공받을 권리

소비자들이 상품 및 서비스의 선택에 필요한 정보나 지식을 제공받을 권리를 가리키는데, 정보 제공의 권리 또는 알권리라고도 한다. 이는 선택할 권리를 실천하는 데 전제가 되는 권리이다. 이러한 정보를 제공받을 권리는 소비자가 상품이나 서비스를 선택할 때 그 품질과 성능, 내용, 성분, 가격, 거래조건 등에 대하여 정보를 제공받을 권리와 허위·기만 정보로부터 보호받을 권리로 구분된다. 따라서 이 권리는 소비자가 허위적·기만적인 상품 정보나 과대광고 등으로부터 보호받고, 또 이러한 정보로 인해 야기된 피해를 보상받을 권리라고 할 수 있다.

(3) 선택할 권리

소비자가 상품이나 서비스의 구매 시에 상표, 거래 상대방(소매점), 거래조건 등을 자유롭게 선택할 수 있는 권리를 의미한다. 이 권리의 실천을 위해서는 다양한 상품과 서비스들이 제시되어야 함은 물론이고, 소비자들이 풍부한 정보를 가지고 있어야 한다. 요컨대 선택할 권리는 많은 사업자들이 다양한 상품을 경쟁적으로 제공하고, 소비자가 가장 좋은 품질이나 가격, 거래조건의 상품을 선택할 수 있을 때 비로소 보장되는 권리이다.

(4) 의견을 반영할 권리

소비자에게는 소비생활에 영향을 주는 국가 및 지방자치단체의 정책 수립과 기업의 경영 의사 결정에 자신의 의견을 반영시킬 권리가 있다. 의견을 반영할 권리는 정부나 기업이 각각의 소비자정책 수립 시에 소비자 의견을 반영시키고, 소비자문제를 신속하게 해결함으로써 실현될 수 있는 권리이다.

(5) 피해 보상을 받을 권리

소비자는 구매 상품 및 서비스로 인한 피해를 공정한 절차에 의하여 보상받을 권리를 가진다. 이 권리로 인해 소비자들은 기업의 소비자기구, 소비자단체, 한국소비자보호원, 정부 내의 관련 기관 등에 자신이 입은 피해에 대하여 보상이나 구제를 요구할 수 있다.

(6) 소비자 교육을 받을 권리

소비자들이 합리적인 소비생활을 영위하는 데 필요한 교육을 받을 권리이다. 소비자들은 전문지식을 갖춘 생산자 및 판매자에 비해 상품·서비스에 대한 지식을 충분히 갖지 못하며, 또 생산기술의 급속한 발달로 복잡 다양해진 신상품의 품질, 성능 등에 대해서도 제대로 숙지할 수 없는 경우가 많다. 이에 학교뿐만 아니라 정부 및 행정기관, 지방자치단체, 소비자단체, 소비자원 등에서는 교육수용자에 맞춘 다양한 유형의 소비자 교육을 실시하고 있다.

(7) 단체를 조직하고 활동할 권리

소비자들은 자신들의 권익 보호를 위해 단체를 조직하고, 단체행동을 할 권리를 갖는다. 이러한 권리에 기반하여 현재 우리나라에는 소비자보호단체협의회와 그 회원단체인 한국소비자연맹, 소시모 등 10개의 민간소비자단체가 있다.

(8) 쾌적한 환경에서 소비할 권리

소비자는 쾌적한 환경에서 소비할 수 있는 권리를 가진다. 그간 급속한 경제성장에 따른 폐해로 환경이 오염되었고, 이는 소비자의 건강과 복지를 침해하고 있다. 오늘날의 소비자들은 스스로 쾌적한 환경에서 소비할 권리 및 책임뿐 아니라, 후손에게 쾌적한 환경을 물려줄 책임과 권리 또한 가지고 있다. 즉 이 권리는 소비자의 생활의 질을 향상시키기 위한 물리적 환경에 대한 권리로, 환경이 소비자의 생명이나 건강을 해치지 않고 쾌적하게 유지되도록 요구할 권리인 것이다. 그리고 여기에는 개별 소비자가 통제할 수 없는 환경문제에 대한 보호는 물론이고, 현세대와 미래세대를 위해 환경을 보호하고 향상시키기 위한 요구까지 포함된다.

 읽을거리

소비자권리의 최근 동향

21세기에 들어서 세계화, 디지털화, 사회책임 등 정치·경제·사회적 변화에 대응하기 위해 각국은 소비자정책 및 법의 개선을 추진하고 있다. 특히 디지털시대에 걸맞은 소비자권리를 정립하기 위한 논의가 진행되고 있다. 이미 유럽연합, 미국 등 선진국에서는 소비자디지털권리장전을 마련하거나 소비자디지털권리를 선언하여 디지털환경에서의 소비자능력 향상과 소비자권익 증진을 위한 디지털소비자정책을 마련하고 있다.

유럽소비자단체협의회(BEUC)는 2005년 디지털환경에서의 소비자권리인 6대 소비자디지털권리(Consumers Digital Rights)를 선언하고 유럽회원국을 중심으로 디지털소비자 운동을 전개하고 있다. 유럽소비자단체협의회를 중심으로 전개된 소비자디지털권리 캠페인에서 선언된 소비자디지털권리는 다음과 같다.

- 소비자는 선택, 지식 및 문화적 다양성에 관한 권리를 가진다.(Right to choice, knowledge and cultural diversity.)
- 소비자는 디지털환경에서 소비자권리를 방어하고 유지하기 위해 기술적 중립성의 원칙에 관한 권리를 가진다.(Right to the principle of technical neutrality – defend and maintain consumer rights in the digital environment.)
- 소비자는 배타적인 제약 없이 기술적 발명으로부터 이득을 얻을 권리를 가진다.(Right to benefit from technological innovations without abusive restrictions.)
- 소비자는 콘텐츠 및 기기의 상호운용성에 관한 권리를 가진다.(Right to interoperability of content and device.)
- 소비자는 프라이버시를 보호받을 권리를 가진다.(Right to the protection of privacy.)
- 소비자는 범죄인이 되지 않아야 할 권리를 가진다.(Right not to be criminalised.)

이런 맥락에서 CI는 디지털시대에 걸맞은 소비자권리로서 지식접근권(access to knowledge)을 UN소비자보호가이드라인의 여덟 번째 소비자권리로서 규정할 것을 건의하였다. 지식접근권이야말로 소비자의 문화·시민·교육활동에의 충분한 참여를 위한 전제조건이기 때문이다.

한편, 2010년 발간된 조직의 사회적 책임에 관한 국제표준인 ISO 26000의 핵심주제 중 하나인 소비자이슈의 원칙에는 UN소비자보호가이드라인의 8가지 소비자권리는 물론 프라이버시 존중, 사전주의 접근방식, 성평등과 여성에 대한 권한 부여의 촉진, 보편적 디자인의 존중 등이 추가되었다. 특히 지속가능한 소비와 필수서비스에 대한 접근 등이 주요 쟁점으로 강조되었다.

이에 우리나라에서도 디지털화 및 사회책임화에 따른 실효성 있는 소비자법 및 정책을 시행하기 위해, 소비자기본법상 소비자권리규정에 지식접근, 필수서비스에 대한 접근 등에 관한 새로운 소비자권리의 내용을 신설할 필요가 제기되고 있다.

출처 : 한국소비자원(2012), 소비자정책동향 소비자권리 : 과거, 현재 그리고 미래

2. 소비자문제의 의의와 발생

1) 소비자문제에 대한 이해

소비자문제(consumer affairs)란, 소비자들이 상품이나 서비스를 선택·구입, 사용함에 있어 소비자의 안전이나 경제적 이익 등에 대한 권리가 침해당함으로써 유발되는 문제로, 시장경제체제하에서 소비자와 기업 간의 거래관계에서 발생하는

문제의 총체를 뜻한다. 자유시장경제체제의 완전경쟁시장에서는 그 어떤 주체도 시장을 지배할 수 없으며, 거래당사자 간의 대등한 대응능력이 있다는 것을 전제로 자유로운 계약을 허용하고 있다.

그러나 실제로 소비자는 기업에 비해 거래조건, 상품관련 정보, 조직력, 선택능력 등에서 매우 열등한 지위에 처해 있어 이로부터 발생하는 소비자문제는 소위 시장실패의 전형적인 형태인 것이다. 소비자문제는 소비자들에게 경제적·신체적·시간적·심리적 불이익을 준다는 점에서 문제시되고 있다. 이러한 소비자문제는 상품 자체의 품질 내지 안전성에 문제가 있기 때문에, 또한 가격이 경쟁원리에 의해 공정하게 결정되지 않기 때문에, 또한 경쟁원리가 적용되지 않는 제품의 경우, 그것을 대신하는 규제수단이 없기 때문에, 그리고 그것이 있다 하더라도 기능이 제대로 발휘되지 않기 때문에 발생하는 문제라고 할 수 있다.

또한 소비자문제는 소비자정보의 불완전성과 소비자의 비합리성이 상호 복합적으로 작용함으로써 야기되는 구조적 문제로도 볼 수 있다. 소비자정보는 일반적인 사적재와 달리 일단 공급만 되면 공급자와 관계 없이 소비자 모두가 공동으로 이용할 수 있는 비배재성과 비경합성 및 비분할성을 갖는다. 이러한 성격으로 인해 소비자는 적극적으로 정보를 찾거나 이에 대한 시간과 비용을 부담하지 않으려 한다. 이는 결국 필요한 정보의 부족으로 연결되어 소비자 스스로 문제를 해결하기에는 역부족인 상황이 되고 이로 인해 소비자 불만 및 피해가 발생하게 된다.

그렇다면 소비자문제와 소비자피해는 어떻게 다른가? 소비자피해란, 사업자와 거래하는 상품과 서비스 및 그것의 거래조건·방법에 관하여 소비자가 가졌던 기대와 현실 사이에 부(−)의 불일치가 있는 상태를 뜻하며, 상품 결합, 부당 표시, 부당 내용의 계약 체결 등이 그 원인이 된다. 사실 실제로 발생한 손해만을 가리키는 소비자피해를 소비자문제와 같은 개념으로 보면, 발생 가능성이 있는 잠재적 피해는 소비자문제에서 제외된다. 그러나 실제로 발생되지는 않았더라도 발생 가능성이 있는 잠재적 소비자피해는 소비자문제에 포함되어야 하므로, 소비자문제는 잠재적 소비자피해를 포함하는 개념으로 보아야 할 것이다.

한편 소비자문제는 개개의 소비자가 소비과정에서 느끼는 단순한 불만에 국한되지 않는다. 소비자문제는 우선 상품 및 가격·품질·안전성 및 거래조건에 대하여 소비자가 제기하는 문제의식과 잠재적 욕구를 포괄한다. 나아가 기업경영에 있어서 소비자의 입장에서 제기되는 생산·판매과정상의 제반 문제점과 소비자의 잠재수요에 대한 기업의 수용태도에 따라 기업경영의 방식과 경쟁력으로 집약되는 기업운영의 효율성에 크게 영향을 미친다. 결국 소비자문제는 소비자, 기업 양 당사자간의 문제에 그치지 않고 이를 둘러싸고 있는 정부의 경제운용방식과 경제정책 및 각종 제도 등 전반적인 경제구조와 밀접하게 관련되어 있는 것이다. 그렇기 때문에 소비자문제는 소비자 자신만의 문제라기보다는 사회 전체의 문제이며, 또 소비자, 정부, 기업 등이 함께 노력해야 해결될 수 있는 문제라고 할 수 있다.

소비자문제는 다음과 같이 3가지 영역으로 구분된다.

첫째, '개별 소비자'로서의 소비자문제이다. 개인 소비자가 필요한 상품을 구입하고 사용하는 과정에서 발생하는 문제로서, 결함이 있거나 유해한 상품에 의한 피해, 과대광고나 공정하지 않은 거래조건에 따른 피해 등이 포함된다.

둘째, '사회적 소비자'로서의 소비자문제이다. 소비자가 사회생활을 영위하기 위해 도로, 공원 등 사회 공공시설을 이용하는 과정에서 직면하는 소비자문제, 사회적 비용의 낭비로 인해 소비자에게 전가되는 비용 등을 예로 들 수 있다. 소비자는 공공 서비스에 대해 그 대가를 직접 지불하지는 않으나 세금을 납부하기 때문에 간접적으로나마 대금을 지불하는 것으로 볼 수 있기 때문이다.

셋째, '자연 소비자'로서의 소비자문제이다. 대기, 하천 등 자연적 생활환경의 파괴로 인해 맞게 되는 소비자문제로, 이는 곧 환경의 보존과 회복이라는 차원에서 본, 비교적 새로운 소비자문제의 영역이라고 할 수 있겠다.

2) 소비자문제의 특성

현대사회의 대량생산·판매·소비 체제에서는 사업자가 소비자에 비해 우월한 지위에 있기 때문에 소비자가 입는 문제나 피해의 파급력이 클 뿐만 아니라, 심지어 생명과 신체에 위험성을 가져올 수 있는 심각성이 있음에도 복잡한 유통과정으로 인하여 소비자의 입장에서는 피해발생의 원인규명이 곤란한 경우가 많다. 또 소비자는 사업자에 비해 교섭력에 있어서 매우 열등한 위치에 있는 등의 특성 때문에 적절한 구제를 받지 못하는 경우가 많다.

(1) 보편적 발생

오늘날 상품은 대량생산, 다단계로 이루어지는 생산공정, 유통과정의 복잡성 등의 특성을 갖는다. 즉 소비자의 손에 상품이 도달하기까지에는 기업 내에서의 많은 생산공정과 시장에서의 긴 유통과정을 거치게 되는데, 이들 단계에서 소비자피해의 발생 가능성이 높다는 것이다. 그렇기 때문에 소비자문제는 보편적으로 발생되는 문제라고 할 수 있다.

(2) 광범위한 소비자피해의 파급

대량생산·판매되는 상품에 어떤 문제가 발생할 시에는 소비자피해가 일시에 광범위하게 확산되는 경향이 있다. 특히 고도의 기술적 결함이 있는 상품일 경우에는 그 원인을 찾기가 어려울 뿐만 아니라 그것을 찾는 데 긴 시간이 요구될 수 있기 때문에 많은 소비자들에게 피해를 주게 된다.

(3) 피해원인 규명의 곤란성

오늘날 상품·서비스의 생산공정 및 유통과정에는 많은 사람들이 개입된다. 따라서 소비자피해의 원인이 생산 및 유통 과정의 어느 단계에서도 있을 수 있기 때문에 그 원인이 어디에 있으며, 또 그 책임이 누구에게 있는지를 규명하기가 매우 어렵다. 더구나 여러 가지 이유들이 결합되어 발생하는 소비자피해일 경우에는 그 원인 및 책임 소재를 가려내기가 더욱 힘들 것이다.

(4) 피해의 심각성

소비자문제는 소비자에게 경제적·시간적·심리적 피해를 줄 뿐만 아니라 인간의 생명과 신체에도 영향을 미친다. 특히 결함상품, 위해상품 및 약품, 잘못된 의료서비스 등은 우리의 생명마저 위해하고 있는 실정이다.

(5) 피해 회피의 곤란성

생산자들은 시장경쟁에서 우월한 지위를 확보하고 자본회전을 빠르게 하기 위하여, 제품 안전성에 대한 검증을 소홀히 하는가 하면 소비자의 대체수요를 유발하기 위하여 상품 수명을 의도적으로 단축시키거나 제품 모델을 자주 변경하고 있다. 물론, 구형 제품 유지에 필요한 부품도 충분히 갖추지 않고 있는 실정이다. 이는 사업자들이 상품의 안전성이나 품질 향상보다는 자신들의 이익 획득을 중요시한 결과이다.

(6) 소비자와 사업자 간의 지위 비대등성

현실적으로 기업은 상품에 대한 기술·정보가 많기 때문에, 소비자는 기업과의 거래에 있어 대등하지 못한 상태에 있다. 가격·거래조건의 결정 또한 소비자와 기업의 교섭에 의해서라기보다는 기업에 의해 일방적으로 이루어진다. 더욱이 시장 지배력이 큰 소수의 대기업이 산업을 주도하는 시장의 경우에는 소비자 주권 행사가 불가능하다. 대부분의 거래의 경우, 부당·허위 표시 상품의 구입, 부당한 계약의 체결 등과 같은 소비자피해 요인의 존재 가능성이 높으며, 소비자들이 피해 발생 그 자체를 인식하지 못할 때도 있다.

(7) 구조적 피해 발생

소비자문제는 다음과 같은 구조적 문제로서의 성격을 갖는다. 첫째, 대기업의 독과점이나 기업 간의 카르텔에 의한 시장 독점으로 형성된 시장 지배가 소비자의 자유선택권을 제한함으로써 소비자문제를 유발하게 된다. 둘째, 기업의 안전성 확인 불충실이나 불필요한 모델 변경 등으로 인해 발생하는 소비자문제 또한 구조적으로 발생하는 문제로 볼 수 있다. 셋째, 허위·과장 광고, 부당구매 권유, 판매 제품에 대한 책임 회피, 유통기구의 복잡화 등으로 인해 불필요한 제품에 대한 충동적 구매 등의 소비자피해도 발생하고 있다.

일반적으로, 소비자피해는 그 대부분이 최종소비 단계에서 발생되는 것이므로 그 피해 당사자는 바로 생활자로서의 소비자가 된다. 그리고 피해의 원인 대부분이 현대 경제의 구조적 문제와 관련되어 있기 때문에 제조 및 유통 과정 전체를 종합적으로 검토하지 않는 이상 소비자피해를 근본적으로 해결한다는 것은 거의 불가능한 것이 사실이다.

3. 소비자문제의 발생배경

소비자문제가 대두되기 시작한 것은 대량생산체제가 확립된 후, 자본주의가 고도로 발달하면서부터이다. 소비자문제는 시장환경의 변화와 생활의 변화로 유발된 문제라고 볼 수 있다.

먼저 첫째, 소비자문제 발생 및 증대의 배경이 되는 경제적 구조의 변화를 살펴보면 다음과 같이 정리해 볼 수 있다.

- 독과점시장의 출현·확대이다. 자본주의사회에서는 상품가격이 원칙적으로 수요와 공급에 의해 결정되어야 하지만, 현실적으로는 독과점적 시장구조로 인해 가격 및 거래조건이 기업에 의해 일방적으로 결정되며, 이로 인해 소비자이익이 침해되기도 한다. 결국, 이는 생산자가 무엇을, 얼마만큼, 얼마에 생산·판매하여야 할 것인가는 소비자들이 주권을 상실하여, 시장의 질서가 화폐투표에 의해 결정된다는 자유경쟁시장의 이념에 상충되는 것이다.
- 소비자의 구매 기회 증대이다. 생활수준의 향상과 기술의 발전에 따른 생산력 증대로 인해 소비자들은 많은 상품들을 쉽게 획득할 수 있게 되었으며, 여기에다 소비자 신용제도의 확대는 소비자문제의 확대를 촉진시켰다. 결국 소비 자체가 증가됨에 따라 이에 따르는 소비자문제도 함께 증가하고 있는 것이다.
- 소비자의 지식 및 역량 부족이다. 급속한 기술혁신으로 인해 복잡한 기능의 다양한 제품이 대량으로 출시되고 있는 가운데, 소비자의 지식은 이를 따라가지 못한다. 더구나 소비자정보 중에 기업이 제공하는 정보가 가장 많고, 이 가운데에는 허위·과장 정보들이 많아 소비자문제를 가속화시키고 있다. 더불어 기업은 경쟁적으로 신제품을 출시하고 있어, 제품 안정성이 검증되기도 전에 이를 출시하여 소비자의 재산과 안전에 피해를 주는 경우도 발생하고 있다.
- 지나친 광고의 증대이다. 광고가 불필요한 소비자의 구매욕구를 지나치게 자극시켜 새로운 수요를 끊임없이 창조하고 있다. 문제는, 광고가 소비자의 선호를 왜곡시켜 소비자 불만과 문제를 증대시킬 수 있다는 점이다.
- 기업 간 경쟁의 비가격화이다. 기업 간의 판매경쟁이 심화되면 품질경쟁보다는 광고경쟁이 치열해지는 경향이 있는데, 소비자문제를 야기할 수 있는 기업의 허위·과장 광고나 부당표시 등이 바로 그 예라 할 수 있다.

둘째, 앞서 살펴본 경제적 구조의 변화 외에도, 소비자의 생활양식의 변화도 소비자문제의 발생배경으로 손꼽히기도 한다. 경제가 발전하고 소비자의 생활이 풍요로워질수록, 소비자는 양적인 것보다는 질적 향상을 더욱 추구하게 되었다. 더욱이 오늘날의 소비자는 교육수준과 의식수준이 높아진 가운데, 소득과 여가시간이 증대됨에 따라 고도화된 소비생활을 요구하고 있어 더 많은 소비자불만과 소비자문제를 제기하고 있다.

 읽을거리

소비자연령별 소비자문제 분석

소비자문제가 다발하는 소비생활 분야를 도출하기 위하여, 소비자원은 최근 3년간('13년~'15년) 한국소비자원의 1372 소비자상담 데이터를 소비자연령별 소비자상담 기록을 바탕으로 생애주기별 소비자문제를 분석하였다.

- (전 연령층) 전 연령층의 소비자를 대상으로 소비자문제를 분석한 결과 상위 5개의 공통분야는 의류 · 섬유 신변용품, 정보통신서비스, 문화 · 오락 서비스, 기타 서비스, 정보통신기인 것으로 나타났다.
- (10대) 10대는 의류 · 섬유 신변용품, 교육서비스, 정보통신기기, 정보통신서비스, 도서 · 음반 순으로 소비자문제 경험비중이 높았다. 공통 소비자문제 다발분야 외에 교육서비스(2위), 정보통신서비스(4위), 도서 · 음반(5위) 분야에서 타 연령층보다 소비자문제를 상대적으로 많이 경험하고 있는 것으로 나타났다.

품목으로는,
- (20대) 20대는 의류 · 섬유 신변용품, 문화 · 오락서비스, 정보통신서비스, 정보통신기기, 교육서비스 순으로 소비자문제 경험비중이 높았다. 공통분야 외에 교육서비스(5위) 분야에서 타 연령층보다 소비자문제를 상대적으로 많이 경험하고 있는 것으로 나타났다.
- (30대) 30대는 의류 · 섬유 신변용품, 정보통신서비스, 문화 · 오락서비스, 기타 서비스, 정보통신기기 순으로 소비자문제 경험 비중이 높았다. 전체 소비자를 대상으로 도출된 공통분야와 소비자문제 다발 분야가 같은 것으로 나타났다.
- (40대) 40대는 정보통신서비스, 의류 · 섬유 신변용품, 정보통신기기, 문화 · 오락서비스, 기타 서비스 순으로 소비자문제 경험비율이 높았다. 전체 소비자를 대상으로 도출된 공통분야와 소비자문제 다발 분야가 같은 것으로 나타났다.

- (50대) 50대는 정보통신서비스, 의류·섬유 신변용품, 식료품·기호품, 기타 서비스, 정보통신기기(공동 5위), 토지·건물·설비(공동 5위) 순으로 소비자문제 경험비율이 높았다. 공통분야 외에 식료품·기호품(3위), 토지·건물·설비(5위) 분야에서 50대 소비자가 타 연령층보다 소비자문제를 상대적으로 많이 경험하고 있는 것으로 나타났다.
- (60대) 60대는 정보통신서비스, 식료품·기호품, 의류·섬유 신변용품, 토지·건물·설비, 기타 서비스 순으로 소비자문제 경험비율이 높았다. 공통분야 외에 식료품·기호품(2위), 토지·건물·설비(4위) 분야에서 타 연령층보다 소비자문제를 상대적으로 많이 경험하고 있는 것으로 나타났다.
- (70대) 70대는 정보통신서비스, 식료품·기호품, 의료서비스, 정보통신기기, 의류·섬유 신변용품 순으로 소비자문제 경험비율이 높았다. 공통분야 외에 식료품·기호품(2위), 의료서비스(3위) 분야에서 70대 소비자가 타 연령층보다 소비자문제를 상대적으로 많이 경험하고 있는 것으로 나타났다.
- (80대 이상) 80대 이상 고령소비자의 경우, 소비자문제 상담 건수가 타 연령대비 매우 작은 집단으로 80대 이상 고령 소비자는 정보통신서비스, 의료서비스, 식료품·기호품, 정보통신기기, 보건·위생용품 순으로 소비자문제 경험비율이 높았다. 공통분야 외에 의료서비스(2위), 식료품·기호품(3위), 보건·위생용품(5위) 분야에서 타 연령층보다 소비자문제를 상대적으로 많이 경험하고 있는 것으로 나타났다.

출처: 한국소비자원(2016), 생애주기별 소비자이슈 대응을 위한 정보제공체계 개발

 소비자 교육과 소비자정보

1. 소비자 교육의 개념

1) 소비자 교육의 개념 및 의의

소비자 교육(consumer education)이라는 용어는 1924년 미국의 헨리 하랍(H. Harap) 교수가 처음 사용하였으며 당시에는 주로 구매기능에 국한되었다.

그 이후 70년대에 들어서자 소비자 교육에 대한 개념정립에 대한 논의가 활발히 진행되었는데, 1968년 국제소비자연맹(IOCU : International Organization of Consumers' Unions)대회에서 처음으로 소비자 교육에 대한 정의가 논의되었다. 해당 대회에서 미국소비자 교육위원회(NICE : National Institute for Consumer Education)는 소비자 교육에 대해 '소비자 개인의 가치관, 시장에서의 대체안 인식, 사회적·경제적·환경적인 상황에 비추어 소비자가 합리적이고 현명한 의사결정을 할 수 있도록 이해, 태도, 기능을 전달함으로써 시장에 참여하거나 또는 공적·사적 자원의 이용을 포함한 상황에 참가할 준비를 시키는 노력'이라고 정의하였다. 「소비자 교육개발프로그램의 연구보고서(The Classification of Concepts in Consumer Education」(1980)에서는 소비자 교육은 "소비자(개인 및 집단)가 소비자자원을 관리하고 소비자의사결정에 영향을 미치는 제 요인을 변화·조성할 수 있도록 시민으로서 행동하는 데 필요한 지식과 기능을 가르치는 것이다"라고 정의하고 있다. 이후 1990년대를 치면서 소비자 교육에 대한 정의는 어느 정도 일관되게 정립되었다. 즉 오늘날의 소비자 교육이란 경제적 효용을 높이는 구매론적 관점에서 벗어나 소비자가 개인적·사회적 존재로서 자아실현을 해나가기 위한 소비생활방법을 추구하고 새로운 소비문화를 형성하는 데 필요한 소비자능력(consumer competency)을 개발할 수 있도록 도와주는 것을 의미한다.

이에 소비자 교육이란 구매지식 및 소비생활을 합리적으로 관리하고, 구매대안들 가운데 선택하는 데 있어 자신의 소비가 개인과 사회에 미치는 영향을 고려하여 구매를 결정할 수 있는 능력을 갖도록 도와주는 것이다. 그리고 소비자 교육은 소비자들이 자신의 부(富)를 극대화시킬 수 있도록 상품구매 및 소비능력 향상에 필요한 정보를 효율적으로 획득·이용·평가할 수 있게 하며, 또 현재의 가치관과 라이프스타일에서 합리적으로 구매, 소비할 수 있도록 가르치는 것이다. 결국, 소비자 교육은 소비자가 소비생활 주체로서 자신의 권리와 책임을 자각(自覺)하고 필요자원의 관리 및 소비를 합리적으로 할 수 있도록 소비자 지각능력을 제고시키는 과정이라고 할 수 있다.

소비자 교육과 소비자정보 간의 관련성에 대해 알아보면, 먼저 니클레스(G. Nickles)는 "소비자정보는 제품 및 서비스에 관련된 것이고, 소비자 교육은 보다 현명한 구매결정을 위한 여러 가지 사실·수치의 이용방법을 가르치는 것"이라 하였다. 또한 소렐리(B. Thorelli)는 "제품 및 소비자 특성에 관한 포괄적인 자료는 소비자 교육이고, 개인적인 제공물과 관련된 자료는 소비자정보"라고 설명하면서, 소비자 교육과 소비자정보는 개념적으로는 서로 다르지만 상호 보완적 관계에 있다고 설명하였다. 즉 종합해 보면, 소비자 교육은 소비자가 정보를 수집·이해 및 활용할 수 있는 능력을 갖도록 도와주는 것을 뜻하며, 소비자정보는 피교육자인 소비자에 의하여 그 유용성과 깊이가 좌우된다.

2) 소비자 교육의 목표

소비자 교육의 목적은 보다 인간답게, 보다 풍요롭게 생활할 수 있는 능력을 소비자가 갖게 하는 데 있다. 다시 말해 소비자 교육을 통해 도달하고자 하는 궁극적인 목적은, 소비자의 태도와 행위의 긍정적인 변화를 유도하여 소비자능력을 개발함으로써 소비자 주권(consumer sovereignty)을 확립하는 것이라 할 수 있다. 소비자의 주권이 확립되면 소비자의 자주적인 선택이 시장구조를 통하여 생산구조에 영향을 미치게 되고 그 결과로써 소비자복지(consumer welfare)에 기여하게 된다. 내기(M. Nagy)는 소비자 권리를 침해하는 각종 소비자문제의 해결방안으로써 기업의 자발적 행위, 정부의 조정 역할 외에도 소비자 교육을 제시하면서, 이 중 그 무엇보다도 소비자 교육이 가장 중요하다고 주장한 바 있다. 소비자 교육이야말로 소비자가 소비생활의 합리성과 질적 향상을 도모하기 위해 역할을 수행할 수 있는 능력을 갖추도록 도와주기 때문이다.

소비자 교육의 또 다른 목표는 바로 소비자의 책임에 대한 올바른 인식을 심어주는 것이다. 소비자들이 소비활동을 함에 있어 8개의 권리를 주장하는 것뿐 아니라, 소비자의 책임도 함께 뒤따른다는 이해가 필요하다. 일반적으로 소비자가 부담해야 할 책임으로는 소비하는 모든 재화와 용역의 유용성, 가격, 품질에 대하여 비판할 수 있어야 하는 책임, 상품을 구입하면서 공정한 대우를 받고 있는지 확인하고 참여해야 할 책임, 건전한 시민정신으로 민주사회에 기여할 수 있는 사회적 책임을 깨달아야 할 책임, 환경보존에 대한 책임, 단결에 대한 책임이 있다.

한편 소비자 교육의 목적에 대해 한국소비자원의 보고서(1992)에서는 크게 가치·구매·소비 교육 차원으로 구분하였다. 첫째, 가치교육 차원은 소비행위의 가치문제를 따져보고 바람직한 소비가치 형성을 도모하는 것으로서 소비행위의 주체성 확보 및 합리적인 소비문화 형성, 소비자가치기준 형성 등을 포함한다. 둘째, 구매교육 차원은 '무엇을 따져보고 구매를 결정하는 것이 가장 합리적인가'에 대한 의사결정 능력을 배양시키는 것으로서 경제원리에 대한 이해 증진, 합리적 자원관리 능력의 향상, 소비자문제에 대한 인식 제고, 소비자정보 분석·평가능력 배양, 올바른 상품·서비스 구매방법의 습득 등을 포함한다. 셋째, 시민(의식)교육 차원은 구매문제 발생 시 적극적으로 해결을 꾀함으로써 시민사회 구성원으로서 책임과 의무를 다하는 것으로서, 소비자 불만의 처리와 문제해결 능력의 배양, 소비자 권리의 수혜와 참여 및 실천행위의 동기부여, 소비자 책임 자각 등의 배양을 목표로 한다.

종합해 보면, 소비자 교육의 목적은 과거의 소비자 보호론에서 벗어나 소비자 주권론적 관점에서 소비생활의 문제를 해결하는 데 도움을 주는 것뿐만 아니라, 소비자가 소비생활 환경을 긍정적인 방향으로 적극적으로 조성하는 것에 초점을 두고 있다.

3) 소비자 교육의 필요성

(1) 합리적 소비를 통한 소비자 주권 확립

과학기술의 급속한 발달로 기업의 생산은 더욱 전문화·세분화·복잡화·대량화 되고 있으며, 시장의 장벽이 사라짐에 따라 소비자는 다양한 제품을 직면하게 되었다. 이러한 가운데 소비자는 조직적으로 체계화되어 있지 못하고 교섭력이 낮기 때문에, 생산자나 판매자에 비해 정보가 부족하여 전문적인 지식수준이 낮을 수밖에 없다. 더욱이 소비자들은 본인의 실제 지식수준보다 더 높게 지각하는 등 과신하는 경향도 있어, 비합리적인 소비로 인한 소비자문제의 발생 가능성이 더 높아지고 있다.

더불어 오늘날의 경제체제 내에서 재화의 생산여부를 비롯한 모든 중요한 의사결정에 대해 소비자가 결정하기보다는 생산자가 더 큰 결정권을 가지는 등 생산자와 소비자는 비대칭적 힘을 가지고 있다. 이처럼 소비자는 경제구조상 약자의 위치에 놓여 있는 가운데, 아무리 이성적인 소비자일지라도 과거의 경험이나 주변 환경

요소, 감정 등에 의해 영향을 받아 비합리적인 선택을 하기도 한다. 소비자의 주권이 확보되는 경제체제가 되기 위해서는 소비자의 합리적인 소비행동이 지속적으로 이루어져야 한다. 이를 위해 소비자들의 의식변화가 우선적으로 전제되어야 하는데, 소비자의식에 가장 영향을 많이 미치는 것이 바로 교육이다. 결국, 소비자 교육은 시장경제체제하에서 일반적으로 약자적 입장인 소비자를 보호하고 이성적 학습을 통해 합리적인 소비활동을 함으로써 소비자의 주권을 실현시키기 위해 필요한 것이다.

(2) 경제학적 필요성

애덤 스미스는 『국부론』에서 "소비는 모든 생산의 유일한 목표이며 생산자의 이익은 소비자의 이익을 증진시키는 범위 안에서 고려되어야 한다. 이 명제는 완전히 자명하여 증명할 필요가 없다"라고 하면서 소비자 주권의 원리를 제시하였다. 그러나 당시 생산된 것은 순수하게 소비되었던 시기로, 소비자의 문제가 표면화된 것은 생산이 대량화되고 유통상의 장애가 자본주의의 발전을 침해할 정도로 커진 독점단계 이후부터라고 할 수 있다. 이에 이스트우드(D. B. Eastwood)는 소비자경제학의 목적이 소비자 행동을 평가하고 소비자문제를 분석하기 위한 경제적 이론을 개발하는 데 있으며 소비자의 의사결정방법에 대한 명확한 이론과 모형을 제공해 주는 것이라 주장하였다.

사실 경제학의 전통이론은 시장의 주체 간에 대칭성이 있기 때문에, 인위적인 조작이나 개입이 가해지지 않는다는 것을 전제로 하고 있다. 그러나 오늘날의 사업자는 기술력·정보력·조직력에 있어 소비자에 비해 압도적인 우위를 점하고 있다. 시장에서 발생하는 힘과 정보의 비대칭성은 소비자의 선택을 저해하여 소비자의 의사결정과 소비결과에 부정적인 영향을 미치게 된다. 이와 같은 관점에서 소비자 교육은 미시경제학의 불완전정보이론으로부터 시장의 결함을 보완하는 것으로써 의의가 있다고 볼 수 있다.

2. 소비자 교육의 내용

1) 의사결정과정

매일, 매 순간 소비자는 무엇을 살 것인가부터 얼마나, 어디서, 어떻게 구매할 것인가까지 일련의 선택과정을 거치고 있다. 또한 그 결과로 이어지는 소비자행동(문제인식, 정보탐색, 대안평가, 의사결정과 선택, 구매 후의 평가)이 끊임없이 이어지는 생활을 한다. 따라서 소비자에 대한 재화나 서비스를 선택하는 의사결정과정에 관한 내용의 교육은 소비자 교육의 기본이 된다.

2) 소비자안전

오늘날에는 소비자안전 교육에 재산의 안전까지 더해져 그 중요성과 비중이 커지고 있다. 소비자안전을 절대적 개념이 아닌 상대적 개념으로 본다면 사회의 소비자안전 의식수준은 매우 중요한 의미를 갖는다. 사회의 안전수준을 높이는 데에는 많은 사회적 비용이 들고, 정부의 안전기준이 미흡할수록 소비자 개개인의 안전관련 노력은 더욱 요구된다. 더욱이 안전은 소비자의 신체 및 재산과 밀접한 관련을 가지기에, 소비자 운동은 과점기업이나 집중도가 높은 산업의 시장 지배력에 도전하는 것보다 위해상품이나 기만적 행위를 시장에서 몰아내는 일에 초점을 맞추어왔다.

3) 소비자 정보

소비자정보(Consumer Information)는 소비자가 상품의 구매 등 소비생활을 할 때 의사결정에 활용하는 자료가 된다. 소비자는 합리적인 소비활동에 대한 의사결정을 하기 위해 관련정보를 획득하고 이용하려는 노력이 필요하지만, 소비자가 자료를 획득하는 데에는 한계가 있다. 이와 같은 문제를 해소하기 위해, 정부는 생산자로 하여금 소비생활과 관련된 제품정보를 공개도록 관련법규에 규정하고 있다. 소비자는 공개된 정보 즉 약관, 사용설명서, 표시 등에 있는 정보를 최대한 활용하여 해당상품의 거래과정에서 자신의 권리와 책임이 무엇인지를 명확히 이해한 뒤 의사결정하는 것이 습관화될 필요성이 있다.

4) 합리적인 소비행위

소비자가 상품관련 정보를 충분히 확보하고 있더라도, 이러한 소비자정보를 바탕으로 실제 소비자의 합리적인 소비행동이 이루어지지 않는다면 교육은 의미가 없게 된다. 따라서 소비자 교육에는 합리적인 소비(rational consumption)를 할 수 있게 하는 내용이 포함되어야 한다.

한편 합리적인 소비는 최소의 비용으로 최대의 효용을 얻도록 하는 경제학적 개념의 효율성과는 차이가 있다. 즉 합리적인 소비를 하기 위해서는 무엇보다도 소비자 자신이 가진 자원을 얻을 수 있는 능력을 정확히 판단할 수 있어야 하며, 이 한정된 소득으로 최대의 만족을 얻도록 잘 분배하여 자신의 욕구를 최대한 충족시킬 수 있도록 사용해야 한다.

5) 재무관리 이해

재무교육이란, 소비자가 만족을 극대화하기 위해 경제적 자원을 효율적으로 관리하는 데 필요한 지식과 기능을 개발시키는 과정이다. 소비자의 소비행동은 자신의 소득이라는 화폐자원에 큰 제약을 받게 될 뿐 아니라, 생애단계별(Life Cycle)로 지출되는 비용과 소득을 고려하여 자신의 효용이 최대화될 수 있도록 소득배분을 적절히 할 수 있어야 한다. 생활주기에 따라 요구되는 경제자원의 크기가 다르므로 현재에 급급하다 보면 장기적으로 보다 큰 만족을 얻을 수 있는 기회를 상실할 수 있기 때문이다.

그러나 인간의 욕망은 무한하고 소득은 한정되어 있기 때문에 자신의 소득범위 내에서 지출을 맞추는 것, 그리고 지식과 기능을 습득하여 효율적으로 재무설계를 하는 게 어려운 것이 현실이다. 지금같이 경제환경이 급변하는 상황에서 재무관리와 관련된 지식은 소비자의 소비행동을 크게 제약하는 경제자원을 조절할 수 있는 능력으로 이어진다. 따라서 장기적인 생활설계와 이에 필요한 자원을 예측하여 미리 준비할 수 있는 장기적인 재무관리지식의 습득에 필요한 교육이 체계적으로 시행될 필요성이 있다.

6) 가치선택

소비자는 재화나 서비스에 대한 실제적인 소비 외에도 소비하는 과정 및 이와 직간접적으로 관련된 활동들에서도 만족을 느끼게 된다. 여기서 어느 활동을 중요하게 생각하며 그것에 대해 얼마나 만족을 느끼게 되는가는 바로, 소비자의 가치관과 소비자가 속한 사회의 판단기준에 따라 달라진다. 따라서 소비자에게 자신의 소비활동이 사회적으로 바람직하며 지속가능한 발전과 부합하는 가치인지를 교육해야 하며, 이를 소비자가 수용하고 실천하도록 해야 한다.

7) 환경보호적 소비

오늘날의 환경문제는 근본적으로 환경에 대한 인간의 잘못된 인식과 소비에서 비롯되었기 때문에 범지구적인 노력이 요구된다. 환경문제로 인한 환경교육의 필요성은 1972년 스웨덴의 스톡홀름에서 '단 하나뿐인 지구(Only one earth)'라는 주제로 개최된 'UN 인간환경회의' 때부터 인식되었다. 이 회의에서 제창된 'UN 인간환경 선언문'은 환경문제를 세계적 차원으로 부각시키고, 환경교육의 필요성을 인식케 하는 계기가 되었다. 그 후 환경문제 해결을 위한 환경교육 관련 국제회의에서 환경교육이 인류의 공동과제로 천명되었다.

환경문제가 인간의 환경에 대한 그릇된 가치관과 태도에서 비롯된 것이라고 볼 때, 소비자 환경교육은 그 문제를 근본적으로 시정하는 가장 효율적인 조치라고 할 수 있다. 이는 곧 환경교육의 중요성을 피력함으로써 소비자에 대한 환경교육의 필요성을 더욱 강조한 것이다. 소비자의 소비행동은 사회와 별개로 독립적으로 이루어질 수 없다. 그렇기 때문에 소비자의 행동이 가져오는 사회적 파급효과를 고려해야 한다는 교육, 그리고 개인적인 가치와 사회적 요구에 부응하여 경제적 자원의 사용에 대한 의사결정방법을 습득시키는 교육이 필요하다.

8) 소비자시민성(Consumer citizenship)

경제생활에서 개인은 근로자로서의 역할, 소비자로서의 역할, 시민으로서의 역할을 수행한다. 여기서 시민은 자신 및 사회와 관련된 정책이나 법에 대해 관심을 가지며 사회공동체를 유지, 발전시키는 역할을 한다.

한편 소비자는 현 경제체제하에서 판매자나 생산자에 비해 약자의 입장에 있기 때문에 정부는 정책적·행정적으로 소비자를 지원하기 위한 정책과 제도를 마련하고 있으며, 바람직한 소비환경 마련에 노력을 기울이고 있다. 그러나 아무리 제도적 장치가 마련되어 있을지라도, 소비자가 이를 인지하고 적극적으로 의견을 개진하거나, 참여하지 않는다면 정책의 실효를 거두기 어렵다. 따라서 소비자는 소비생활과 관련된 정책이나 제도 등에 대해 적극적으로 동참하고, 바람직한 방향으로 실천함으로써 소비자의 주권을 확보하고자 하는 노력, 즉 소비자의 시민성이 필요하다.

9) 디지털 소비

엄청난 속도로 진행되고 있는 디지털화는 소비자의 정보능력 차이를 가속화시키고 있으며, 개인정보 유출 등의 새로운 문제를 야기하고 있다. 이러한 소비자문제를 해결하는 데 있어 가장 요구되는 것은 소비자가 디지털 활용기술을 이용하여 자신에게 필요한 정보를 효과적으로 사용하는 능력을 향상시키는 것이다. 정보가 확산되는 디지털사회에서 소비자는 정보를 판단하고 선택하여 적재적소에 활용할 수 있는 능력이 필요하며, 디지털 소비자 교육이야말로 합리적인 소비자시민으로서의 역할을 제대로 수행할 수 있는 능력을 개발하게 하는 유일한 방법이라 할 수 있다. 디지털사회에서 정보취득 정도가 낮은 소비자의 경우 합리적인 소비자로서의 역할 제한뿐만 아니라, 사회적응력이 떨어질 수 있다.

더불어, 디지털 스마트기기를 접할 기회가 적은 취약계층 소비자들의 경우, 환경에 대한 지원과 함께 기술습득 능력, 그리고 소비자 평생교육 등이 요구될 것이다.

 읽을거리

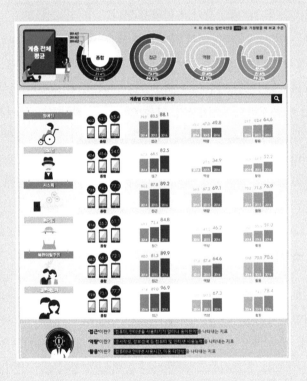

신문기사, 인터넷 속도는 1위지만 장애인·저소득층 정보화 수준은 58%

초고속 인터넷, 무선 네트워크 속도는 전 세계 최고 수준이나 여전히 장애인, 저소득층 등 정보취약계층의 디지털정보화수준은 일반 국민의 58.6% 수준이다. 미래창조과학부(현 과학기술정보통신부)와 한국정보화진흥원은 전국 장애인, 장노년층, 농어민, 저소득층의 디지털정보화 수준을 조사한 '2016 디지털정보격차 실태조사' 결과를 발표했다.

실태조사 결과에 따르면, 유·무선 정보통신환경에서 정보취약계층의 디지털정보화수준은 전년대비 6.2% 포인트 개선된 58.6%로 나타났다. 조사는 디지털접근수준(접근 가능도), 디지털역량수준(기본적 이용여부), 디지털활용수준(양적·질적 활용도)으로 나눠 진행됐다.

디지털접근수준(84.5%)은 일반국민과의 격차가 15.5%로 상대적으로 작았으나 디지털역량수준(45.2%)과 디지털활용수준(59.0%)은 격차가 각각 54.8%, 41.0%로 큰 차이를 보이고 있었다.

전년대비 디지털접근수준은 10.8%p(73.7%→84.5%), 디지털역량수준은 7.8%p(37.4%→45.2%), 디지털활용수준은 7.4%p(51.6%→59.0%) 상승했다.

저소득층(77.3%)은 일반국민과의 격차가 22.7%로 상대적으로 작았으나, 장애인(65.4%), 농어민(61.1%), 장노년층(54.0%) 격차는 각각 34.6%, 38.9%, 46.0%로 큰 차이를 보이고 있었다.

전년대비 저소득층은 2.8%p(74.5%→77.3%), 장애인은 2.9%p(62.5%→65.4%), 농어민은 5.9%p(55.2%→61.1%), 장노년층은 8.4%p(45.6%→54.0%)로 장노년층의 디지털정보화수준이 가장 크게 상승했다.

송정수 미래부 정보보호정책관은 "정보취약계층 대상 스마트기기 보급 및 모바일 활용 교육비중 확대 등으로 취약계층의 디지털 정보격차가 줄어들고 있는 것으로 나타났다"며 "하지만 장노년층의 디지털정보화수준이 다른 계층에 비해 여전히 낮은 수준이어서 장노년층을 위한 정보격차해소 정책을 적극적으로 추진하는 한편, 디지털역량수준 개선을 위해 계층별 맞춤형 정보화교육을 강화하고 교육콘텐츠도 개발하겠다"고 말했다.

출처 : 미래창조과학부 한국정보화진흥원, 2016 디지털정보격차 실태조사, 아시아경제, 2017.02.21

3. 소비자정보

1) 소비자정보의 개념 및 의의

소비자는 제품이나 서비스를 구매함에 있어 많은 불확실성과 위험에 부딪히게 되는데, 이를 최소화하기 위해서는 정보가 있어야 한다. 소비자정보는 구매의사결정 시의 불확실성 정도를 감소시켜 주는 것으로 소비자의 욕망충족 및 목표달성에 유용하고 유의성 있는 가치를 지니는 것이다. 다시 말해 상품이나 서비스를 구매·사용하는 과정에서 수반될 수 있는 재정적·심리적 불확실성 및 위험을 감소시킬 수 있는 모든 수단이 소비자정보가 되는 것이다.

소비자정보는 제품이나 서비스를 선택하는 데 있어 시간적·물질적 자원을 줄이고 불확실성 및 위험도를 감소시킬 뿐 아니라 가격 및 품질 등에 대해 알려줌으로써 바람직한 선택을 도와준다. 특히 제품의 평가기준에 대한 정보나 대체안들의 장단점에 관한 정보는 보다 나은 선택을 하는 데 직접적인 도움을 준다. 또한 제품의 사용방법에 대한 정보는 제품을 이용하는 과정에서 제품의 기능을 충분히 활용하도록 하고, 관리방법에 대한 정보는 제품을 좋은 상태로 오랫동안 사용할 수 있게 함으로써 소비자가 지불한 화폐가치에 대한 효용을 최대한 얻을 수 있도록 함은 물론 환경적으로도 바람직한 결과를 초래하게 된다.

이러한 소비자정보의 종류로는 소비자가 상품을 구매·사용하는 데 도움이 되는 정보로, 기업이 제공하는 광고, 설명서, 카탈로그, 품질표시 라벨, 보증서와 소비단체 및 국가기관의 여러 가지 인증마크, 간행물, 소비자 개인의 경험 및 입소문, 정부 및 단체가 제공하는 연구 및 조사정보 등이 있다.

2) 소비자정보의 특성

소비자정보는 비록 무형이기는 하나 그것을 획득하고 유통시키는 데에는 비용이 수반되는 재화이다. 그러나 소비자정보는 일반적인 사적 재화들과는 다른 특성을 가지고 있으며, 또한 소비자가 이를 활용하고 처리하는 과정에서 몇 가지 특성을 보여준다.

(1) 비소비성과 비이전성

소비자정보는 아무리 사용해도 없어지거나 줄어들지 않기에, 반복해서 계속적으로 사용할 수 있다. 그리고 소비자정보는 타인에게 양도해도 자신에게 그대로 남아 있는 특징을 가진다.

(2) 공공재적 특성

소비자정보가 일단 공급되기만 하면 공급자가 누구거나 상관없이, 모두가 아무

불편이나 효용의 감소 없이 공동으로 이용할 수 있다. 이러한 특징은 '비배타성'과 '비경합성'으로 표현될 수 있다. 문제는 이와 같은 소비자정보의 공공재적 특성으로 인하여 대부분의 소비자들은 다른 누군가가 소비자정보를 획득하여 제공해 주기만을 원할 뿐, 스스로는 이를 위한 시간과 비용을 들이려 하지 않는다는 것이다.

(3) 비대칭성

거래당사자 중 한 사람이 가지고 있는 정보를 다른 사람이 정확하게 파악할 수 없는 현상을 의미한다. 제품판매자는 제품에 대해 다른 누구보다 많이 알고 있지만, 제품의 약점이나 부정적인 부분을 모두 알려주면 소비자는 해당 제품을 선택대안에서 제외시키게 된다. 그렇기 때문에 정보를 많이 갖고 있는 경제주체는 다른 상대방에게 진실되고 충분한 정보를 제공하지 않으려 한다.

(4) 비귀속성

생산자나 판매자들은 자신들에게 유리한 정보만을 소비자에게 전달하려 하는데 이는 소비자와 판매자 사이에 존재하는 정보의 비귀속성 때문이다.

(5) 정보이용자의 능력에 따른 효용성

정보는 같은 것일지라도, 이용자의 목적지향적인 행동능력에 따라 그 효용수준이 달라진다. 소비자의 능력에 따라 구매의사결정에 필요한 정보를 적절한 방법으로 탐색하여 획득하는 데 차이가 있으며, 소비자들의 정보처리능력에 따라 획득한 정보들을 토대로 대체안을 비교평가하고 선택하는 데 있어서도 차이가 나타난다.

한편 정보가 소비자정보로서의 역할을 다하기 위해서는 다음과 같은 바람직한 특성이 요구된다.

- 적시성 : 소비자가 정보를 필요로 할 때 짧은 시간에 얻을 수 있고, 얻어진 소비자정보원으로부터 구매의사결정에 도움이 될 만한 최근의 정보를 얻을 수 있어야 한다.
- 신뢰성 : 정보는 사실에 근거하여 정확해야 하고, 왜곡되거나 편파적이지 않아야 하며, 사실과 다른 잘못된 정보를 제공하지 않아야 한다.

- 의사소통의 명확성 : 정보가 명확하고 쉽게 이해될 수 있으며, 정보제공자와 소비자 간에 명확한 의사전달이 이루어져야 한다.
- 경제성 : 정보에 드는 비용에 관한 것으로 적은 비용으로 획득이 가능해야 한다.
- 접근가능성 : 필요로 할 때 획득이 가능해야 하고 누구든지 획득할 수 있어야 한다.
- 저장가능성 : 보관해 두었다가 필요할 때 다시 사용할 수 있으며, 다시 사용해도 같은 효용을 얻을 수 있어야 한다.

3) 소비자정보관련 문제

소비자들은 대부분의 경우 충분하고 정확한 정보를 갖기 어렵다. 이러한 소비자정보의 부족현상은 상호 관련성이 있는 두 가지 이유에 기인한다. 하나는 정보 획득 비용과 정보로 얻는 이득이며, 또 다른 하나는 시장실패(market failure)에 기인한다.

대체로 정보 수집 · 처리 · 평가에는 비용이 소요되는데, 여기에는 수집된 자료를 분석하는 데 필요한 시간 · 노력, 실제비용 등이 포함된다. 소비자정보는 광범위하게 분산되어 있으므로 소비자들이 필요로 하는 정보를 탐색 · 획득하는 데에는 노력과 비용이 소요된다. 많은 정보가 허위-거짓정보인 가운데, 정보에 대한 소비자들의 식별력이 부족하기 때문에 소비자의 문제가 초래될 가능성이 높아진다. 결론적으로 말해, 소비자들은 불필요한 정보 가운데서 구매의사결정에 도움이 되는 참된 정보를 얻는 데 최선의 노력을 기울여야 하는 것이다. 그러나 현실적으로 올바른 결정을 위한 실용성 높은 정보를 획득하고, 이를 실제로 이용하는 데에는 적지 않은 어려움이 따른다. 소비자의 올바른 정보 획득 및 사용을 저해하는 요인은 다음과 같이 정리해 볼 수 있다.

- 일반적으로 소비자는 정보 획득을 위해 많은 노력을 기울이지 않는다. 그 주요 원인은 바로, 소비자들은 시장이 이상적으로 잘 운영되고 있으며, 정보 탐색에 기울인 노력이나 비용에 비해 소비자 자신이 얻을 수 있는 이익이 상대적으로 적다고 느끼기 때문이다.

- 소비자들은 가격 및 품질 정보가 상품 구매에 도움이 된다는 사실에 대해 제대로 인지하지 못할 뿐 아니라, 신뢰도가 높은 정부관계기관의 제품시험 결과정보가 주어져도 활용하지 않고 있다.
- 소비자는 지식에 따라 행동하지 않는 경향이 있다. 소비자들이 상품 가격 및 품질정보를 갖고 있더라도, 실제로는 이러한 정보를 기반으로 합리적인 소비생활을 하지 않는 것이다. 광고에 따라 쉽게 수동적으로 행동하거나, 감정에 이끌려 행동하는 경우가 바로 그 예이다.
- 제품 가격 및 품질수준이 지나치게 다양하고 복잡하여 소비자들이 확보하기 힘들 정도로 많은 정보가 요구되기 때문이다. 제품에 대한 정보가 주어지더라도 막상 이를 습득하고 제대로 이해하기 어려워지고 있는 것이다.

4) 소비자정보의 원천

소비자의 정보획득방법을 능동적으로 찾는 방법과 수동적으로 찾는 방법으로 구분할 수 있으며, 소비자들이 정보를 획득하기 위해 의존하는 정보의 원천이 소비자의 기억체계 내부에 있는지, 외부에 있는지를 기준으로 내부적(기억) 원천과 외부적 원천으로 구분할 수 있다. 그리고 정보제공출처의 특성을 기준으로 상업적 원천, 소비자주도적 원천, 중립적 원천으로 구분할 수 있다.

(1) 상업적 원천

마케터의 직접적인 통제하에 있으며 제품 자체, 포장, 가격, 광고, 판매촉진, 인적 판매, 진열, 유통경로와 같은 커뮤니케이션 수단을 포함한다. 즉 제조업자나 판매업자가 제공하는 정보로, 일반적으로 판매촉진의 일환으로 제공되는 이러한 정보에 대한 소비자 신뢰도는 비교적 낮은 편이다. 그러나 대부분의 제품이 고도로 기술화되어 복잡해지고 있어 소비자들은 점점 이러한 상업적 정보원천에 의존할 수밖에 없게 되었다.

(2) 소비자주도적 원천

가족, 친구, 동료 등 마케터의 직접적 통제하에 있지 않은 모든 개인 간 정보원천을 의미한다. 일반적으로 소비자들은 필요로 한 정보를 자신의 과거 경험이나, 친구, 친지, 이웃 등 다른 소비자들의 경험이나 판단에서 얻는다. 그러나 이 같은 정보는 개인적 차원의 주관적인 정보로서 정보의 질적 측면에서 불완전성이 내포될 가능성이 높다. 소비자들의 경험이나 판단은 상이할 수 있으며 편견이 개입된 부정확한 정보일 가능성이 높기 때문이다.

(3) 중립적 원천

신문, 잡지와 소비자원, 시험기관 등 정부 산하기관, 중립적 소비자단체들로부터 생산되고 배포되는 객관적인 정보를 의미한다. 이들 정보는 대체로 사실에 근거하고 편견이 없어 신뢰성이 높다. 제3기관에 의해 제공되는 이 정보의 대표적인 예로는 제품의 비교평가를 통해 제공되는 비교정보를 들 수 있다.

표1 정보의 원천

구분	장점	단점
상업적 원천	– 자주 이용가능한 많은 정보가 존재함 – 낮은 정보비용 – 적은 노력으로 이용가능 – 기술적으로 정확하다고 지각	– 편견이 개재될 가능성이 큼 – 필요한 모든 정보가 제공되지 않음 – 신뢰성의 결여
소비자주도적 원천	– 여러 곳에서 다양한 정보를 얻을 수 있음 – 신뢰성 – 소비자의 욕구에 맞춘 정보 제공 – 낮은 정보비용	– 그릇된 정보의 가능성 – 간헐적이어서 때때로 중단됨 – 소비자가 스스로 추구해야 함
중립적 원천	– 편견이 개재되지 않는 정보 – 사실에 근거한 정보 – 신뢰성	– 높은 정보비용 – 규칙적으로 이용 불가능 – 완벽하지 않은 정보의 가능성 – 정보의 최신성 결여 – 정보이해에 지적 기술 필요

4. 소비자지식

소비의 주체로서 소비자들은 반복적인 소비활동을 통해 수많은 정보나 경험을 획득하며 이는 지식이라는 형태로 머릿속에 저장된다. 소비자지식은 상품이나 서비스에 대해 소비자들이 가지고 있는 관련경험 및 친밀감 정도를 의미한다. 알바(Alba)와 허친슨(Hutchinson)은 소비자지식을 전문성(expertise)과 친밀감(familiarity)으로 나누고 전문성은 제품과 관련된 과업을 성공적으로 해낼 수 있는 능력이며, 친밀감은 소비자들이 제품과 관련되어 경험하는 정도로 정의하였다. 또한 지식은 기억으로부터 인출 가능한 것 또는 제품에 대한 외부탐색이 발생하기에 앞서 일반적으로 인출되는 정보로도 알려져 있다(최낙환·나광진, 2000).

소비자들이 제품에 대해 가지고 있는 지식은 정보탐색활동, 제품평가과정, 제품정보의 이용, 구매의사결정, 학습 등에 조정적(moderating) 영향을 미친다. 소비자가 지닌 정보나 지식은 소비자관심에 영향을 미치고 궁극적으로 구매행동의 변화를 가져온다. 소비자는 지식을 이용하여 대안을 평가하고 그에 따라 제품에 관한 구매결정 등을 내리므로, 소비자가 관련제품에 어느 정도의 지식을 지니고 있는가는 소비행동을 이해하는 데 있어 중요한 요인이다.

소비자지식은 크게 객관적 지식(objective knowledge)과 주관적 지식(subjective knowledge)으로 나누는데, 여기에 경험을 추가해 세 가지로 나누기도 한다. 객관적 지식은 장기기억 속에 저장된 제품군(product class)에 대한 사실적 정보를 말하며, 주관적 지식은 제품군에 대해 그들이 알고 있다고 지각하는 자기평가지식(self-assessed knowledge)을 의미한다(Park, Mothersbaug & Lawrence, 1994).

소비자지식에 있어 객관적 지식과 주관적 지식은 측정방식이 다르다. 일반적으로 소비자가 어떤 객관적 정보를 알고 있는지 사실여부를 확인하는 객관적 지식은 해당사실에 대해 진위형으로 '그렇다(맞다)', '아니다(틀리다)', '잘 모르겠다'로 나누어 측정하며, 잘 모르겠다고 한 경우 오답처리를 하거나 잘 모르는 것과 잘못 알고 있는 것을 구분하기 위하여 분석 시 점수배정을 다르게 하기도 한다. 주관적 지식의 경우는 대개 지식이나 경험보유에 동의하는 정도를 리커트 척도로 측정한다.

연구자에 따라서는 경험을 주관적 지식의 영향요인으로 보기도 하고 주관적 지식

범주에 포함시키기도 한다. 소비자의 주관적 지식은 과거의 경험에 근거한 판단에 의해 결정된다고 할 수 있기 때문이다. 제품관련 경험이 자기평가지식에 많은 영향을 미치는 것은, 소비자들이 오랫동안 제품을 사용하고 정보를 탐색해 온 경우, 그 제품에 대해 잘 알고 있다고 생각하기 때문이다. 이처럼 경험정보가 주관적 지식의 판단에 영향을 미칠 수 있거나 주관적 지식 자체가 될 수 있다고 판단하는 것은, 상품과 관련된 경험이 비교적 인출하기 쉬운 것이기 때문이다.

소비자지식을 경험기반지식(experience-based knowledge), 주관적 지식, 객관적 지식의 세 가지로 나누는 경우는, 경험기반지식을 다시 제품의 친밀감 측면에서 탐색(search)과 사용(usage), 소유(ownership) 경험의 세 가지로 분류한다(Park & Lessig, 1981). Park, Mothersbaug & Lawrence(1994)는 제품관련 경험을 '정보탐색, 제품사용과 구매경험이라는 점에서 소비자 자신(the self)과 제품 간의 연관성의 기억으로 정의'하고, 이는 객관적 지식보다는 자기평가지식, 즉 주관적 지식에 더 많은 영향을 미친다는 경험적 결과를 내놓았다. 주관적 지식은 제품지식, 구매지식, 사용지식의 3가지로 분류하기도 한다(장흥섭, 2001).

한편 Engel, Blackwell, and Miniard(1995)는 소비자지식을 크게 제품지식, 구매지식, 사용지식으로 구분하여 설명하였다. 제품지식이란, 제품 범주와 제품 범주 내에 있는 상표의 인식, 제품 전문용어, 제품 속성이나 특성 및 상표에 대한 신념 등이 포함된다. 구매지식은 제품을 구매하는 데 필요한 정보로, 구매장소에 관한 것과 구매시기에 관한 것 등이 있다. 마지막으로 사용지식은 제품이 '어떻게 이용되고, 제품사용 시 무엇이 요구되는가'에 대한 기억 속의 모든 정보를 의미한다.

참 고 문 헌

김기옥, 김난도, 이승신, 황혜선(2015). 초연결사회의 소비자정보론. 시그마프레스.

김기옥, 황혜선, 강지은, 한운옥, 조연행, 장우, 한명월(2008). 컨슈머리즘 실천 활동에 대한 소비자의 평가와 요구. 성균관대학교 생활과학연구소, 생활과학. 11(0) : 23-42.

김영신, 서정희, 송인숙, 이은희, 제미경(2012). 소비자와 시장환경. 시그마프레스.

미래창조과학부 한국정보화진흥원(2016). 2016 디지털정보격차 실태조사.

백영성(2016). 블랙컨슈머의 관리. 커뮤니케이션북스.

이기춘, 나종연(2006). '소비자주의'의 새로운 개념화에 대한 연구 : 소비자주의의 제한적 의미에 대한 비판적 고찰을 중심으로. 한국소비자학회 춘계학술대회 논문집. pp. 725-734.

장흥섭(2001). 소비자문제 해결을 위한 대안적 · 통합적 모델-소비자문제 경험. 소비자지식의 관계를 중심으로. 경영교육연구. 23 : 289-313.

장흥섭(2015), 소비자보호 및 이해를 위한 현대소비자론, 경북대학교출판부.

최낙환, 나광진(2000). 소비자의 지식수준이 제품의 전형성 평가와 선호도에 미치는 영향에 관한 연구. 마케팅연구. 15(4) : 23-44.

한국소비자단체협의회(2014). 시장환경 변화에 따른 소비자단체 제도 정비를 위한 소비자기본법 개정방안 연구, 공정거래위원회 연구보고서.

한국소비자원(2016). 생애주기별 소비자이슈 대응을 위한 정보제공체계 개발. 정책연구.

한국소비자원(2011). 소비자의 개념 확대에 관한 연구. 연구보고서.

한국소비자원(2012). 소비자권리 과거 현재 그리고 미래. 소비자정책동향.

한국소비자원(2013). 사이버 소비자 운동의 동향과 전략. 정책연구.

한국소비자원(1992). 소비자 교육의 교육내용모형 개발 연구 : 사회교육을 중심으로. KCA보고서.

Alba, J. W., & Hutchinson, J. W.(1987). Dimensions of Consumer Expertise. Journal of Consumer Research. 13(4) : 411−454.

Chase, S., & Schlink, F. J.(1927). Your Money's Worth.

Duhan, D. F., Johnson, S. D., Wilcox, J. B., & Harrell, G. D.(1997). Influences on Consumer Use of Word−of−Mouth Recommendation Sources. Journal of the Academy of Marketing Science. 25(4) : 283.

Engel, J. F., Blackwell, R. D., & Miniard, P. W.(1995). Consumer Behavior, 8th. New York : Dryder.

Baudrilard J.(1970). The consumer society : Myths and structure. London : Sage(장 보드리야르. 소비의 사회−그 신화와 구조. 이상률 옮김(1996). 문예출판사).

Mayer, R. N.(1989). The Consumer Movement. Twayne Publisher.

Packard, V., & McKibben, B.(1960). The Waste Makers.

Park, C. W., & Lessig, V. P.(1981). Familiarity and Its Impact on Consumer Decision Biases and Heuristics. Journal of Consumer Research. 8(2). 223−230.

Park, C. W., Mothersbaugh, D. L., & Feick, L.(1994). Consumer Knowledge Assessment. Journal of Consumer Research. 21(1) : 71−82.

Stearns, P. N.(2001). Consumerism in World History : The Global Transformation of Desire, Routledge.

Swagler, M. R.(1979). Consumers and the Market. 2nd ed. Toronto : D.C. Heath and Company.

제2부

소비자환경과 컨슈머리즘

05 환경문제와 소비자보호

20세기를 지나면서, 인류문명은 '대량생산과 대량소비(mass production and mass consumption)'라는 현대 산업사회의 성장패턴 아래, 인류사적 유래를 찾을 수 없는 물질적 풍요를 가져왔다. 한편 이러한 문명적 특성은 물질 및 에너지의 대량 생산·소비와 함께 일련의 지구적 규모의 환경문제에 대해 아래와 같은 인상적인 수치를 만들었다.

> "1초의 시간 동안 전 세계적으로 58.4ton의 곡물, 22ton의 철광석, 51ton의 시멘트, 1.3대의 자동차, 4.2대의 TV, 3,500개의 생수 용 PET병이 생산되고 있다. 또한 1초에 전 세계적으로 6.9ton의 육류(3마리의 소, 7마리의 돼지, 1,100마리의 닭), 252ton의 화석연료, 400,000kWh의 전력, 4ton의 종이문서, 5,700L의 탄산음료가 소비되고 있다. 같은 시간 동안 390,000m³의 이산화탄소가 배출되고, 5,100m²의 자연림이 사라지고, 그린란드에서 1,629m³의 빙하가 녹고, 미국의 오갈랄라(Ogallala) 대수층에서 380m³의 물이 감소되며, 중국 국토의 78m²가 사막화되고 있다(Yamamoto, 2003)."

현재의 생산과 소비 패턴이 '우주선 지구호(Spaceship Earth)[1]'라는 닫힌 시스템(closed system)의 지구가 감당하기 어려운 자원소모와 환경오염물 배출을 통해 생태적 위협을 야기한다는 위기의식(즉 지속가능성의 문제의식)은 오랜 역사를 가지고 있다.

---

1) Boulding(1996)은 닫힌 시스템의 지구에서 생태계의 하위시스템인 경제계를 유지하기 위해 '카우보이 경제'와 '우주인 경제'를 비유하면서, 보다 적은 관류(throughput)를 통한 전체 스톡(stock)의 유지를 위한 기술변화의 개념을 도입한다.

이러한 위기의식은 국제사회에서 관심사가 되기 시작했고, 1987년 환경과 발전에 관한 세계 위원회 보고서(브룬트란트 보고서)를 통해 지속가능한 개발은 점차 인류의 삶과 행동을 위한 지침으로 자리 잡아 왔다. 1992년 6월 브라질 리우에서는 유엔환경개발회의(UNCED)가 열려 '지속 가능한 개발(ESSD : Environmentally Sound and Sustainable Development)'이라는 새로운 정책을 천명하게 되었고, 178개국의 대표는 '의제 21(Agenda 21)'을 채택하여 지구를 살리기 위한 공동의 목표에 합의하고 당면한 환경 위기에 따른 개선책과 행동 대안을 제시하였다.

1992년 리우 정상회의 이후 20년 만에 개최된 Rio+20정상회의에서 「지속가능한 소비와 생산에 관한 10년 기본계획(10YFPSCP) 수립」을 채택(UN의 A/CONF.216/5의 문서)하고, 67차 UN총회(2012.9)에서 이를 추진할 전담기구로 UNEP[2]를 지정하였다.

이행계획은 다음과 같은 지속가능한 생산 및 소비(SCP : Sustainable Consumption and Production)[3]로의 전환을 위한 10개년 계획의 수립을 다음과 같이 권고하고 있다.

> "자원사용과 생산공정에서의 효율성 및 지속성 향상과 자원고갈, 오염 및 폐기물의 감소를 통하여 경제성장과 환경악화에 대처하고 연계를 깨뜨림으로써 생태계의 자정능력(carrying capacity)내에서 사회적·경제적 발전을 촉진시키는 지속가능한 소비 및 생산으로의 전환을 가속화하기 위한 지역 및 국가 이니셔티브를 지원하는 10개년 계획 프로그램의 틀의 개발을 장려하고 촉진한다."

즉 지속가능한 생산 및 소비를 촉진하기 위한 이행수단으로 각종 세제, 보조금, 오염자 부담원칙(polluter pays principle) 등 시장 메커니즘에 기초한 방식의 도입, 생산과 소비의 생태효율성(eco-efficiency) 향상 및 청정생산 도입을 촉진하기

---

2) UNEP은 마라케시 프로세스부터 10YFPSCP에 관한 구체적 내용의 수립을 지원하는 역할을 수행하였으며, 67차 UN총회(2012.9)에서 10YFPSCP의 이행을 지원하는 사무국으로 지정되었다.

3) 지속가능한 소비 및 생산이란? 제품의 생산·소비·폐기의 전 과정에서 천연자원의 사용을 줄이고 독성물질, 오염물질, 폐기물의 발생을 최소화하는 동시에 인간의 기본적인 욕구와 풍요로운 삶의 질을 유지하는 범위 내에서 제품과 서비스를 사용하는 것을 뜻한다고 UN은 정의하고 있다.

위한 기술개발 및 지원의 강화, 전 과정평가(life-cycle assessment)의 도입을 통한 제품의 생산과 소비단계에서 자원 및 환경에 미치는 영향 분석, 지속가능한 제품에 대한 수요창출을 위한 공공구매(public procurement)의 확대, 에코라벨링(eco-labelling) 등의 인증제도 도입을 통한 지속가능한 생산 및 소비 촉진, 국제표준기구(ISO)의 기준 및 Global Reporting Initiative 등을 통한 환경경영체제 구축 및 기업의 환경 및 사회적 책임 강화, 지속가능한 생산 및 소비에 대한 교육·훈련 프로그램 개발 등을 권고하고 있다.

현재, 유럽공동체(EU)를 포함한 여러 선진국들은 지속가능한 발전을 이루기 위한 해법의 하나로 지속가능한 소비 및 생산(SCP)이라는 정책을 제시하고 있고 우리나라도 지속가능한 소비 생산 10년 계획 수립을 위한 기초조사를 근간으로 SCP 주요 이슈 선정, SCP 국제협력 방안 및 향후 이행체계를 제시하여 실행하고 있다.

지속가능한 소비를 하기 위해서는 제품 구매 시 가격, 성능, 디자인 등 기존의 선택요소 외에 제품의 친환경성 여부를 고려하는 소비를 하며, 지속가능한 생산은 설계단계에서 생산·유통·소비·폐기 등의 전 과정(Life Cycle) 평가를 거쳐 가장 환경친화적인 제품을 생산하는 것이다. 이러한 지속가능한 소비 및 생산(SCP)은 기업, 정부, 소비자의 노력으로 가능하다. 즉 기업은 자원의 효율적 설계와 생산으로 자원 사용을 최소화하고 제품 수명 연장에 힘써야 하며, 정부는 자원의 효율적 생산과 환경 만들기를 장려해야 하고, 소비자는 자원을 효율적으로 소비해야 한다는 것이다.

1. 환경상품과 환경친화적 소비생활

환경문제는 소비자들이 물질적인 풍요와 편의성을 추구하는 과정에서 자신의 소비만을 중요하게 생각하고, 타인이나 사회, 그리고 자연환경에 미치는 영향을 도외시한 이기주의적 소비성향이 그 주요 원인이다. 따라서 환경문제의 근본적 해결을 위해서는 소비자의 의식, 생활양식이나 가치관 등이 환경친화적으로 바뀌어야 한다.

환경친화적 소비자행동은 '환경에 유익하거나 환경과 조화되는 소비자행동'을 의미한다. 환경상품 및 환경마크제도와 환경친화적 소비에 대해 구체적으로 알아보면, 다음과 같다.

1) 환경상품과 환경마크제도

(1) 환경상품

환경친화적 상품, 녹색상품, 그린상품, 환경재 등으로 불리기도 하는 환경상품은 상품의 제조·사용·폐기 시 환경에 유해한 영향을 적게 미치는 상품이라고 할 수 있다. 인간과 동물류의 건강에 유해하지 않은 제품, 제조·사용·폐기 과정에서 에너지와 자원을 과다하게 사용하지 않는 제품, 과대포장 등으로 불필요한 쓰레기를 많이 배출하지 않는 제품, 환경파괴를 유발하는 물질을 사용하지 않는 제품을 가리킨다.

이러한 환경상품 중에는 제품이나 포장이 재활용 가능한 것, 재료가 재활용된 것, 재충전 및 재사용이 가능한 것, 에너지 효율성이 높고, 폐기 후 생분해가 쉬운 것 등도 있다. 즉 환경상품은 일반적으로 원자재 구입에서부터 생산, 유통, 그리고 사용 및 사용 후 폐기단계에 이르기까지 제품의 전 과정에 걸쳐 보다 적은 자원과 에너지를 사용하며, 인체와 자연에 영향이 적거나 없는 제품이라고 할 수 있다.

환경상품이 크게 등장하게 된 것은 대량생산·대량소비로 인한 쓰레기가 인류와 지구의 생존마저 위협할 정도가 되었고 기업의 생산활동과 소비자의 소비활동으로 인한 환경오염 이 심각한 상태에 이르게 되면서, 환경규제가 크게 강화되어 왔기 때문이다.

특히 기업은 생산과정에서 오랫동안 발생한 오염물질을 수동적 자세로 적절히 처리해 왔으나, 환경규제가 지속적으로 강화되고 세계무역기구(WTO)에서 무역과 환경의 연계가 심화됨에 따라, 사후처리 방식으로는 오염물질 배출량을 줄이는 데 한계가 있을 뿐 아니라, 그에 따르는 비용 또한 감당할 수 없다는 인식을 하게 된 것이다. 이에 따라 환경오염을 생산공정에서 원천적으로 줄일 수 있고 비용 절감을 통해 기업 경쟁력을 높일 수 있는 환경상품을 생산하게 되었다.

(2) 국내 환경마크제도

환경마크제도는 같은 용도의 다른 제품에 비해 '제품의 환경성'[4]을 개선한 경우 그 제품에 로고(환경마크)를 표시함으로써 소비자(구매자)에게 환경성 개선 정보를

---

4) 제품의 환경성이란 재료와 제품을 제조·소비·폐기하는 전 과정에서 오염물질이나 온실가스 등을 배출하는 정도 및 자원과 에너지를 소비하는 정도 등 환경에 미치는 영향력의 정도를 말한다.

제공하고, 소비자의 환경마크 제품 선호에 부응해 기업이 친환경제품을 개발·생산하게 함으로써 자발적 환경개선을 유도하는 인증제도이다.

1979년 독일에서 처음 시행된 이 제도는 현재 유럽연합(EU), 북유럽, 캐나다, 미국, 일본 등 40여 개 국가에서 성공적으로 시행되고 있으며, 우리나라는 1992년 4월부터 시행하고 있다.

환경마크의 법적 근거인 「환경기술 및 환경산업 지원법」 제17조(환경표지의 인증)에 따라 같은 용도의 다른 제품에 비하여 제품의 환경성을 개선한 제품에 환경부장관이 환경마크를 부여한 것이다. 환경마크제도는 기업과 소비자가 환경친화적인 제품을 생산, 소비할 수 있도록 소비자에게는 정확한 제품의 환경정보를 제공하여 환경보전활동에 참여토록 하고, 기업에게는 소비자의 친환경적 구매욕구에 부응하는 환경친화적인 제품과 기술을 개발하도록 유도하여 지속 가능한 생산과 소비생활을 이루고자 하는 것이다.

[그림 1]은 2017년 1월 28일부터 환경부에서 시행하던 환경마크, 탄소마크 등 여러 마크를 통합시켜서 '환경통합인증'마크를 개정한 로고이며, 현재보다 높은 환경기준을 만족시키는 제품은 프리미엄 환경마크를 부여하고 있다.

그림 1 환경마크 로고

3) 해외 환경마크제도

해외에서 시행 중인 대표적인 환경관련 표시제도는 환경마크제도, 에너지관련제도, 재질표시제도 등이 있으며, 해당제도가 개별국가 차원에서 운영되는 경우와 여러 나라에서 공동으로 운영하는 형태 등 다양하게 존재하고 있다.

해외 주요 국가의 환경마크에 대해 살펴보면 〈표 1〉과 같다.

표 1　해외 주요 국가의 환경마크

 일본 [에코마크(Eco Mark)]	• 비영리 재단법인 일본환경협회에서 1989년에 도입하여 운영하고 있는 일본 대표 환경라벨링제도로 세계에서 가장 활발한 운영성과를 기록하고 있다. • 일본 녹색구매법에 따른 품목별 녹색구매기준과 연계하여 인증기준을 설정하고 있으며, 녹색구매 활성화를 위해 일본녹색구매네트워크(GPN)와 공동사업을 운영하고 있다. • 운영기관 : 일본환경협회 http://www.ecomark.jp/english/ • 현황 : 사무용품, 가구, 건축자재 등에 대한 57개 기준을 운영하고 있으며 5,300여개 제품 인증 유지(2014.4)
 중국 [환경표지(環境標志)]	• 1993년 중국환경표지제도 시행고시에 의거하여 도입되었으며, 국가환경보호총국, 국가품질검사총국 등 11개 관련부처가 환경표지 상품 인증위원회에 참여하고 있다. • 국가환경보호총국 산하 환경인증센터(ECC)가 환경표지 인증기준 제정, 환경연합인증센터(CEC)가 인증심사 업무를 담당하고 있다. • 운영기관 : 환경연합인증센터(CEC) http://www.sepacec.com/cecen • 현황 : 건축자재, 가전제품, 사무기기 등에 대한 96개 기준을 운영하고 있으며 149,000여 개 제품 인증 유지(2014.4)
 대만 [그린마크(Green Mark)]	• 1993년 대만 행정원에 의해 도입된 환경라벨링제도로서 대만환경개발재단(EDF)이 위임을 받아 기준 개발 및 인증 업무를 수행하고 있다. • 1999년 도입된 대만조달법 녹색조달기준에서 대만 공공기관이 그린마크 인증제품을 구매하도록 규정함에 따라 인증제품 수가 급격히 증가하고 있다. • 운영기관 : 대만환경개발재단(EDF) http://greenliving.epa.gov.tw/GreenLife/eng/english.aspx • 현황 : 사무기기, 가전제품, 건축자재 등에 대한 127개 기준을 운영하고 있으며 12,000여 개 제품 인증 유지(2014.4)
 태국 [그린라벨(Green Label)]	• 1994년 순수민간단체인 태국환경연구원(TEI)이 산업부(Ministry of Industy)의 후원을 받아 도입·운영하고 있는 환경라벨링제도로, 주로 페인트, 형광램프, 사무기기 품목에 인증이 집중되어 있다. • 운영기관 : 태국환경연구원(TEI) http://www.tei.or.th/greenlabel • 현황 : 사무기기, 가전제품, 건축자재 등에 대한 73개 기준을 운영하고 있으며 500여 개 제품 인증 유지(2014.4)

 호주 [환경라벨(Good Environmental Choice)]	• 호주 환경라벨링제도는 2001년 민간 비영리기관에 의해 도입된 자발적 제도이며, GECA가 기준 및 제도 운영, GECS가 인증 업무를 수행하고 있다. • 운영기관 : 호주우수환경선택(Good Environmental Choice Australia) http://www.geca.org.au/ • 현황 : 사무기기, 생활용품, 재활용 제품 등에 대한 38개 기준을 운영하고 있으며 2,000여 개 제품 인증 유지(2014.4)
 뉴질랜드 [환경라벨 (Environmental Choice New Zealand : ECNZ)]	• 뉴질랜드 환경라벨링제도는 1992년에 도입된 정부 프로그램으로 민간기관에 위탁되어 운영되고 있다. • 2005년부터 환경부 주도로 정부 녹색구매 프로그램을 도입하여 환경라벨링 인증제품을 우선적으로 구매하도록 유도하고 있다. • 운영기관 : 뉴질랜드환경재단(New Zealand Environmental Trust : NZET) http://www.enviro-choice.org.nz • 현황 : 사무기기, 건설자재, 재활용 제품 등에 대한 39개 기준을 운영하고 있으며 2,000여 개 제품 인증 유지(2014.4)
 북유럽 [노르딕 스완(Nordic Swan)]	• 북유럽 5개국(노르웨이, 스웨덴, 핀란드, 덴마크, 아이슬란드)이 노르딕 각료회의(Nordic Council of Ministers)의 결정에 따라 1989년에 도입한 환경라벨링제도로, 노르딕 환경라벨링위원회(NMN)에서 대상품목 선정, 인증기준 설정 등 제도운영에 관한 의사결정을 담당하며, 이에 근거하여 국가별로 지정된 인증기구에서 제품 인증업무 담당하고 있다. • 운영기관 : 노르딕 환경라벨링위원회(NMN) http://www.svanen.se/en/ • 현황 : 사무기기, 가전제품, 자동차용품 등에 대한 60개 기준을 운영하고 있으며 6,000여 개 제품 인증 유지(2014.4)
 미국 [그린실(Green Seal)]	• 1989년 민간 비영리기관인 그린실(Green Seal)에 의해 도입되었으며, 주로 화학제품에 대한 기준을 운영하고 있다. 정부, 학교, 단체 등과 협력하여 공공 및 산업계가 그린실 인증제품 등 녹색제품 구매를 지원하고 있다. • 운영기관 : 그린실(Green Seal) http://www.greenseal.org • 현황 : 생활용품, 건축자재 등에 대한 31개 기준을 운영하고 있으며 3,900여 개 제품 인증 유지(2014.4)

 캐나다 [에코로고(EcoLogo)]	• 1988년 캐나다 정부에 의해 도입되었으며 민간 기업인 테라초이스가 위임받아 제도를 운영하고 있다. 인증제품은 캐나다뿐만 아니라 미국 북부지역에서도 널리 유통되고 있다. • 2010년 테라초이스는 다국적 기업인 UL에 의해 인수 · 합병되었으나 캐나다 내에서의 에코로고 운영은 캐나다 환경부의 허가하에 운영되고 있다. • 운영기관 : 테라초이스(TerraChoice) http://ecologo.org/en/ • 현황 : 건축자재, 산업용품, 생활용품 등에 대한 50개 기준을 운영하고 있으며 10,000여 개 제품 인증 유지(2014.4)
독일 [블루엔젤(Blue Angel)]	• 1978년 독일 정부에 의해 도입되었으며, 세계 최초로 도입된 환경 라벨링이다. 독일 환경 · 자연보호 · 원자력안전부(BMU)에서 소유하고 있으며, 연방환경청(UBA)에서 대상품목 선정 및 인증기준 설정 등 제도운영에 관한 의사 결정을 담당하고 있다. 또한 RAL gGmbH는 이러한 기준에 의해 블루엔젤 인증심사를 한다. • 운영기관 : 독일 환경 · 자연보호 · 원자력안전부(BMU), 연방환경청(UBA), RAL gGmbH http://www.blauer–engel.de/en/index.php • 현황 : 어린이용품, 전기 · 전자제품, 건축자재 등 120개 제품군, 12,000여 개 제품인증 유지(2014.4)
 대만 [녹색건축자재 (Green Building Material)]	• 2004년 대만 내무부에 의해 건축 내부 인테리어에 사용되는 자재의 실내환경 및 인체 유해성을 감소시키기 위해 도입되었다. 비정부 기구인 대만 건축 · 빌딩연구원(TABC)에 의해 운영되며, TABC의 「친환경 건축자재 평가 기준」에 따라 실내장식 재료, 바닥재, 창호, 벽지, 페인트 등에 인증을 부여하고 있다. • 운영기관 : 타이완 건축 · 빌딩 연구원(Taiwan Architecture & Building Certer, TABC) http://www.cabc.org.tw/en/index.htm • 현황 : 4개 기준(건강, 생태, 재활용, 고성능), 520여 개 제품 인증 유지(2014.4)

2. 국제환경라벨링네트워크

국제적으로는 각국의 환경표시제도 운영기관 협의체인 국제환경라벨링네트워크(GEN : Global Ecolabelling Network)가 지난 94년에 결성되었으며, 현재는 환경마크제도를 시행 중인 대부분의 국가가 회원으로 가입하여 활동 중이다.

전 세계 47개국에서 27개 환경라벨링제도를 시행하고 있으며, 특히 EU와 북유럽 5개국은 환경라벨링을 공동으로 운영하고 있다. 국제표준화기구(ISO)에서는 환경정보의 전달방식에 따라 환경라벨 유형을 세 가지로 구분하고 각 유형별로 환경라벨이 갖추어야 할 최소요건을 ISO 14024시리즈로 규정하고 있다.

주요 활동내용은 아래와 같다.

첫째, ISO 14000s 환경라벨링 표준화 관련 대표자 파견

둘째, 각국의 제도 운영 절차, 대상 제품군 및 인증기준에 대한 정보공유 및 분류체계의 통일·표준화

셋째, 상호인정(mutual recognition) 추진을 위한 타당성 연구

넷째, 녹색구매(green procurement) 권장 등 친환경상품과 환경정책의 연계성 연구 등

그림 2 해외 주요 국가의 환경마크 ISO 14024(제1유형 환경라벨링) 기반 환경마크제도

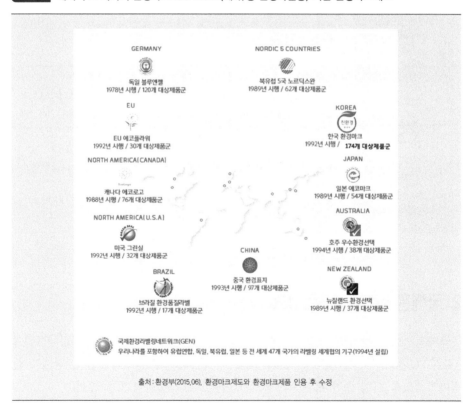

출처 : 환경부(2015.06), 환경마크제도와 환경마크제품 인용 후 수정

3. 해외 환경마크제품 소비 현황

표 2 국제표준화기구(ISO)[5]에 따른 환경라벨링 분류

표시마크	유형	특징
친환경 환경부	**제1유형(ISO 14024)** 제품의 전 과정에 걸친 환경영향을 제3자가 평가하여 친환경제품임을 인증하고 부착한 로고	제3자인 공인기관에 의한 인증이므로 객관적인 신뢰성을 보장할 수 있다.
Recycle	**제2유형(ISO 14021)** 제품의 친환경성을 생산자가 스스로 주장하기 위해 부착하는 로고나 문구	제조사가 스스로 주장해 부착한 라벨이므로 그에 따른 책임이 필요하다. (제조사의 무분별한 주장에 따른 가이드라인이 필요함)
CO_2 탄소발자국 000g	**제3유형(ISO 14025)** 제품의 전 과정에서 환경성과를 계량적으로 산출하고 그 결과를 제품에 표시	소비자에게 계량적인 정보를 제공함으로써 수요에 맞는 선택적 구매를 유도할 수 있다.

1) 글로벌

아시아 지역의 친환경제품 소비의지가 가장 높은 것으로 나타나고 있다.

2014년 닐슨(Nilsen)의 조사결과 추가적인 비용 부담에도 불구하고 친환경제품을 구매하겠다는 소비자의 비율은 전체 55%로 2011년 대비 10% 증가한 모습을 보여주고 있다.

지역별로는 아시아가 64%로 가장 높고, 북아메리카 42%, 유럽은 40%로 그 뒤를 잇고 있다. 또한 제품 구매 시 포장용기에 부착된 라벨이나 친환경 정보를 확인하는 소비자는 아시아 지역이 60%를 상회하며, 유럽은 36%, 북미는 32% 수준을 보이고 있다.

---

5) 국제표준화기구(ISO) : 물자와 서비스의 국제 간 교류를 용이하게 하고 지적·과학적·기술적·경제적 분야에서 국제 간의 협력을 도모하기 위하여 세계적인 표준화 및 그와 관련한 활동을 하는 비정부 기구.

2) EU

　소비자의 높은 환경의식과 엄격한 환경규제를 배경으로 친환경소비가 활성화되어 있으며, 친환경과 웰빙 제품의 수요는 지속적인 성장 추세에 있다.

　재생과 웰빙은 유럽의 환경트렌드 중 하나로 이러한 제품에 대한 수요는 연평균 약 9%대로 성장 중이다. 일례로 프랑스 친환경 천연화장품 시장은 2012년 3억 3천만 유로로 연평균 10% 이상 성장하고 있으며 2015년은 5억 유로 규모로 예상된다. 또한 독일은 2012년 유럽 친환경시장 매출액의 30%를 점유하고 있다.

3) 일본

　탈원전 계획에 따른 에너지 소비 최적화 상품이 유행하고 있다.

　가정에서 전력수요를 조절할 수 있는 친환경 스마트 하우스나 에너지 제로하우스 보급이 확대되고 있으며 일본 최대 편의점 체인인 세븐일레븐은 5,000개 점포 조명을 LED로 교체하는 등 2011년 대지진 이후 '전력 사용 제한령'에 따라 에너지소비 최적화 상품 소비가 증가하고 있다.

4) 중국

　중국의 4대 소비 트렌드에 '친환경 녹색소비'가 포함되었다.

　2014년 11월 Mintel사 조사결과 2015년 중국의 4대 소비 트렌드는 ① 스마트소비, ② 친환경녹색소비, ③ 온·오프연계 소비, ④ 소비자 참여형 소비로 전망됐다.

　응답자 중 47%가 환경오염이 호흡기질환 등 질병을 유발하고, 56%가 식품안전에 우려를 표시하고 있는 것으로 볼 때 중국의 친환경제품 시장은 크게 성장할 것으로 예상된다.

5) 국제협력 : 환경마크 상호인정협정(MRA : Mutual Recognition Agreement)

우리나라는 1997년 '국제환경라벨링 운영기구 협의체(GEN)'에 가입하여 국가 간 상호인정협정(MRA)을 체결하고 공동기준개발 등 국가 간 교류를 활발히 추진하고 있다. 상호인정협정(MRA)은 상대국과 상호 환경라벨제도 및 검증방법의 신뢰성을 상호 인정하고, 인증제품의 상대국 인증취득 신청 시 검증협력 등을 약속하는 협정이다. 특히, 한·중·일 3개국은 PC, 사무용복합기, 비디오 재생·기록기, TV 등 4개 품목에 공통기준 개발과 이에 대한 상호인정협정이 체결되어 있다. 이에 따라 3개국 간에는 상대국가의 환경마크를 취득하고자 할 때 공통기준 항목에 대한 재검증을 면제하고 있다.

그림 3 환경마크 상호인정협정(MRA : Mutual Recognition Agreement) 현황

국가	환경라벨 로고	MRA 체결연도	환경라벨 제도명	국가	환경라벨 로고	MRA 체결연도	환경라벨 제도명
대만		2002	Green Mark	북유럽		2010	Nordic Swan
태국		2002	Green Label	미국		2012	Green Seal
일본		2003	Eco Mark	캐나다		2012	Eco Logo
호주		2004	Good Env. Choice	독일		2013	Blue Angel
중국		2005	環境標志	대만		2013	Green Building Material
뉴질랜드		2006	Env. Choice				

읽을거리

"원인 모르는 발진이… 에어매트 때문이었어?" 보니코리아에 뿔난 육아맘들

"죄책감에 죽을 것만 같습니다. 두 달째 원인도 모른 채 준영(가명)이의 등과 배, 온몸으로 퍼져나가는 발진들. 대학병원에도 다녀왔지만 원인을 찾을 수 없었는데, 보니코리아 에어매트 '아웃라스트' 때문이었다니. 하루도 빠짐없이 24시간 중 20시간 이상을 아웃라스트에 눕혔습니다. 생후 136일밖에 안 된 우리 아가에게 무슨 짓을 한 거죠? '옥시 사태'처럼 될까봐, 몸에 행여나 쌓일까봐 너무 눈물이 납니다."

유아동용품브랜드 보니코리아가 판매한 에어매트 아웃라스트가 피부 발진을 유발해 논란이다. 피해자들은 잔사가 피부발진은 물론 호흡기 등과 관련해 문제를 유발하는 게 아닌지 우려하며 회사 측에 명확한 원인규명 등을 요구하고 있다.

7일 관련업계에 따르면 최근 육아커뮤니티 등 온라인상에는 '보니코리아 아웃라스트' 피해 사례가 잇달아 게시되고 있다. 육아맘들은 아웃라스트에 쓰인 원단을 긁으면 나오는 '잔사'가 피부발진의 주요 원인일 것으로 추측하고 있다.

육아맘들은 현재 교환, 환불은 물론이며 피해 보상을 요구하고 있는 상황이다. 피해자들은 피해대상이 생후 몇 개월밖에 되지 않는 말도 못하는 아이들이라는 점에 분노했다. 한 피해자는 "기업윤리가 있는 업체라면 제품 사용자가 영유아인만큼 리콜 및 제품 검수, 안정성 재규명이 우선"이라며 비난했다.

무엇보다 피해 규모에 따라 지난해 공론화된 '가습기 살균제 사태'에 이은 제2의 옥시사태가 되는 게 아닌지 육아맘들은 노심초사하고 있는 상황이다. 실제 잔사를 다량 흡입해 아이가 기침을 했다는 제보도 있다.

보니코리아는 현재 FITI 시험 연구원에 잔사 관련 추가 조사를 의뢰한 상황이다. 이 조사는 원단에 코팅된 가루를 긁어내 인체에 유해한지를 판단하는 게 주목적이다.

홍성우 보니코리아 대표는 이번 사태와 관련해 "이유를 불문하고 아웃라스트 제품에 대한 환불, 리콜, 교환 관련 법적으로 적합한 절차에 따라 모두 처리할 예정"이라며 "금번 사태를 끝까지 마무리한 후 모든 것을 책임지고 대표이사직에서 사퇴하겠다"고 밝혔다.

하지만 육아맘들은 회사 측의 초기 대응이 미진했던 점과 "살아서 갚을 수 있는 기회를 달라"고 하던 홍 대표의 제품 판매를 지속한다는 입장에 분노했다. 홍 대표는 "재고를 판매하고 앞으로의 상품도 소진할 수 있어야 안정적인 환불이 가능하다"는 입장이다.

'보니 언니'에 대한 배신감도 컸다. 보니언니는 보니코리아의 공식 소셜네트워크서비스(SNS) 계정을 의인화해 표현한 것으로, 계정 관리자를 지칭한다. 과거 경품 응모 등 회사 홍보ㆍ광고와 관련해 다정한 모습으로 소비자들에게 다가간 보니언니는 이번 사태가 터진 직후 미흡한 대처를 해 뭇매를 맞았다.

한 피해자는 "앞에서는 죄송하다고 하고 뒤에서는 비키니 사진에 좋아요 누를 수 있나"라며 "사과의 진정성을 느낄 수 없다"고 했다. 또 다른 피해자는 "제품 사용 부주의라는 식의 SNS공지, 컴플레인이 빗발치는데도 아웃라스트 무료체험 관련 인스타 피드 도배, 명예훼손 고소 협박까지"라며 "SNS에서 여론 재우기에 급급할 게 아니라 공식홈페이지에 공식 사과하라"고 주장했다.

유아용품 관련 안전 문제는 잊을 만하면 한 번씩 터진다. 과거 사실이 아닌 것으로 밝혀진 '팸퍼스기저귀 독성물질 검출', 유한킴벌리 '하기스 물티슈' 메탄올 허용 기준 초과 등이 대표적이 예다.

출처 : 아시아경제, 2017.06.07

유통과 소비자보호

유통은 상품과 서비스를 생산자로부터 소비자로 이전하는 과정을 뜻한다. 보통 협의의 유통은 도·소매상 중심의 상업적 유통만을, 그리고 광의의 유통은 상업적 유통 이외에 물적 유통, 정보 유통 및 각종 금융 유통을 모두 포함한다. 즉 넓은 의미의 유통에는 유통대상이 상품이나 서비스는 물론, 폐기물이나 전기, 가스, 정보 등의 무형재도 포함한다.

유통은 여러 가지 측면에서 효용이 있다. 즉 유통은 상품 이전을 통해 시간, 장소, 소유권, 형태 등의 면에서 효용을 창출한다. 시간 효용 측면에서 유통은 생산 시점과 소비 시점의 불일치에 따른 문제를 해결해 주며, 시간 효용은 고객이 원하는 시기에 필요한 상품을 구매할 수 있는 편의를 제공하는 것이다. 유통기관은 상품의 저장 및 보관 기능을 수행하며, 또 소비자가 원하는 시간에 제품을 획득할 수 있도록 해준다.

그리고 장소 효용 측면에서의 유통은 생산하는 장소와 소비하는 장소가 다르기 때문에 발생하는 문제를 해결해 준다. 즉 장소적 효용은 고객이 원하는 장소에서 제품이나 서비스를 구입할 수 있게 해주는 것이다. 만일 유통기관이 없다면 생산자는 고객을, 고객은 생산자를 찾아나서야 하는 번거로움과 불편함이 따른다.

마지막으로, 형태의 효용 측면에서 보면, 유통은 생산되는 형태와 소비되는 형태가 다르기 때문에 생기는 문제를 해결해 준다고 할 수 있다. 형태의 효용이란, 제품과 서비스를 고객에게 좀 더 매력 있게 보이게 하기 위해 그 형태와 모양을 변경시키는 여러 활동을 포함하는 것이다. 유통업체가 제품의 형태나 모양을 변경시키는 활동(제품의 분류, 포장, 전시 등)은 소비자들로 하여금 여러 가지 제품을 편리하고 쉽게 구매하도록 한다.

이러한 유통의 효용으로 인해 경제적·사회적·기술적 요인이 복합적으로 작용하여 가장 역동적으로 변화·발전하고 있는데, 특히 유통은 거시적인 사회 트렌드 변화와 소비자 욕구 및 소비패턴의 변화와 밀접하게 관련되기 때문에 변화의 동인에 따라 여러 각도에서 조명해 보아야 할 것이다.

본 장에서는 유통환경의 변화에 대한 소비자보호 측면을 살펴보고자 한다.

1. 유통환경의 변화

1) 해외 직접구매

최근 몇 년 새 국내뿐만 아니라 해외에서 운영하는 온라인 쇼핑몰을 통해 상품을 구입하는 이른바 '해외직구족'의 성장세가 거세다. 관세청에 따르면 해외직접구매 거래 규모가 2014년에 1조 5천억 원을 돌파한 것으로 조사되었으며(관세청, 2015), 온라인쇼핑 경험자를 대상으로 실시한 조사에서도 전체 응답자 4명 중 1명꼴인 24.3%가 해외직접구매를 경험한 적이 있다고 답할 정도로 일상화되었다(대한상공회의소, 2013).

2013년 미국의 '블랙프라이데이' 세일 1주일간 한국 소비자들이 온라인으로 구매한 금액이 국내 백화점 한 개 점포의 1년 매출에 이를 정도로 소비의 집중도 또한 놀랍다(디지털타임스, 2014년 7월 4일). ICT의 비약적인 발전과 생산 소비의 세계화로 국경, 장소, 연령, 채널, 시장, 시간의 경계가 허물어지는 '탈경계화(Beyond)' 시대에 이러한 직구 열풍은 더욱 강해질 것으로 전망되고 있다.

해외직접구매는 소비생활에 많은 변화를 가져오는데 여기에는 긍정적인 면과 부정적인 면이 동시에 존재한다. 가장 큰 긍정적 변화는 선택할 수 있는 대안의 증가이다. 소비자들이 선택할 수 있는 제품의 수가 기하급수적으로 늘고 구입할 수 있는 채널의 수도 대폭 확장되고 있다.

SNS나 온라인 커뮤니티를 통한 소비자들의 적극적인 정보공유도 급증하고 있다. 해외직접구매 방법, 관세율 계산, 할인정보, 환불경험 등 다양한 정보들이 공유되고 누적되며 해외직접구매의 문턱을 낮추고 있다. 이는 소비자의 불확실성 위험을 낮추는 동시에 기업에 대한 소비자의 대항력을 높이는 효과도 있다. 또한 소비시장이 전 세계의 영역으로 확장되면서 공정무역 상품구매와 같이 저개발국가의 복지와 발전을 고려하는 윤리적 소비가 확대되고 있으며 이는 소비자에게 다양한 만족을 줄 것으로 전망되고 있다.

하지만 해외직접구매는 새로운 구매 방식으로서의 위험 또한 내포한다. 배송기간이 상대적으로 길고, 관세 및 부가세가 발생할 수 있으며, 반품이나 환불이 어렵고, 무엇보다 국내법으로 보호받기 어렵기 때문에 문제발생 시 대처가 어렵다는 단점이 있다(한국소비자원, 2014). 또한 소비자들의 온라인 해외직접구매가 확산되거나 규모의 경제를 앞세운 다국적 기업의 국내 시장 진출이 활발해질 경우 국내 소매시장이 잠식될 우려도 있다. 더욱이 소비자들이 수많은 대안들로 인해 가치판단이 어려워지거나 새롭게 지각되는 가치와 기존의 소비가치가 충돌할 경우 소비자는 내적 불일치로 인한 혼란과 갈등을 경험할 수 있다(Huffman, Ratneshwar & Mick, 2000).

2) 대형마트 및 기업형 슈퍼마켓(SSM) 규제정책

소매유통 산업이 비약적으로 성장하면서 나타난 두드러진 현상 중 하나가 선두업체들에 의한 과점화이다. 전 세계적으로 대형화·집중화된 소수의 유통업체가 규모 및 범위(scope)의 경제를 통해 구매협상력을 강화함으로써 소매유통시장에서의 점유율을 높여왔다(Aguirregabiria, Mira & Roman, 2007).

우리나라도 1996년 유통시장 개방 이후 대기업을 중심으로 한 대형유통업체가 급속도로 성장하였으며, 특히 대형마트는 이마트, 홈플러스, 롯데마트 3사의 점포수가 전체의 78%, 매출액은 87%를 점유해 집중화 현상이 뚜렷하다(박한혁·이동일, 2015).

2000년 후반부터 유통 대기업들은 대형마트 점포 수가 포화상태에 이르렀다는 점과 부지 확보 및 소비자 접근성 측면에서의 경쟁력을 고려하여 기업형 슈퍼마켓[6] (SSM : super-supermarket, 이하 SSM으로 지칭함)에 눈을 돌리고 상권을 대도시에서 지방 중소도시까지 확장하였다. SSM은 점포 수가 급속히 증가해, 2014년 8월 총 1,190개로 점포 수 및 매출액 모두 연 20%가 넘는 성장을 보이고 있다.

가격경쟁력과 편의성이 상대적으로 뛰어난 대형유통업체의 성장은 필연적으로 재래시장 및 중소 유통업체의 시장잠식과 해당 지역상권 상인들의 반발을 초래하였다. 재래시장은 그 수가 줄어든 것은 물론 2003년 36조 원 수준이었던 매출액이 2010년에는 24조 원으로 떨어져 처음으로 백화점 매출보다 낮아졌다(시장경영진흥원, 2011).

최근의 연구에 따르면 하나의 대형마트 진출이 중소 유통업체 83개의 감소를 유발하며, SSM이 한 곳 늘어할 때마다 동네 슈퍼마켓 6.8개가 감소하는 것으로 추정되었다(권태구 · 성낙일, 2014).

성장과 쇠퇴가 극명하게 나타나는 유통산업의 대형화, 양극화 추세는 유통업태 간의 갈등을 격화시키고, 대기업의 지역상권 침해 및 영세 자영업자의 몰락을 부각시키며 점차 심각한 사회적 문제로 대두되었다.

대형유통업체의 골목상권 침해가 논란이 되면서 정부와 국회는 대형 유통업체의 출점과 영업에 대한 규제를 강화해 왔다. 대형유통업체 규제는 대기업의 독점을 막고 재래시장과 중소 유통업체를 보호하며 지역상권을 살리고 노동자의 쉴 권리를 보장하는 등 다양한 사회적 가치 실현을 표방한다. 하지만 한편에서는 대형유통업체 규제가 소비자의 권리와 선택의 자유를 침해하며 시장의 자유경쟁원리에 어긋난다는 주장도 강하게 제기되고 있다(임은정 · 정순희, 2015). 대형유통업체와 재래시장 및 중소소매점 간의 갈등은 본질적으로 자유주의와 공동체주의, 효율과 공평의 양립하기 어려운 가치 간의 충돌을 내포하기 때문에 정책의 정당성을 둘러싼 이해관계자들 사이의 갈등은 여전히 수그러들지 않고 있다.

---

6) 기업형 슈퍼마켓(SSM)은 주거지 인근에 개설되는 대기업 계열의 슈퍼마켓을 지칭한다. 유통산업발전법의 출점 및 영업규제에 관한 조항에서는 대규모점포 중 대형마트와 대규모점포를 경영하는 회사 또는 그 계열회사가 직영하는 준대규모점포로서 기업형 슈퍼마켓을 규제의 대상으로 하고 있다.

궁극적으로 유통을 변화시키는 주체는 소비자이며 대형유통업체 규제의 효과는 소비자의 규제 순응성에 달려 있다. 따라서 본 쟁점에서 가장 중요하게 고려되어야 하는 것은 소비자들의 입장이다. 대형유통업체 규제는 소비자들의 일상적인 채널선택 행동에 직접적인 영향을 미치는데, 소비자는 규제로 인해 발생하는 불편을 감수해야 하고 더 나아가서는 규제의 취지와 부합되도록 소비행동을 변화시킬 것을 요구받고 있다.

3) 온라인 · 모바일 쇼핑

최근 들어 유통환경에 중요한 변화가 일어나고 있다. 최근 쇼루밍족이 급증함에 따라 전자제품, 패션상품, 주방용품 등 과거 오프라인에서 주로 구매하던 상품들의 온라인/모바일 구매가 증가하고 있다. '쇼루밍(showrooming)'이란 오프라인 매장에서 상품을 보고 실제 구매는 PC나 스마트폰, 태블릿 PC 등을 통해 온라인 · 모바일에서 하는 것을 뜻하는 용어다.

쇼루밍족이 증가하는 가장 큰 이유는 무엇보다 스마트폰을 통한 가격비교 및 정보검색이 쉬워졌기 때문이다. 구글은 매장에서 쇼핑하는 소비자들의 스마트폰 이용 행태를 조사해 2013년 4월 보고서를 발행한 바 있다. 해당 조사에 따르면 미국 스마트폰 이용자의 79%가 최소 한 달에 한번 이상 쇼핑에 스마트폰을 이용한다고 답했으며, 매주 1회 이상 쇼핑에 이용한다고 답한 응답자도 17%를 차지했다. 그리고 해당 이용자 중 84%가 오프라인 매장에서의 쇼핑에 스마트폰을 이용한다고 답했다. 쇼핑에 스마트폰을 이용하는 주된 이유로 시간절약(51%), 비용절약(44%) 등을 꼽았다. 또한 가장 많이 이용하는 기능으로는 가격비교(53%), 그리고 쿠폰 등의 프로모션(39%)을 꼽았다.

컨설팅업체 베인앤컴퍼니는 한 카테고리에서 온라인 경쟁업체의 매출 점유율이 15~20%에 도달하면 매장을 닫는 위기가 올 수 있다고 분석했다. 해외의 일부 유통업체는 쇼루밍을 막기 위해 독자적인 바코드 시스템을 도입하거나 매장 방문 시 소액결제를 의무화하고 제품 구매 시 돌려주는 등의 방식을 도입하기도 했지만, 효과를 거두기는커녕 오히려 소비자들의 반발을 사 얼마 지나지 않아 백지화하기도 했다.

모바일 쇼핑의 위력이 점차 강력해짐에 따라 오랫동안 인터넷에서의 판매를 거부해 온 구찌, 에르메스, 버버리, 미쏘니 등의 소위 럭셔리 브랜드들도 인터넷 쇼핑몰을 통해 제품을 판매하고 있다. 또한 미국의 메이시스 백화점, 월마트 등은 최근 옴니채널 전략을 강화하고 온라인, 오프라인 등의 채널에 따른 매출성과를 구분하지 않기로 결정했다.

'옴니채널(Omni-Channel)'이란 오프라인과 온라인을 통합해 고객들에게 언제 어디서나 서비스를 제공하는 유통체계를 뜻하는 용어다. 개별적으로 구축됐던 여러 고객유입 채널(멀티채널)에서 한층 더 나아가 온라인 및 모바일, 오프라인 매장, 카탈로그, 콜센터 등의 다양한 채널들을 유기적으로 결합해 일관된 고객경험을 제공하는 것을 뜻하는 용어다. 예를 들어 옴니채널 환경에서는 모바일로 상품을 구매한 후 오프라인 매장에서 상품을 수령하거나 반품할 수도 있다.

2. 최신 유통관련 사례[7]

해외에서는 사물인터넷, 클라우드, 빅데이터 등의 최신 기술을 적용해 소비자들이 보다 편리하게 쇼핑할 수 있도록 지원할 뿐만 아니라, 나아가서는 어떤 상품이든지(Anything), 언제든지(Anytime), 어디에서나(Anywhere) 쇼핑을 하고 물품을 받아볼 수 있도록 하는 기술 개발이 활발히 진행되고 있다. 그중 주목할 만한 몇 가지 사례를 살펴보자.

픽앤텔(Pickn'Tell)은 매장을 소셜네트워크와 연계하는 솔루션을 제공하고 있다. 오프라인 매장에 설치된 '대형 전신 거울(디지털미러)'에 비친 자신의 모습을 사진이나 동영상으로 촬영한 후 친구들과 즉시 공유할 수 있고, 이를 본 친구들은 '좋아요/싫어요'를 선택할 수 있다. 픽앤텔 앱의 Activate Mirror 메뉴에서 매장ID를 입력하면 매장에 설치된 디지털미러와 연결되고, 고객은 디지털미러를 통해 촬영된 사진을 공유할 수 있다. 만약 친구들이 '싫어요'를 선택할 경우 색상, 핏, 스타일, 가격 등의 이유를 입력할 수도 있다. 또한 고객이 상품의 바코드를 스캔하면 관심상품으로 등

---

7) 류한석(2014), 유통환경의 변화와 IoT 쇼핑.

록되어 내 옷장에 자동으로 담기며, 상품 정보를 친구들과 공유할 수 있다.

고객의 입장에서 디지털미러를 이용하면 셀카를 이용하는 것과 달리 멋진 모델 포즈를 취할 수 있고, 친구들로부터 실시간 피드백을 받을 수 있다는 이점이 있다. 또한 매장의 입장에서는 고객충성도를 높이고 또한 소셜네트워크를 통해 매장을 프로모션할 수 있다는 이점이 있다. 물론 디지털미러를 대단한 킬러앱이라고 보기는 어렵지만, 이를 통해 오프라인과 온라인을 매개하고 매장의 가치를 상승시켜 준다는 점에서 참고할 필요가 있다([그림 1] 참조).

애플은 2013년 9월 아이비컨(iBeacon)이라는 초정밀 '실내측위(In-Door Positioning)' 서비스를 선보였다. 대형 마트나 백화점 등의 유통업체들은 고객에게 상품이나 프로모션 정보를 제공하기 위해 매장 내 고객의 동선을 파악하고자 하는 욕구를 갖고 있다. 하지만 실외에서 GPS를 이용하는 것과 달리, 실내에서는 정확한 위치 추적이 어려웠다. 기술적으로 가능한 방법이 없었던 건 아니지만 복잡하거나 비용 문제가 발생했다. 반면에 애플의 아이비컨은 비용이 저렴하면서도 간단하게 작동한다.

아이비컨은 WiFi 및 BLE(Bluetooth Low Energy) 기술을 이용해 약 5cm~최대 49m의 거리에서 고객의 정확한 위치를 측정하고 고객에게 상품 정보, 광고 동

그림 1　픽앤텔의 디지털미러를 이용하는 고객

출처 : abclocal.go.com

영상, 리뷰 정보, 각종 할인 혜택, 결제 등의 각종 서비스를 제공할 수 있다. 유사 기술인 NFC가 10cm 미만의 거리에서 리더기에 태그를 해야만 작동하는 것과 달리, 아이비컨은 훨씬 먼 거리에서도 감지를 할 수 있고 또한 지나가기만 해도 감지가 가능하다. 즉 고객이 스마트폰으로 어떤 조작을 하지 않고 그냥 소지만 하고 있어도 정보 제공 및 결제가 가능할 정도의 간편함을 제공한다. 아이비컨 지원장치는 에스티모테(Estimote)라는 협력업체가 3개 기준 99달러에 판매하고 있다. 최근 아이비컨과 같은 실내측위 기술에 대한 관심이 커짐에 따라, 애플뿐만 아니라 페이팔(PayPal), 샵킥(ShopKick), 아일411(aisle411) 등의 업체들도 비슷한 서비스를 제공하고 있다.

아마존은 2014년 4월 식료품 쇼핑몰인 '아마존 프레시(Amazon Fresh)'와 연동되는 쇼핑 디바이스 '대시(Dash)'를 공개했다. 대시는 음성인식 기능에 바코드 리더기를 결합한 스틱형태의 제품으로, 상품의 바코드를 스캔하거나 음성으로 원하는 상품을 말하면 아마존 프레시의 쇼핑카트에 자동으로 상품을 추가해 준다. 쇼핑카트에 담긴 상품은 소비자의 승인 후 24시간 이내에 배송된다. 식료품은 그 특성상 대부분 반복적으로 구매를 하는데다 많은 사람들이 쇼핑목록을 만들어 마트에서 구매를 한다. 대시는 이와 같은 소비자들의 쇼핑경험에 맞춰 간편하게 식료품을 구매할 수 있도록 도와준다.

아마존 프레시는 2014년 5월 기준으로 서던캘리포니아, 샌프란시스코, 시애틀 지역에서 서비스를 제공하고 있으며, 점차 대상 지역을 확장할 예정이다. 현재 대

그림 2 아마존 대시

출처 : amazon.com

시는 아마존 프라임 고객 중 초대장을 받는 사람에 한해 무료로 제공하고 있다. 아마존은 프레시 서비스 및 대시를 통해 사람들의 일상에 보다 깊숙이 자리매김하려 하고 있다. 즉 프레스 서비스 및 대시는 그 자체로 커다란 수익을 올리려는 행보라 기보다는 일종의 트로이 목마와 같은 서비스다. 이를 통해 아마존은 소비자들을 자사의 서비스에 더욱 락인(lock-in)시키고 고객 충성도를 높이면서 다른 서비스들을 통해 추가적인 수익을 올리려고 할 것이다.

3. 기업과 소비자 대응

최신 유통환경 트렌드에 효과적으로 대응하기 위해 필요한 경쟁력은 무엇일까? 해당 내용은 크게 다음과 같은 세 가지 요소로 정리해 볼 수 있다.

첫째, 기술력이다. 예를 들어, 아마존과 같은 업체는 단순 유통업체가 아니다. 웬만한 IT기업을 능가하는 기술적 리더십을 갖추고 있는 업체다. 즉 그저 기술을 활용하는 수준에 그치는 게 아니라 기술을 선도하는 수준이다. 아마존은 모바일뿐만 아니라 클라우드, 빅데이터 등에 있어서 최고의 기술력을 갖추고 있다. 또한 아마존은 뉴스를 통해 알려진 것처럼, 2015년경 드론(Drone) 기반의 신개념 배송 서비스를 제공하기 위한 준비를 하고 하다. 이베이의 경우에도 국내에서는 평범한 오픈마켓 서비스를 제공하고 있을 뿐이지만, 미국에서는 상당한 기술적 리더십을 발휘하고 있는 업체다. 유통업체들에게 기술력은 점점 더 중요해지고 있다.

둘째, 가격경쟁력이다. 이제 소비자들은 언제 어디에서나 가격비교를 한다. 물론 브랜드나 AS 등 가격 외의 요소로 어필할 수도 있겠지만, 가격이야말로 가장 중요한 쇼핑 의사결정의 포인트다. 아마존은 TV, 휴대폰 등 일부 카테고리의 상품에 대해 '프라이스매칭(Price Matching)' 서비스를 제공하고 있다. 만일 해당 상품의 가격이 하락하거나 더 싸게 파는 판매자가 있을 경우에는, 상품이 이미 발송되었다 하더라도 14일 이내라면 차액을 보상해 준다. 또한 '라이트닝 딜(Lightning Deals)' 서비스를 통해 특정 상품을 제한된 시간 동안 최저가로 판매하기도 한다. 해외의 경우 프라이스매칭 서비스가 보다 많은 업체로 확대되고 있는 추세인데, 아직 국내에서는 그렇지 못한 상황이다.

셋째, 소비자충성도다. 단지 구매를 유도하는 수준이 아니라 매력적인 개인화 기능, 탁월한 고객서비스, 그리고 앞서 설명한 프라이스매칭 등을 통해 소비자의 마음을 사로잡아야 한다. 아마존의 경우 개인이 원하는 상품들만 선택하여 제시해 주는 진정한 개인화 기능을 제공한다. 또한 배송 사고나 반품 시의 응대, 신속한 프라이스매칭 등을 통해 국내 쇼핑커뮤니티에서도 '대인배 아마존'이라는 평가를 받고 있다.

국내업체들은 미래의 쇼핑 시장에 대처하기 위해 과연 얼마만큼의 기술력, 가격경쟁력, 고객충성도를 갖추고 있는지 스스로에게 반문해 봐야 할 것이다. 소비자들은 점점 더 똑똑해지고 있으며, 기술은 점점 더 쇼핑에 접목되고 있으며, 가격 경쟁은 점점 더 심화되고 있다. 이제 과거에 성공했던 방식은 더 이상 작동하지 않을 것이다.

이렇듯 빠르게 변화하는 유통환경에 소비자 스스로는 어떠한 역할을 가져야 하는지를 본 책의 "제4부 이 시대가 필요로 하는 컨슈머리즘"에서 보다 자세하게 다룰 것이다.

 읽을거리

온 · 오프라인 · 물류 결합한 소비자 중심의 '신유통'으로 변화

"전자상거래라는 말은 곧 사라질 것이다. 내년부터 알리바바는 전자상거래라는 단어를 쓰지 않겠다."

중국 최대 전자상거래 업체 알리바바의 마윈(馬雲) 회장이 순수 전자상거래 시대가 머지않아 끝나고 신(新)유통 등 다섯 가지 새로운 현상이 나타날 것이라고 전망했다. 직관적 통찰력이 뛰어나다는 평을 받는 마 회장의 발언이어서 주목된다.

마 회장은 지난 13일 중국 항저우 윈치(雲棲)에서 정보기술(IT) 개발자 4만 명이 모인 가운데 개막한 윈치대회 강연에서 "전자상거래는 단지 이쪽 연안에서 다른 쪽 연안으로 강을 건널 때 사용하는 배일 뿐"이라며 "앞으로 10년, 20년 뒤에는 전자상거래라는 말이 없어지고 단지 신유통이라는 말이 있을 것"이라고 주장했다.

그는 온 · 오프라인, 그리고 물류가 모두 합쳐진 것을 신유통으로 정의했다. 그러면서 미래 모든 인류에게 영향을 미칠 다섯 가지 새로운 분야를 제시했다. 신유통을 포함해 신제조, 신금융, 신기술, 신자원이 그것이다.

신제조는 과거 20~30년 규모화와 표준화로 대변되는 제조업이 향후 30년 스마트화와 개성화에 기반한 주문 제작형으로 바뀌는 것을 뜻한다.

물류혁명을 거쳐 대규모 데이터가 생겨남에 따라 제조업은 소비자의 다양해진 수요에 맞춰 제품을 만들

수밖에 없게 된다. 기업에서 소비자로 이어지는 B2C 제조모델이 철저하게 소비자 중심의 C2B 모델로 바뀐다는 것이다. 마윈은 이런 흐름에서 도태되지 않기 위해선 사물인터넷(IoT) 혁명을 주시해야 한다고 역설했다.

금융업에서도 앞으로 80%가 중소기업, 개인기업, 청년, 소비자에게 초점을 맞추는 신금융 시대가 올 것이라고 내다봤다. 마 회장은 "인터넷 금융 기반의 데이터 자료에 기초한 신용체계를 통해 진정한 보편적 금융이 실현될 것"이라고 예측했다.

모바일과 인터넷이 만들어내는 신기술 변화와 데이터 자체가 새로운 에너지가 되는 신자원 변화도 주목해야 한다고 말했다. 그는 "과거 창업에는 돈, 자원, 그리고 각종 네트워크가 필요했지만 미래에는 기술과 데이터, 혁신만 이용하면 누구나 기회를 만들어낼 수 있을 것"이라며 "앞으로 30년은 기술혁명시대에 접어들며 각국에서 중소기업의 기회가 점점 늘어날 것"이라고 전망했다. 마윈은 이어 "미래 세계의 경쟁은 혁신 경쟁이나 젊은이 간 경쟁이 될 것"이라며 "각국 정부는 30세 이하 젊은이와 30명 이하 소기업을 위한 정책을 마련해야 한다"고 주문했다.

출처 : 한국경제, 2016.10.15

 # 07 소비자금융과 소비자보호

금융상품은 점점 더 복잡·다양해지고 있으며 소비자와 금융기관 간 정보의 비대칭성은 심화되고 있다. 전 세계적으로 금융기관의 불완전판매로 인한 소비자 피해가 증가하고 있으며, 국내에서도 2012년에는 저축 은행 후순위채, 2013년에는 동양증권 기업어음의 불완전판매가 사회적인 문제가 된 바 있다. 이러한 이유로 금융위기 이후 주요국에서는 금융소비자를 보호하는 장치가 더욱 강화되고 있다. 금융상품은 종류가 다양하고 손익구조가 복잡하여 대부분의 소비자들은 본인에게 적합한 상품을 추천해 주는 자문서비스를 필요로 하게 된다. 그런데 자문서비스를 제공하는 금융기관 직원이 소비자의 효용을 극대화하기보다는 본인의 보수를 높이려 할 경우, 상품추천에 이해상충이 발생할 수 있다. 특히 소매투자상품은 원금손실의 위험이 있기 때문에 금융기관 직원이 고객에게 최선인 상품보다 본인의 인센티브에 유리한 상품을 추천할 경우 소비자의 피해가 매우 커질 수 있다. 따라서 금융소비자보호를 위하여 자문인력에게 적절한 이해상충 방지의무를 부여할 필요성이 제기된다.

1. 소비자신용 및 대부 · 대출

소비자신용(consumer credit)이란, 금융기관이나 판매업자가 소비자에게 현재 소비생활에 필요한 자금을 직접 빌려주거나 상품 매매대금의 상환을 연기하여 주고, 그 대신 미래에 이자나 수수료를 덧붙여 빌려준 돈 혹은 상품 매매대금을 회수하는 것을 말한다. 이는 소비자신용을 제공한 측에서 사용한 말이며, 소비자 측에서 보면, 현재 소비생활을 위하여 필요한 것을 먼저 사고 나중에 돈을 갚기로 한 것으로, 소비자채무(consumer debt)를 의미하기도 한다. 이와 같이 소비자신용은 현재의 구매능력에 관계없이 소비자로 하여금 소비를 가능하게 하여 원하는 때에 소비욕구를 충족시켜 주지만, 과소비 혹은 충동구매를 유발하기도 한다. 따라서 소비자는 소비자신용에 관한 충분한 이해와 함께 구매 시 과소비나 충동구매가 일어나지 않도록 해야 할 것이다.

소비자신용은 신용 제공을 받는 방법, 상환방식 및 신용 제공자와 소비자의 관계에 따라 분류할 수 있으며, 신용 제공을 받는(여신) 방법을 기준으로 상품신용과 대부신용으로 구분한다. 먼저, 상품신용은 상품판매자가 상품대금의 지급을 연기하여 주는 방법으로, 구매 즉시 대금을 지불하지 않고 외상으로 구입하는 구매대출의 형태로, 할부구매가 그 대표적인 형태이다. 대부신용은 금융기관이나 신용카드 회사가 소비자에게 자금을 빌려주는 방법으로, 소비자는 빌린 현금으로 상품을 구매하거나 다른 부채를 상환하거나 어디에 투자를 하거나, 그 돈이 어떠한 용도로 사용되거나 간에 금융기관은 상관하지 않는다. 신용카드사의 대부형태에는 카드론(card loan)과 현금서비스가 있다. 또한 상환방식에 따라서는 계약에 의해 부채액을 일정 상환액으로 일정 횟수(2회 이상)에 분할하여 부채액을 갚는 할부 신용방법과 일시불로 유예된 부채액을 1회 변제로 끝나는 비할부 신용방법으로 대별된다.

그리고 소비자신용은 신용제공자와 소비자의 관계에 의해 당사자 여신형, 제3자 여신형으로 분류된다. 당사자 여신형은 판매자(은행, 신용카드사 등)와 소비자 당사자 간의 직접 신용을 바탕으로 판매(대부)가 이루어지는 형태로, 백화점카드 할부판매, 자동차회사 할부판매 등과 같은 판매형과 은행대부, 신용카드사의 카드론과 현금서비스 등과 같은 대부형이 있다. 제3자 여신형은 판매자와 소비자 사이에 신용제공자, 즉 여신자가 개입하는 형태로서 할부금융, 팩터링S 금융, 신용카드에 의한 물품 구매 등을 들 수 있다.

 읽을거리

서울시, 연 3400% 살인적인 이자 적용한 불법 대부업체 등 적발

서울시 민생사법경찰단은 올 한 해 동안 대부업 기획수사에 착수해 대부업법 위반 행위업소 28곳을 적발하고 43명을 형사 입건했다고 6일 밝혔다.

대부업 수사를 위해 서울시 민생사법경찰단은 지난해 11월 대부업수사 전담팀을 구성한 바 있다.

서울시 특사경은 일수놀이 같은 무등록 불법영업, 불법광고·이자율 위반의 전통적인 직접 불법대부, 휴대폰깡·휴대폰 소액결제·카드깡 등 변종대부, 최근 성행하는 온라인 포털 이용 불법대부행위 등 각종 편법 대부행위자를 망라해 수사를 벌였다.

그 결과 ▲오토바이 이용 길거리 명함전단지 배포자 권역별 19명 검거 ▲대부업 등록을 통해 대출자들이 정상적인 업소로 믿도록 만든 후 고금리 이자수취 등 불법 영업을 일삼은 카드깡 업자 3명 형사입건 ▲최근 증가하는 인터넷 포털사이트·대출중개사이트 등 인터넷을 매개로 불법 영업한 대부업자 3명 형사입건 ▲상반기 수사에도 불구 성행하는 휴대폰 소액결제, 내구제 변종 대부업자 16명 형사입건 ▲시장상인 상대 고금리 무등록 불법 대부업자 2명을 적발해 형사입건했다.

특히 이번에 적발된 불법대부업자들 대부분은 1·2금융권에서 돈을 빌릴 수 없는 영세 자영업자, 취업준비생, 가정주부, 실업자 등 경제적 취약계층을 대상으로 최저 연 133%에서 최고 연 3400%에 이르는 살인적인 이자율을 적용해 폭리를 취한 것으로 수사결과 드러났다. 현재 법정 이자율 연 27.9% 이하다.

대부업법상 무등록업자가 불법행위를 저지를 경우 5년 이하의 징역 또는 5000만원 이하의 벌금에 처해질 수 있다.

또 등록업자가 법규정을 위반한 자는 3년 이하의 징역이나 3000만원 이하의 벌금을 물 수 있다.

서울시 특사경은 이번 적발에 이어 영세한 자영업자 등을 상대로 불법 영업, 악덕 채권추심업자가 더 있을 것으로 판단하고 수사를 계속 진행한다는 방침이다.

서울시 민생사법경찰단 관계자는 "대부업체를 이용할 때에는 반드시 등록업체인지 여부를 확인 후 이용해야 한다"면서 "무등록업체뿐만 아니라 등록업체라도 최고이자율(27.9%)을 위반 시 즉시 신고해야 다른 사람의 피해를 막을 수 있다"고 당부했다.

출처 : 매일경제, 2016.12.06

불황에도 웃는 은행들, 금융소비자 보호는 안 보인다

주요 시중은행이 올해 1분기 예상을 뛰어넘는 호실적을 올렸다. 보도에 따르면 신한, 국민, 우리, 하나 등 4대 은행의 1분기 순익은 전년 같은 기간에 비해 23.6% 많은 2조 2707억 원을 기록했다. 지난해의 성과를 능가하면서 올해는 사상 최대의 실적을 기록할 것이라는 전망도 나온다.

은행들이 돈을 많이 버는 것을 삐딱하게 볼 일은 아니다. 운영경비를 줄이는 등 허리띠를 졸라맸고, 위험관리를 잘해 대손충당금을 쌓는 비용을 줄이는 노력 덕이 없지 않기 때문이다. 매각 이익 등 일회성 요인도 있었다. 하지만 속을 들여다보면 꼭 개운한 것만도 아니다. 수익이 늘어난 것은 예대마진 등 순이자마진이 좋아진 데 기인한 측면이 크다. 순이자마진은 은행이 대출 등 자산을 운용해 벌어들인 수익에서 조달비용을 빼 운용자산 총액으로 나눈 수치이다. 미 금리 인상 여파로 지난해 말부터 시중금리가 오르기 시작한 데다 가계대출을 억누르기 위한 금융당국의 규제조치가 되레 대출금리를 올리는 쪽으로 작용하면서 예대마진 차가 커졌다. 결국 이자놀이로 재미를 봤다고 해도 과언이 아니다. 이런 은행을 두고 자신들이 어려울 땐 세금으로 연명하면서, 시민들이 어려울 때는 제 잇속만 챙기는 '등골브레이커'라는 소리가 나오는 것도 이상하지 않을 정도다.

은행들의 금리장사가 도를 넘었다는 것이 어제오늘의 일은 아니다. 은행은 저금리 기조하에서도 정부의 대출규제 완화로 이자수익을 늘려왔다. 그 사이 가계대출은 1400조 원을 넘어섰다. 매달 벌어서 생계비를 빼고 원리금 갚기도 어려운 한계가구는 200만 가구에 달한다. 금리가 추가로 오르면 은행들의 대출금리 인상은 더욱 노골화될 것이다. 그렇게 되면 한계가구를 시작으로 대출자들의 부담이 크게 늘면서 경제 전체를 압박하게 될 것은 불문가지이다.

은행은 기업이기도 하지만 국가 경제 유지에 필수적인 공공재이다. 당연히 큰 틀에서 사회적 책임의식을 갖고 경영이 이뤄져야 한다. 지금처럼 시민을 볼모로 한 고리대금업자 방식의 돈벌이는 안 된다. 금융당국도 은행산업 발전만 강조할 게 아니라 금융소비자 보호에 전력을 기울여야 한다. 특히 은행들의 불투명한 가산금리

2. 모바일뱅킹

모바일뱅킹은 어디서나 사용할 수 있다는 무선(Wireless)의 의미와 언제든지 이용할 수 있다는 온라인(Online)의 의미, 그리고 금융서비스 중에서도 뱅킹(Banking)이라는 3가지의 의미가 결합되어 있다.

그러므로 모바일뱅킹은 전통적인 은행창구나 기존의 전자금융채널과는 다른 모바일이라는 새로운 금융채널을 통하여 고객에게 금융서비스가 제공된다고 보는 유통채널적 시각과 금융서비스 채널이 보다 고도화되고 편리성이 확대되어 새로운 업무수행을 통해 수익을 창출하는 과정으로 보는 비즈니스적 시각에 의해 정의될 수 있다.

이를 금융거래 채널별로 구분해 보면, 은행창구는 영업점 직원과의 직접 대면을 통한 실명확인 등 금융거래 확인과 개별 인간관계에 의한 서비스 친밀성이 높은 반면, 금융거래 대기시간이 길고, 은행 영업점 방문에 따른 기회비용이 발생한다. 이에 반해 인터넷뱅킹과 모바일뱅킹은 금융거래 수수료가 저렴하고, 은행 방문 없이 금융거래가 가능하다는 장점이 있다.

특히, 모바일뱅킹은 영업점과 직접적으로 비교해 볼 때, 금융거래 수수료가 저렴하고, 은행 지점방문에 대한 기회비용이 절감된다. 또한 인터넷뱅킹에 비해서도 언제 어디서나 금융거래가 가능한 서비스 이동성과 편재성이 존재한다. 즉 휴대폰과 무선 인터넷을 이용하는 모바일뱅킹의 특성은 다음과 같다.

첫째, 휴대폰은 PC와 달리 고객에게 소유되어 있으며 항상 무선 인터넷 접속이 가능하다. 그러므로 은행은 고객과의 즉각적인 접촉이 가능하여 고객에게 보다 편리한 금융서비스를 제공함으로써 고객과의 유대관계를 강화할 수 있다.

둘째, 모바일뱅킹은 고객에게 실시간으로 금융정보를 제공할 수 있고, 이에 따른 고객의 반응을 즉각적으로 은행 경영에 반영할 수 있다.

셋째, 개별고객에 대한 맞춤서비스를 제공할 수 있을 뿐만 아니라 고객정보를 이용하여 새로운 영업기회도 창출할 수 있다.

넷째, 은행 업무의 자동화를 통한 은행의 비용을 절감할 수 있다. 오프라인 점포 운영을 통한 은행 업무처리는 직원 고용, 점포 임대, 유지비 등의 많은 비용이 소요되지만 새로운 채널로써 모바일뱅킹은 단위거래 1건당 비용을 크게 감소시킬 수 있다.

다섯째, 고객은 점포의 운영시간이나 거리와는 상관없이 원하는 대로 편리하게 은행 업무를 처리할 수 있다. 그리고 계좌이체와 같은 수수료를 납부해야 하는 서비스의 경우 오프라인 점포보다 더 적은 비용만 지불하면 되는 경제적 혜택이 있다.

– 모바일뱅킹과 금융감독

일반적으로 정부가 금융기구에 대한 광범위한 감독을 실시하는 이유는 정보의 비대칭, 또는 이로 인한 역선택 및 도덕적 리스크 등의 시장 부족 조건이 있기 때문이다. 또한 은행의 강한 외부성과 자연의 취약성을 가지는데 소비자에게 부정적인 여론을 쉽게 형성하여 은행체계에 대한 신뢰를 하락시킬 수 있다. 이러한 이유로 정부의 개입이 필요하다. 정부는 은행업에게 감독의 기본 목적은 소비자를 보호하고 대중의 은행체계에 대한 신뢰를 높이는 것이라고 정의하였다. 전통 감독시스템은 이런 기본이론을 기반으로 설립되었다. 겉으로 보기에 인터넷 정보는 고속도, 대용량, 분산적인 전파를 한다.

이론적으로 보아 어떠한 조직이나 개인은 상대적으로 완전한 정보를 얻을 수 있다. 그 정보 기원과 정보 품질은 같은 단계에 있어서 정보 비대칭 문제가 개선된 것으로 보인다. 마찬가지로 인터넷은 경제 당사자의 활동정보들이 수집, 추적, 분석되어 편의를 제공하는 동시에 비용도 감소시켰다. 이는 역선택과 도덕리스크를 방지할 수 있게 한다. 만약, 완전한 정보 공시를 확보하면 모바일뱅킹의 감독이 필요하지 않다.

실제로 모바일뱅킹은 이것과 달랐다. 우선, 정보량과 품질은 모두 개선되었지만 정보 판단의 분별력은 개인의 수익 비용 비율, 지식수준, 분석 기능에 달려 있다.

특히, 인터넷 정보는 옳고 그른 정보들을 신속하게 전파하는데, 이것은 일부 사람에 대한 완벽한 정보를 얻을 수 있는 확률을 증가시킨다. 또한 전통은행보다 모바일뱅킹의 거래 비율이 높은 고객들은 통신기기를 통해 재산을 이동할 수 있고 은행은 자료 수집이 용이하여 정보가 증가한다. 은행은 자산의 통제능력이 지속적으로 증가하는데 이로써 신속한 이동이 가능하다. 리스크와 수익이 높은 투자 업무 은행에의 유치가 매우 높다. 모바일뱅킹 리스크 선호 증가뿐만 아니라 고객의 감독성향도 증가한다. 이로 인한 모바일뱅킹의 시장 부족은 더욱 심화될 것이다. 이렇게 모바일뱅킹의 출시로 시장 정보의 유동성이 확보되고 공유가 강화되었지만 정보의 정확도와 제시된 리스크의 분별을 어렵게 하여 금융 리스크가 나타날 요소가 많고 복잡하기 때문에 이에 대한 감독이 필수적이다.

3. P2P 대출

P2P 대출은 금융기관의 중매 역할 없이 개인 간에 이뤄지는 금융거래를 뜻한다. 개인 간에 보증되지 않는 소규모 대출이 이루어지기 때문에 몇몇의 연구자들은 P2P 대출을 사회적 대출의 온라인 형태, 또는 진화된 형태라고 한다.

최초의 P2P 대출 사이트인 Zopa.com은 2005년에 영국에서 시작되었고 다음해에 미국에서 Prosper.com이 출시되었다. 이 웹사이트들이 개발된 후 P2P 대출 사이트의 파도는 물밀듯이 세계로 퍼져나갔다. 2007년이 되었을 때 P2P 대출은 전 세계적으로 총 $6,470만 규모로 확장되었다. 하버드대학 연구소는 5년 내로 모든 대형 은행들이 각각의 P2P 대출 네트워크를 확보하고 다음의 10년은 가장 유력한 금융발전이 이루어질 것이라고 예상했다.

1990년대 후반 IT기술의 혁신은 은행의 서비스 형태에도 변화를 가져왔다. 기존에 은행창구에서만 가능하던 예금관리 업무뿐만 아니라 대출의 신청도 인터넷을 통해서 가능해졌다. 이렇게 기존은행이 취급하던 업무가 온라인상으로 옮겨진 것뿐만 아니라 IT기술의 발전은 새로운 금융서비스를 가능하게 만들었다. 대표적인 것으로 온라인상에서 개인 간 대출을 거래하는 P2P 대출을 들 수 있다. 이 P2P 대출서비스는 자금이 필요한 사람과 자금을 투자하고자 하는 사람이 온라인상에서 만나 대출이 이루어지는 서비스이다. 미국의 대표적인 P2P 대출 사이트인 Prosper.com은 서비스 시작 이후 2010년 11월까지 2억 달러의 대출이 이루어졌다.

미국 은행환경의 변화와 IT기술로 인한 은행서비스의 혁신이 한국에서도 일어났다. 금융상품에 대한 사전적 제약이 없어지고 거의 모든 금융회사가 금융상품을 취급할 수 있게 되었다. 또 한국의 IT 혁신과 함께 금융서비스의 온라인화가 가속되었다. 이러한 시대적 변화 속에 한국에서도 P2P 대출 서비스가 시작되었다.

대출경매를 통해 투자자들이 대출을 심사하는 P2P 대출의 특징 때문에 한국에서는 신용이 좋지 못해 금융기관의 대출이 어려운 사람들이 P2P 대출을 많이 이용하고 있다. 기존 금융기관에서 사용해 오던 신용평가 모형에만 의존하여 대출상환 가능성을 평가하지 않기 때문이다. P2P 대출에서는 객관적 신용정보와 함께 차용인이 대출을 갚기 위해 어떠한 노력을 할 것인지를 대출판단의 중요 요소로 본다. 이와 같이 P2P 대출은 대출이 어려운 서민들을 돕는 역할을 한다. 신용이 좋지 못한 서민들의 대출을 도울 수 있는 P2P 대출이 한국의 어려운 대출시장의 대안으로써 주목받고 있다.

하지만 P2P 대출에 투자하는 것은 상대적으로 위험할 수 있다. 투자자는 대출을 통해 차용인에게 원금과 시중보다 비싼 금리를 얻고자 한다. 하지만 P2P 대출에 참여하는 차용인들은 대부분 신용이 좋지 못한 사람들이다. 따라서 투자자 입장에서 대출상환이 무사히 완료될지는 매우 중요한 투자참가 요인이다. 어떠한 대출에 투자하는 것이 투자손실을 줄이고 안정적인 수익을 얻을 수 있을지 알 수 있다면 좀 더 많은 투자자들이 P2P 대출에 투자하려 할 것이고 그 결과 P2P 대출이 지금보다 더 활성화될 것이다.

하지만 모든 차용인이 투자자의 기대처럼 대출을 성실히 상환하지는 않는다. 대출을 신청하는 과정에서는 대출을 갚기 위해 모든 노력을 다할 것이라고 하지만 대출이 성공하게 되면 투자자에게 했던 약속을 지키지 않고 불성실한 태도를 보이는 차용인도 존재한다. 즉 투자자와 차용인 간에 존재하는 정보 비대칭 문제를 완화할 수 있게 된다.

국내 P2P 대출은 미국의 Prosper.com과는 다른 특징을 갖고 있다. 가장 큰 차이점은 P2P 대출 사이트 이용자들 간의 모임인 동호회(Group)의 설립과 이용이 활발하지 않은 점이다. Prosper.com에서는 대부분의 대출이 동호회를 통해서 이루어진다. 따라서 대출을 원하는 사람은 동호회에서 동호회장(Group Leader)을 포함한 구성원과 좋은 사회적 관계를 유지해야 한다. 하지만 한국의 경우에는 동호회가 활성화되어 있지 않기 때문에 동호회를 통한 대출이 거의 없다. 따라서 P2P 대출에서 차용인과 동호회 회원들 간의 사회적 관계가 대출에 미치는 영향에 대한 연구가 어렵다.

한국의 P2P 대출에서 차용인과 동호회 회원들 간의 관계는 약하지만 회원 개개인 간의 네트워크는 활발하다. 대출을 원하는 사람은 대출에 대한 구체적인 설명과 사연, 대출에 대한 상환능력을 밝혀 대출경매를 신청한다. 대출에 투자하고자 하는 투자자들은 먼저 차용인이 밝힌 정보를 통해 대출에 대한 정보를 파악한다. 이렇게 얻은 정보가 부족하면 투자자는 차용인에게 질의 응답을 통해 자신이 원하는 정보를 추가적으로 얻을 수 있다. 즉 해외의 경우에는 P2P 구성원 간의 사회적 상호작용활동이 온라인 동호회 내에서 이루어지지만 한국의 P2P 대출에서는 대출경매 신청 화면에서 사회적 상호작용이 이루어진다. 따라서 여기에 관련된 연구를 통해 사회적 상호작용활동과 대출상환 성공여부에 관한 연구를 할 수 있다.

한국의 P2P 대출에서는 대출경매가 진행 중일 때 투자자들이 대출에 대한 정보를 읽고 대출상환이 성공할지 실패할지 투표를 진행한다. 이 투표는 대출경매가 진행 중인 기간 내내 투자자들에 의해 진행된다. 이 기간 동안 차용인은 투자자를 설득하기 위한 활동을 하고 대출을 얻기 위해 노력한다. 따라서 투자자들의 대출에 대한 평가는 차용인이 투자자를 설득하기 위해 사회적 상호작용활동을 통해 노력한 결과라고 할 수 있다. 이 지표를 사용한 연구도 온라인상의 사회적 상호작용활동이 대출상환 성공에 미치는 영향에 대한 질문에 답변이 될 수 있다.

한국 P2P 대출의 또 다른 차이점은 대출을 이용하는 사람들의 특징이다. Prosper.com의 대출은 다양한 사람들이 다양한 목적을 갖고 이용한다. 그중에는 금융기관을 이용할 수 없는 신용을 갖고 있는 사람도 있지만 그렇지 않은 사람도 많다. 이들이 P2P 대출을 이용하는 이유는 금융기관을 이용하는 것보다 P2P 대출이 더 편리하거나 이자율이 더 유리하기 때문이다. 반면에 한국 P2P 대출의 이용자들은 신용문제로 인해 금융기관을 이용할 수 없는 사람들이 대부분이다. 특히 파산, 면책과 같은 신용문제를 겪었던 사람들이 매우 많다.

이런 차용인 특성 때문에 투자자들은 차용인의 신용상태를 나타내는 객관적인 정보만을 이용해서 투자를 하기 어렵다. 따라서 투자자들은 차용인들의 신용, 재정

상태에 대해 공개한 객관적 정보 이외에 대출에 대한 사연과 대출을 갚기 위한 자신의 노력이나 계획을 서술한 온라인상에서의 게시판에 글을 올리는 등의 활동을 하게 되고 그 활동 정도에 따라 투자여부를 판단하게 된다. 즉 투자자와 차용인의 행위가 대출상환과 밀접하게 연관되어 있다는 것이다.

또 다른 특징으로는 차용인이 다양한 개인정보를 공개할 수 있다는 점이다. 차용인은 자신의 집주소, 휴대폰, 직장과 같은 개인 신상에 관련된 정보를 공개할 수 있다. 이외에도 소득내역 및 재산내역과 같은 재무적인 항목에 해당하는 정보도 공개 가능하다. 차용인은 자신의 개인정보를 공개하면서 대출에 대한 자신의 상환노력을 보여줄 수 있다. 자신이 공개한 정보는 중개 시스템의 검증을 거쳐 시스템에 저장되지만 대출상환이 문제없이 진행되면 투자자들에게 정보가 공개되지 않는다. 투자자들은 차용인이 시스템에 등록한 정보의 종류에 대해서만 알 수 있다. 하지만 상환이 예정대로 이루어지지 않으면 차용인이 등록한 개인신상 정보가 순차적으로 투자자에게 공개된다.

이러한 시스템을 통해 차용인이 많은 정보를 공개할수록 상환에 대한 강제성이 커지게 된다. 반대로 투자자 입장에서는 많은 개인정보를 공개한 차용인일수록 대출상환을 위해 더 노력할 것이라고 판단하게 된다.

– 대출형 크라우드펀딩과의 관계

국제증권감독기구(IOSCO)의 자료에 따르면 P2P 대출은 크라우드펀딩의 한 종류로 볼 수 있다. 영국 영업행위감독청(Financial Conduct Authority, 이하 'FCA')은 P2P 모델과 P2B 모델을 대출형 크라우드펀딩으로 정의한다. 한국은 대체로 대출형 크라우드펀딩(Lending model, loan-based crowdfunding, Peer-to-peer Lending)이라는 용어를 사용하거나 P2P 대출이라고 지칭한다. 중국은 크라우드펀딩보다 P2P 대출이라는 용어가 더 일반적인 표현이다.

대출형 크라우드펀딩과 P2P 대출을 동일한 것으로 볼 수 있는지에 대해 견해가 대립한다. 동일하다는 입장에서는 P2P 대출은 "대출을 제공하기 위해 대출자와 차입자를 연결시켜 주는 온라인 플랫폼을 이용하는 것"이라고 정의하면서, 대체로 대출형 크라우드펀딩을 지칭하는 용어로 사용하거나, 대출형 크라우드펀딩과 동일한 것으로 본다. 반면에 P2P 대출과 대출형 크라우드펀딩을 구분하자는 입장에서는,

대출형 크라우드펀딩은 P2P 대출의 형식으로 이루어지지만, "투자자들이 자금수요자의 자금의 필요성에 대하여 충분한 정보를 가지고 대출을 결정하며, 투자자들과 자금수요자 사이에 긴밀한 관계가 형성"된다는 점에서 "대출중개기관을 통한 간접적인 관계가 형성되는 일반적인 온라인 대출"과는 차이가 있다고 한다.

협의의 P2P 대출은 대출형 크라우드펀딩의 하위개념으로 여기는 것이 타당하다고 생각한다. P2P의 파생 모델(P2B, P2C, P2G, P2N)[8]은 대출형 크라우드펀딩과 본질상 차이가 없어 대출형 크라우드펀딩과 동일한 것으로 볼 수 있다. 또한 P2P 대출의 지속적인 발전으로 개념의 범위가 확대될 수 있을 것이다.

표 1 크라우드펀딩의 분류

유형	내용	대표적 플랫폼
기부형	순수하게 공익목적의 기부 방식	Kiva, 위제너레이션
후원형	사회공익활동 지원이나 작은 보상방식(금전적 성격이 아닌 공연티켓, 기념음반, 시제품 등)	Kickstarter, 와디즈
대출형(P2P)	크라우드펀딩 플랫폼을 통해 금전소비대차가 이루어지는 방식	Zopa, Lending Club, 팝펀딩, Funda

4. 인터넷전문은행

인터넷전문은행은 디지털 혁신에 따른 패러다임 변화에 대응하기 위해 금융산업에서 반드시 필요하다. 은행은 대면에서 비대면으로 채널변화에 대응할 수 있고, 고객은 편의성과 접근성, 수익을 제고할 수 있다. 또한 정부는 새로운 경쟁자의 도입으로 금융혁신을 제고할 수 있다.

---

8) P2B(person-to-business, 개인 對 비금융회사형 기업)란 개인이 플랫폼을 통하여 비금융회사형 기업에게 대출하는 융자 모델을 말한다.
P2C(person-to-company, 개인 對 기업) 모델은 채권양도(platform-to-Credit Assignment)의 의미를 가지고 있다. 즉 채권양도의 기능이 없는 P2B 모델과 달리 P2C 모델은 (원리금수취권)채권양도의 기능을 별도로 가지고 있는 것이 특징이다.
P2G(Private-to-Government, 민간 對 정부) 모델은 주로 정부사업을 대상으로 융자 서비스를 제공하는 것이다.
P2N(person-to-numbers of companies, 모델은 개인 對 다수기구) 모델로 대출중개업자와 제휴 내지 협력하는 소액대출회사나 담보회사가 차입자를 선정하거나 담보를 제공한다.

2014년 미국은행연합회(American Bank Association)가 실시한 스마트폰 등장 전과 후의 소비선호도 비교 결과를 보면 나타난다. 2008년 창구거래 선호도는 30%였으나, 2014년에는 21%로 선호도가 감소했다. 모바일 채널에 대한 선호도는 2008년 0%에서 2014년 10%로 크게 증가했다. 또한 미국에서 실시한 캡제미니 조사결과, 고객의 주당 은행 채널 이용 비중은 비대면 채널이 월등히 높은 가운데 모바일 채널의 이용 비중이 2013년 13%에서 2014년 22%로 크게 증가했다. 이러한 고객들의 은행 채널 이용 및 선호도 변화는 대면거래를 하지 않고 인터넷을 주요한 영업채널로 활용하는 인터넷전문은행의 수요 확대로 이어진다.

점포 없이 운영되는 인터넷전문은행은 영업점 설립이나 영업점 직원 고용 등의 고정비용이 없어 원가를 절감할 수 있다. 원가절감은 고객에게 시중은행보다 높은 수신금리의 제공기회와 금융거래수수료 인하를 가능케 한다. 실제로 2014년 미국, 영국, 일본 3개국의 인터넷전문은행 수신금리는 시중은행 평균 수신금리보다 높게 제공되었다. 또한 인터넷전문은행은 금융상품을 고객에게 직접 선택하게 함으로써 편의성을 제고했고, 제공서비스도 고객이 빠르게 직접 처리할 수 있게 해 신속성을 높였다.

마지막으로 은행서비스 접근이 어려운 지역에서 고객이 언제든 쉽게 서비스를 이용할 수 있는 장점이 있다. 일부 신흥국에서는 인터넷전문은행 도입으로 고객의 은행서비스에 대한 접근성을 높였다.

우리나라의 경우에도 지난 2002년 SK텔레콤, (주)롯데 등의 대기업과 안철수연구소, 이네트 퓨처 등 벤처기업이 컨소시엄을 형성하여 'V-bank'라는 인터넷전문은행 설립을 시도한 바 있으나, 정부의 미온적 태도, 금융실명제 등의 제도적 장벽, 그리고 현금 입출금망 확보 등의 실질적인 난제로 중도에 좌절되었다. 이후 2008년 금융위원회 주도 은행법 개정을 통한 인터넷전문은행 제도 도입 기반의 마련을 추진하였는데, 은행산업부실 가능성, 수익모델 취약성, 과당경쟁우려 등으로 입법에 실패하여 인터넷전문은행 도입이 무산되었다. 현재 세계적으로 금융과 ICT부문 간 융합을 통한 금융서비스 혁신이 급격히 진전됨에 따라 인터넷전문은행도 활발히 도입·운영 중이다. 국내에서도 발달된 IT인프라, 이용자 수요 등을 감안할 때 인터넷전문은행 활성화를 통해 국내금융을 한 단계 업그레이드할 필요성이 높아졌다. IT를 활용한 금융부문 경쟁력 제고의 필요성, 핀테크 부각, 은행산업의 선진화 요구, 소비자 편의성 제고 요구 등에 따라 인터넷전문은행의 도입에 대한 추진 요구가 높아지게 되었다. 이에 따라 도입에 대한 논의가 재개되었으며[9], 실행에 옮기기 위해 정부는 금융개혁의 주요 과제로 인터넷전문은행 도입을 위한 제도 개선방안을 2015년 1월부터 마련하였다.[10]

2015년 1월부터 시작된 인터넷전문은행 제도개선방안 마련 결과 도입방안이 확정되었다. 인터넷전문은행 도입의 기본방향은 은산분리 규제[11], 최저자본금 기준 등 진입장벽을 완화하여 ICT기업 등을 비롯한 혁신성 있는 경영주체의 금융산업 진입을 통한 활성화를 모색한다. 인터넷전문은행의 업무범위, 건전성·영업행위 등에 대한 사전 규제를 최소화하여 다양하고 창의적인 사업모델 출현을 유도한다. 외부평가위원회를 중심으로 투명하고 엄정한 인가절차를 진행하여 지속 가능한 경쟁력과 혁신성을 갖춘 플레이어 위주로 진입의 허용을 인터넷전문은행 도입의 기본방향으로 정하였다.[12]

인터넷전문은행의 인가 요건을 자본금과 사업계획을 중심으로 살펴보면 우선 자본금에 있어서 현행 은행의 인가 시 최저자본금은 시중은행은 1천억 원이고, 주주구성(비 금융주력자 주식보유한도 등), 사업계획, 인력 및 시설·설비 등의 요건을 심사한다. 인터넷전문은행 인가를 위한 최저자본금은 인터넷전문은행의 진입활성화를 통한 경쟁촉진 및 영업점포가 필요 없는 은행이라는 특수성을 감안하여 시중은행 대비 절반수준으로 완화하여 500억 원으로 설정하였다.[13]

다음으로 인가요건 중 사업계획 요건을 살펴보면 인터넷전문은행은 저성장·저금리 지속에 따른 수익성 약화기조, 초기 경쟁력 확보 어려움 등을 감안 시 설립 후 수년간은 경영상 애로가 많이 발생할 것으로 예상된다. 특히, 다수의 설립인가 신

---

9) 인터넷전문은행 도입 필요성은 크게 3가지로 정리 가능하다. 첫째, 금융소비자 편의성 제고부분에 있어서 세계 최고의 IT 인프라를 활용하여 접근성이 향상되고, 금리 수수료 등 서비스를 보다 저렴하게 이용하도록 하는 것이다. 둘째, 은행산업 경쟁촉진부분에 있어 현재 비대면거래(90%) 추세 속에서 경쟁을 촉진하고, 은행권 보수적 영업형태 혁신의 자극제 역할 수행의 필요성이 높아졌다. 셋째, 미래신성장 동력 창출에 있어서 금융회사가 ICT기업, 핀테크 업체 등과 제휴하여 시너지효과를 내고, 새로운 금융서비스 개발 및 신시장 개척에 대한 필요성이 높아졌다. 또한 국내에서 모델을 정착 후 아시아 등 해외시장 진출의 교두보 마련이 현재 금융시장 경쟁력 확보의 방안을 위한 좋은 대안으로써 필요성이 지속적으로 높아졌다.

10) 정부는 금융개혁의 주요 과제로서 인터넷전문은행 도입을 위해 민관합동 TF를 구성하여 '15년 1~4월 중 주제별 심층토론(12차례), 공개 토론회('15.4.16), 금융개혁자문단회의('15.6.10)를 통해 전문가 등의 의견을 수렴하였다.

11) 정부는 금융개혁의 주요 과제로서 인터넷전문은행 도입을 위해 민관합동 TF를 구성하여 '15년 1~4월 중 주제별 심층토론(12차례), 공개 토론회('15.4.16), 금융개혁자문단회의('15.6.10)를 통해 전문가 등의 의견을 수렴하였다.

12) 금융위원회·금융감독원(2015), IT 금융 융합 및 신성장 동력 창출을 위한 인터넷전문은행 도입방안.

13) 인터넷전문은행이 활성화된 주요 국가의 경우 법률상 최저자본금은 우리나라보다 낮은 수준이며, 실제 설립 시 투입된 자본금은 우리나라 최저자본금 수준에 육박하거나 상회한다. [일본 법정최저자본금(185억 원), 설립자본금(1,850억 원) / 유럽 법정최저자본금(60억 원), 설립자본금(960억 원)]

청이 있을 것으로 예상되는 만큼 사업계획의 타당성 등을 엄정하고 객관적으로 심사할 필요가 있어 인터넷전문은행 선정을 위한 사업계획서 평가는 수익성 있는 사업모델을 중요한 평가기준으로 삼고 있다. 사업계획의 타당성을 투명하게 심사하기 위해 기본적으로 은행업감독규정상 은행업 인가 심사기준을 우선 적용하되, 인터넷전문은행 도입취지에 부합되고, 인터넷전문은행의 특수성을 감안하여 비상시 유동성 확보 계획 등을 일부 적용하였다. 인터넷 전문은행의 선정 및 평가 방식은 도입취지를 감안하여 총 5가지 항목을 선정하여 평가를 실시하였다. 5가지 항목은 사업계획의 혁신성, 주주구성과 사업모델의 안정성, 금융소비자 편익 증대, 국내 금융산업 및 경쟁력 강화 기여도, 해외진출 가능성 등이다. 이를 좀 더 자세히 살펴보면 다음과 같다.

첫째, 사업계획의 혁신성(Innovation)은 기존 금융관행을 혁신하고 새로운 서비스를 제공할 수 있는지 여부, 기존 은행시장을 보다 경쟁적으로 변화시킬 수 있는지 여부를 의미한다. 둘째, 주주구성과 사업모델의 안정성(Stability)으로 충분한 출자능력, 건전한 재무상태 및 사회적 신용을 갖춘 주주로 구성되고 지속가능한 사업모델을 갖추었는지 여부를 의미한다. 셋째, 금융소비자 편익 증대(Consumer Convenience)로 다양한 금융서비스를 금융소비자에게 더 낮은 비용이나 좋은 조건으로 제공할 수 있는지 여부, 소비자가 점포 방문을 하지 않고도 편리하게 금융서비스를 이용할 수 있는 시스템 구축 여부를 의미한다. 넷째, 국내 금융산업 및 경쟁력 강화기여도(competitiveness)로 차별화된 금융기법, 고객별 맞춤형 서비스 제공 등을 통해 금융산업 부가가치를 제고시키고 신규 일자리를 많이 창출할 수 있는지 여부를 의미한다. 다섯째, 해외진출 가능성(Global Expansion)으로 국내 시장에서 경쟁뿐만 아니라 아시아 등 해외시장 진출을 고려한 사업계획과 실천능력을 가지고 있는지를 의미한다.

이상과 같은 평가기준을 토대로 실제 인터넷전문은행 선정을 위한 절차에 착수하였다. 인터넷전문은행 예비인가 신청접수를 2015년 9월 30일~10월 1일까지 진행하여 총 3개 신청자가 신청서를 제출하였다. 신청서를 제출한 사업자는 (가칭)한국카카오뱅크, (가칭)케이뱅크, (가칭)아이뱅크로 3개 신청서에 대해 평가기준을 토대로 은행업 인가심사와 관련하여 사업계획 타당성 등을 객관적이고 공정하게 평가하기 위해 각 분야별 민간전문가로 외부평가위원회를 구성하여 평가를 실시하였다.

외부평가위원회가 3개 신청자의 사업계획에 대한 평가결과들을 종합적으로 감안하여, "(가칭)한국카카오뱅크, (가칭)케이뱅크"의 사업계획이 타당하여 예비인가 결정을 내리게 되었다.

국내 최초로 본인가를 승인받은 '케이뱅크'는 모바일 기반의 '365일 24시간' 연중무휴로 금융 서비스라는 점에서 기존 금융 서비스와 차이가 있다. 주 타깃 고객은 4~6등급의 신용등급자를 대상으로, 10% 내외의 대출 금리상품이 주 서비스가 될 전망이다.

케이뱅크는 모든 은행 서비스를 시공간의 제약없이 제공하겠다는 목표를 세웠다. 또한 송금과 이체뿐 아니라 비대면 실명확인으로 계좌개설, 대출 등의 은행 서비스 전반을 제공한다는 운영방침을 공식 발표했다.

여신 부분은 마이너스통장 형태의 간편심사 소액대출을 선보여 금융 소비자의 서비스 이용 장벽을 낮추었다. 금융 소비자가 대출을 신청하면 주주사가 보유한 정보를 확인해 대출 자격을 심사한다는 점에서 기존 금융기관의 여신 서비스와 차이가 있다.

모든 심사과정은 비대면 거래로 진행되는 것도 차이점이다. 우량직장인 신용대출은 스크래핑 기법을 활용해 고객을 심사하기 때문에 별도로 소득증명서 등의 서류를 제출하지 않아도 된다. 필요한 정보는 은행 측이 국민건강보험이나 국세청 온라인 홈페이지에서 관련 정보를 수집해 활용한다.

새로운 금융 서비스 모델을 공개한 케이뱅크는 365일, 24시간 언제, 어디서든 10분 안에 은행계좌를 개설할 수 있도록 개방해 기존 은행과의 차별화를 꾀하고 있다. 또한 디지털 음원 이용권을 제공하는 정기예금 등 새로운 금융 서비스를 선보여 신규 고객을 모집하고 있다.

현금을 찾으려는 고객의 불편을 줄이기 위해서는 전국에 1만 개의 지점을 보유한 GS25 편의점을 활용하고 있다. 케이뱅크의 주주사 중 한 곳인 GS리테일의 GS25 편의점 주요 거점에 스마트 현금자동입출금기(ATM)를 설치해 오프라인 은행 창구를 대체한다.

대출은 빅데이터를 활용한 신용평가 모델을 활용한다. 통신정보와 가맹점 매출 정보 등의 빅데이터를 신용평가에 활용해 자체적인 신용평가 모델을 만들고, 이를 고도화해서 인터넷전문은행만이 제공할 수 있는 중금리 대출 시장에 특화된 신용평가 모델로 올해 4,000억 원의 대출상품을 판매할 계획이다.

이외에도 고객의 문의에 신속히 대응하기 위해 고객금융센터를 구축하고, 상담원

70여 명을 배치했다. 또한 중장기적으로 증가하는 고객에 대응하기 위해 머신러닝과 인공지능(AI) 기술을 활용한 상담 서비스를 추가하기로 했다.

금융위원회는 2017년 4월 5일 정례회의를 열어 카카오뱅크의 은행업 본인가를 의결했다. 케이뱅크에 이어 인터넷전문은행 2호 카카오뱅크는 2017년 7월 27일 오전 7시에 정식으로 출범했다. 4,200만 명이 사용하는 카카오톡을 활용할 수 있는 카카오뱅크의 출현은 기존 은행권 판도를 크게 흔들고 있다. 특히 케이뱅크와 카카오뱅크 모두 신용등급 4~7등급의 중금리 대출을 겨냥하고 있어 저축은행 등 제2금융권이 바짝 긴장하고 있다.

카카오뱅크의 강점은 무엇보다 대중 접점이 크다는 것이다. 카카오톡이 4,200만 사용자를 보유하고 있기 때문이다. 또 카카오톡을 비롯해 각종 모바일앱을 운영하면서 쌓은 사용자환경(UI)이나 사용자경험(UX)에 대한 노하우도 강점이 될 것으로 보인다.

카카오뱅크는 계좌 개설시간을 약 7분으로 줄였다.

다른 은행보다 본인인증 절차나 가입단계를 간소화한 것이 특징이다. 그러면서 모바일 환경에서의 보안은 더욱 강화했다는 것이다. 카카오뱅크가 출범 초기 선보인 상품은 수시입출금식 ① 예금 ② 정기예금 ③ 적금 등 세 개다. 대출상품도 ① 신용대출 ② 소액대출 ③ 마이너스 통장 등 세 개다.

카카오뱅크가 내세우는 또 다른 장점은 스마트폰 기능을 극대화한 '60초 대출' 상품이다. 신용등급 1~8등급 성인이 스마트폰 인증만 거치면 최소 50만 원에서 최대 300만 원까지 대출받을 수 있다. 이 상품은 인증부터 대출까지 걸리는 시간이 1분이면 충분하다.

또 마이너스통장 대출 이자도 최저 2.85%대로 설정하는 등 타 은행(3~4%)보다 낮은 금리도 강점이다. 중금리 대출 서비스는 먼저 코리아크레딧뷰의 신용평가 데이터를 기반으로 서비스하고 있으며, 추후에는 카카오가 가진 다양한 서비스 이용 내역 등을 기반으로 한 빅데이터를 활용하고 있다. 추후 전세자금대출, 주택담보대출 등으로 상품군을 넓힌다는 방침이다.

이 밖에 체크카드와 해외 송금 서비스를 하나의 앱에서 지원한다. 수수료가 타행 대비 10분의 1 수준에 불과하다.

카카오뱅크가 이처럼 빠른 금융서비스를 제공할 수 있는 이유는 복잡한 중간과정을 최소화한 앱 구성 덕분이다. 모바일에서만 서비스를 이용할 수 있는 카카오뱅크는 앱 개발에 상당한 공을 들인 것으로 알려졌다. 카카오뱅크 앱은 디자인부터 일선 시중은행이나 케이뱅크와 다르다. 첫 화면은 카카오톡과 흡사하게 디자인했고 두 번째 잠금화면도 비밀번호나 공인인증서가 아닌 패턴 잠금으로 설정해 기존 금융사들과 차별화했다.

 읽을거리

성큼 다가온 인터넷전문은행 전성시대

인터넷전문은행 전성시대가 빨리 열릴까. 국내 첫 인터넷전문은행인 케이뱅크가 100여 일 만에 여수신 1조 원을 달성한 데 이어 27일 카카오뱅크가 출범을 앞두고 있다. 최근 부임한 최종구(61) 신임 금융위원장이 '은산분리 완화' 필요성을 언급하면서 제3호 인터넷전문은행 탄생 가능성도 점쳐지고 있다.

● 공격적 행보, 무서운 후발주자 카카오뱅크

두 번째 인터넷전문은행인 카카오뱅크는 27일 서울 서초구 세빛섬에서 출범식을 열고 정식 출범한다. 카카오뱅크는 한도 1억 원이 넘는 신용대출 상품을 내놓을 예정이어서 벌써부터 주목을 받고 있다. 경쟁사인 케이뱅크를 비롯해 대부분의 시중은행 모바일 전용 신용대출 한도가 1억 원인 것을 고려하면 업계 최고 수준이다. 대출금리도 시중은행보다 낮고 케이뱅크와 비슷한 수준으로 책정할 것으로 알려졌다.

수신상품은 상품 구성이나 금리 모두 케이뱅크와 비슷하다. 글로벌 네트워크를 보유한 해외은행과의 제휴를 통해 송금 수수료를 시중은행 대비 10분의 1 수준으로 낮췄다. 특히 '국민 메신저' 카카오톡과 연계할 수 있다는 점이 막강한 강점이다.

그런가 하면 11일 출범 100일을 넘은 케이뱅크도 기대 이상으로 빠른 성장세를 보이고 있다. 케이뱅크는 출범 100일 기준 고객 수 40여 만 명, 여신 6100억 원, 수신 6500억 원을 기록했다. 365일 24시간 계좌를 개설할 수 있고, 상대적으로 낮은 금리의 대출 등 인터넷전문은행의 장점을 금융 소비자에게 빠르게 인식시켰다는 평가를 듣고 있다.

● "제3의 인터넷전문은행 필요" 최종구 신임 금융위원장

물론 인터넷전문은행의 행보가 마냥 순탄한 것은 아니다. 케이뱅크의 경우 이미 초기자본금 2500억 원이 바닥을 보여 증자가 필요하다. 그런데 인터넷전문은행에 대한 은산분리 규제로 인해 케이뱅크 설립을 주도한 KT 등 정보기술(IT) 기업이 추가로 지분을 늘리거나 첨단기술을 접목시키기에는 제약이 많다.

현재 은행법에서는 산업자본은 은행 주식을 최대 10%(의결권 있는 주식은 4%) 이상 가질 수 없다. 재벌기업이 금융계열사를 사금고화하는 것을 막기 위해 만든 조항인데 금융환경이 급변하면서 업계의 발목을 잡는 족쇄가 되고 있다.

실제로 케이뱅크는 재원 마련을 위해 3000억 원 규모의 유상증자를 준비하는데 은행법 규정으로는 KT가 보유지분(8%)에 비례한 240억 원만 출자할 수 있다. 그동안 업계에서는 인터넷전문은행이 정착하기 위해 은산분리 규제를 완화해야 한다는 목소리가 높았다.

이런 상황에서 최종구 신임 금융위원장의 행보에 관심이 쏠리고 있다. 최종구 위원장은 국회 청문회에서 "인터넷전문은행이 금융산업 발전의 촉매제가 될 수 있다"며 "금융서비스 혁신을 가속화하고 인터넷전문은행 간에 경쟁을 촉진하려면 케이뱅크, 카카오뱅크에 이어 '제3의 플레이어' 진입이 필요하다"고 언급했다. 이 발언으로 볼 때 향후 국회를 설득해 은산분리 완화를 추진할 것으로 보인다는 게 금융업계 관측이다. 업계 관계자는 "IT기업이 인터넷전문은행 경영을 주도하도록 올해 은산분리를 완화하는 내용의 인터넷은행법 통과에 노력할 것으로 보인다"고 말했다.

출처 : 동아일보, 2017.07.24

참 고 문 헌

관세청(2015). 보도자료 : 해외직구, 2014년 또 다시 사상 최대 규모-구매 국가 및 품목은 더욱
　　　다양화. 2014.5.20.

국회입법조사처(2016). 인터넷전문은행 도입 현황과 개선과제. 현안보고서. 제300호.

권태구, 성낙일(2014). 대형유통업체의 시장진입과 소매업종별 사업체 수의 변화 : 실증분석.
　　　한국은행 경제연구원. 경제분석. 20(2).

김연미(2012). 벤처창업과 크라우드 펀딩(Crowdfunding). 정보법학. 16: 1-21.

대한상공회의소(2013). 해외직접구매 이용 실태조사. 2013.8.5.

디지털타임스(2014.7.4.). 외국인 직구 K몰24운영.

류한석(2014.5.15). 유통환경의 변화와 IoT쇼핑. 디지에코보고서.

박종현(2008). 모바일뱅킹 이용의도에 영향을 미치는 요인에 관한 통합적 관점의 연구. 세종
　　　대학교 대학원.

박한혁, 이동일(2015). 대형 유통점 영업규제에 대한 소비자 평가와 쇼핑행동수정. 유통연구.
　　　20(3): 23-42.

시장경영진흥원(2011). 대형마트 성장이 전통시장에 미치는 영향에 관한 연구보고서.

임은정, 정순희(2015). 소비자 입장에서의 SSM 규제 재조명-신문기사 및 소비자 심층면접의 네
　　　트워크텍스트 분석 · 비교. 소비문화연구. 18: 211-235.

장흥섭(2015). 소비자보호 및 이해를 위한 현대소비자론. 경북대학교출판부.

천창민(2016). 미국의 증권형 크라우드펀딩 규제와 시사점. 자본시장연구원.

최정환(2014). 크라우드 펀딩(crowdfunding)의 규제방안에 대한 연구. 고려대학교 대학원.

한국소비자원(2014). 보도자료 : 해외직구 30% 정도 싸다고 느끼나, 상당수는 불만 · 피해 경
　　　험. 2014.7.4.

환경부(2015.6). 환경마크제도와 환경마크제품.

Aguirregabiria, V., Mira, P., & Roman, H.(2007). An estimable dynamic model of entry, exit, and growth in oligopoly retail markets. The American economic review. 97(2): 449-454.

Boulding, K. E.(1966). The economics of the coming spaceship Earth, In : Environmental quality in a growing economy. Ed. Jarrett, H. Johns Hopkins Press.

Huffman, C., Ratneshwar, S., & Glen Mick, D.(2000). An integrative framework of consumer goals : Structure, goal determination processes and applications. The why of consumption. Routledge.

Yamamoto, Y.(2003). Global change in one second, Think the Earth Project.

한국환경산업기술원(http://el.keiti.re.kr/)

제3부

소비자단체, 기업, 정부의 컨슈머리즘

08 소비자단체의 컨슈머리즘

1. 소비자단체의 의의와 역할

1) 소비자단체의 의의

소비자단체는 전체 사회의 세 영역, 즉 정치사회(국가), 시민사회, 경제사회(시장) 가운데 시민사회 영역에 속한다. 여기서 시민사회란 물자를 소비하면서 민간차원의 사적 생활과 문화생활이 이루어지는 곳이며 소비생활의 장소라고 할 수 있다. 시민사회에는 가정이라는 생활공간, 가정 밖의 소비문화 생활의 공간, 그리고 각종의 자발적으로 결성된 크고 작은 모임, 단체, 조직, 기관 등 2차적 결사체들의 공간이 포함된다. 소비자 운동은 시장을 감시하여 소비자들의 권익을 보호하는 역할, 즉 제품 및 서비스의 품질, 가격, 유통, 광고, 판촉 등에서 소비자권익 침해 현상을 감시하고 감독하는 활동을 수행하는 것이다.

한편, 소비자단체는 활동 내용에 따라 조사연구단체, 정보단체, 서비스단체, 교육단체, 주권옹호단체, 행동단체 등이 있다. 이러한 활동을 통해 소비자를 보호하고, 소비자 권익을 증진시키고, 컨슈머리즘을 실현하는 것이 바로 소비자단체의 궁극적인 목적이라 할 수 있을 것이다. 컨슈머리즘을 달성하기 위해 소비자단체에서는 다음과 같이 세 개로 구분되는 하위목표를 가진다.

- 첫째, 소비자 교육이다. 교육을 통해 소비자의식과 역량을 고취시키고, 구매시기, 시장상황, 상품 품질, 가격, 할인판매 등에 대한 비판적 평가능력과 바람직하고 합리적인 소비자행동을 제고시킨다.
- 둘째, 소비자 스스로 기업의 부당행위 등으로부터 방어할 수 있도록 하는 것이다. 소비자가 특정 기업을 대상으로 보이콧 행동을 하는 경우, 소비자단체는 소비자권익에 영향을 줄 수 있는 방법으로 이를 지지한다. 더불어 소비자 권익과 관련된 특정 입법을 지지하거나 반대함으로써 소비자를 보호한다.

– 셋째, 기업의 사회적 책임을 완수하도록 하는 것이다. 기업으로 하여금 사회적 책임을 다하도록 하는 것을 의미하는 것으로, 책임있는 기업 활동을 통해 소비자문제를 줄이고자 함이다.

2) 소비자단체 및 소비자단체협의회의 역할

소비자단체는 민간 소비자정책 추진 주체로서 소비자들의 현실과 법·제도 사이의 간격을 메워주는 역할을 한다. 이러한 소비자단체의 업무는 「소비자기본법」에도 제시되고 있는데, 이는 1980년 「소비자보호법」에서 시작하여 현재에 이르기까지 약간의 수정을 제외하고는 그대로 유지되고 있다. 「소비자기본법」에서 제시하는 소비자단체의 업무는 다음과 같다.
– 국가 또는 지방자치단체에 대한 소비자보호시책에 관한 건의
– 물품 등의 규격·품질·안전성·환경성에 관한 시험·검사 및 가격 등을 포함한 거래조건이나 거래방법에 관한 조사·분석
– 소비자문제에 관한 조사연구
– 소비자의 교육 및 계몽
– 소비자의 불만 및 피해를 처리하기 위한 상담·정보제공 및 당사자 사이의 합의의 권고

이 중 거래조건이나 거래방법에 대한 조사분석과 소비자불만 처리 및 합의의 권고 업무를 수행함에 있어, 정식으로 등록된 소비자단체의 경우 일정한 인센티브를 부여받고 있다. 거래에 관한 조사분석을 위해, 등록소비자단체는 사업자에 대한 자료 및 정보제공요청권을 인정받기 때문이다. 더불어 등록 소비자단체는 소비자단체협의회에 의한 자율적 분쟁조정제도를 이용할 수 있는 등, 시험·검사 및 조사·분석, 피해구제 및 분쟁조정 업무를 비교적 수월하게 수행할 수 있다.

한편 소비자단체협의회란, 10개의 소비자단체와 255개의 지역단체가 결합하여 소비자 운동을 전개하는 조직이다. 현재 한국소비자단체협의회로 명명되는 협의회에는 다음과 같이 10개의 소비자단체가 회원단체로 활동하고 있다.

표 1 소비자단체의 목적과 활동내용

단체명	단체의 목적 및 활동내용 소개
녹색소비자연대	소비자의 권리를 보호하며 환경을 고려하는 소비생활을 함께 실천함으로써 생태환경을 보전하고 안전하고 인간다운 사회를 건설하는 데 이바지함을 목적으로 한다.
한국여성소비자연합	여성·사회·환경·소비자·민간단체로서 가정주부로 하여금 주부의 가치관을 정립시키고 숨겨진 자질과 능력을 향상시켜 건전하고 바람직한 가정을 유지, 발전시킬 수 있도록 하여 사회기능의 담당자로서 지역사회 발전과 국가발전에 이바지함을 목적으로 한다.
소비자 교육중앙회	주부의 사회성을 개발하고 봉사정신을 함양함으로써 가정과 지역사회의 복지향상에 기여하며, 민주시민으로서의 역할을 체득하고 실천함을 목적으로 한다.
한국소비자 교육원	생활의 모든 영역에서 소비자의 관심사를 찾아내고, 정보를 개발해 내고, 경험들을 지식으로 정리해 내는 통합 운영을 필요로 하는 산업사회의 정보화시대에, 삶의 질을 향상시키고, 합리적 소비생활을 안내하는 것을 목적으로 한다.
한국 YMCA전국연맹	예수 그리스도의 복음과 삶을 따라 함께 배우고, 훈련하며 역사적 책임의식과 생명에 대한 감성을 일구어 사랑과 정의와 평화의 실현을 위하여 일하며 민중의 복지향상과 민족의 통일 그리고 새 문화 창조에 이바지함으로써 이 땅에 하나님 나라가 이루어지게 하는 것을 목적으로 한다.
한국소비자연맹	21세기 정보시대에 새롭게 대두되는 소비자문제를 해결하고 소비자권리 향상을 위한 활동을 지속적으로 전개한다. 또한 소비자들에게는 소비자의 권리와 책임을 바탕으로 합리적이고 지혜로운 소비생활을 영위해 나가도록 소비자의식 제고를 위한 활동에 주력한다.
소비자공익네트워크	급속한 사회환경의 변화에 대처할 수 있는 과학적이고 합리적인 소비자의식 계발과 동시에 현장체험에 바탕을 둔 건전한 소비실천 확산에 중점을 둔다. 환경보전 실천운동의 일환으로 자원절약과 재활용을 생활화, 소비행태 연구 및 교육, 실천운동을 통한 환경보존과 안전한 먹거리 확보 등 생활 속의 현명한 소비자 양성에도 중점을 두며, 국내의 소비자관련 연구 및 정보제공 등을 통해 국제화시대에 능동적으로 대응하는 성숙한 소비자의식 계발과 시민활동을 계도한다.
소비자시민모임	소비자 주권을 확립하고 소비자 삶의 질을 향상시키는 데 기여하고자 1982년 11월 창립총회를 개최, 1983년 1월 20일 김동환 변호사를 초대회장으로 하여 발족된 이래 자발적, 비영리적, 비정치적 전문 소비자단체로서 20년간 꾸준히 소비자 운동을 전개해 왔다.
한국부인회	기술화·정보화·국제화의 발전에 발맞추어 여성의 자주성과 자립심을 고취시키며 잠재능력을 개발하여 정치·경제·교육·문화·가정복지 분야에서 정의사회와 양성평등을 이룩하며 합리적인 소비생활로 복지사회 실현에 기여함을 목적으로 한다.

단체명	단체의 목적 및 활동내용 소개
한국 YWCA연합회	젊은 여성들이 하나님을 창조와 역사의 주로 믿으며 인류는 하나님 안에서 한 형제자매임을 인정하고 예수그리스도의 가르치심을 자기 삶에 실천함으로써 정의, 평화, 창조질서의 보전이 이루어지는 세상을 건설함을 목적으로 한다.

한국소비자단체협의회와 소비자단체가 현재 수행하고 있는 주요 역할에 대해 간략히 살펴보기로 하자.

(1) 소비자상담과 피해 구제(Consumer Complaints Service) 총괄

10개의 회원 소비자단체의 소비자상담실 및 전국의 소비자상담실에서는 소비자가 부정불량상품이나 부당한 거래, 서비스 등으로 인해 피해를 입었을 때 이를 보상해 주고 개선을 위한 고발상담활동을 하고 있는데, 본 협의회에서는 전국의 소비자상담을 총괄하여 실생활에서 발생하는 소비자문제를 정리하고, 소비자에게 유용한 정보를 제공하며, 소비자를 위한 정책수립 및 시행을 위한 자료로 활용될 수 있도록 관리한다.

(2) 정보화 사업

인터넷시대의 도래로 소비자들이 다양한 정보의 홍수 속에서 소비자가 필요한 정보를 탐색하여 합리적이고 안전한 생활을 영위할 수 있도록 전국의 소비자상담실에서 접수되는 소비자고발상담을 데이터베이스로 구축하여 자료의 활용도를 높이고 있다.

(3) 소비자 운동 자원지도력, 실무지도력 강화(Education)

소비자단체협의회에서는 전국의 소비자 운동 실무자들을 대상으로 실무지도력 강화를 위하여 매년 실무자교육을 실시하고 있다. 또한 소비자 운동에 참여하는 자원지도력의 양성 및 강화를 위하여 자원지도자 및 자원봉사자 교육을 진행한다. 또한 각 회원단체에서는 소비자 의식을 계발하기 위해 전국의 소비자를 대상으로 교육을 실시하는데 그 내용은 경제동향, 소비자의 권리, 환경문제, 상품광고, 소비자관련 법률, 소비자 정보수집, 상품구매요령 등 일상생활에 꼭 필요한 소비지식 등이다.

(4) 월간 소비자 발간 및 홍보활동 (Information)

1978년 9월부터 소비생활의 정보를 모아『월간 소비자』를 발행한다. 상품테스트, 실태조사, 고발처리 등의 결과를 비롯한 각종 소비자 정보를 담은『소비자』는 소비자에게 생활정보를 주는 한편 소비자 주권의식을 높이는 역할을 한다. 여기에 나타난 소비자의 고발, 희망, 기대 등은 기업에 전달되어 품질, 서비스개선 등 소비자의 이익을 위한 방향으로 나아가도록 한다.『월간 소비자』는 일반소비자뿐만 아니라 전국의 대학교 도서관 및 초, 중, 고등학교에 배포되어 소비자 교육을 위한 교재 및 자료로 이용된다.

(5) 정책 연구 및 제안활동 (Relations with Government and Industry)

소비자관련 법률 및 제도를 만들기 위한 각종 정책연구와 정책제안활동을 한다.『소비자보호법』,『제조물책임법』,『약관규제법』,『전자상거래보호법』,『식품위생법』,『주택임대차보호법』,『방문판매 등에 관한 법률』등의 제정 및 개정에 소비자단체의 의견을 적극 반영하고 있으며 소비자의 의견을 최대한 수렴하여 정책 및 법률 제정에 반영하고자 세미나 및 공청회를 개최하고 있다.

(6) 물가조사 및 감시활동 (Monitoring) 총괄

소비자단체협의회에서는 전국에서 활동하는 372명의 물가감시원들과 함께 기초생활필수품 및 개인서비스요금에 대한 정기물가조사와 특별물가조사를 실시한다. 소비자의 가계에 미치는 영향이 큰 공공요금을 포함한 기초생필품 및 개인서비스 가격에 대해 전국에서 매월 2회의 정기적인 가격조사를 통해 지역의 가격형성과 물가변동 추이를 살펴보고 담합에 의한 가격인상 등을 견제하며, 지역주민들에게 자세한 가격정보를 공개하여 소비자의 알권리를 만족시키는 활동을 하고 있다.

또한 변화하는 소비환경에 따라 사회적·시기적으로 소비자들에게 민감한 부분에 대해 전국 36개 지역에서 특별물가조사를 실시하여 소비자들에게 유용한 가격정보를 제공하고 합리적인 소비생활을 위한 가이드라인을 제시한다.

(7) 캠페인 (Campaigns)

합리적인 소비문화 캠페인을 꾸준히 벌여 소비자의 물가불안심리로 인한 충동구매, 사재기 등을 억제하고 낭비적인 소비생활태도의 개선을 유도해 왔다. 각 회원 소비자단체별로 다양한 주제에 따라 캠페인을 전개하고 있으며 단체의 연대가 필요한 경우에는 회원 소비자단체들이 함께 캠페인을 전개하기도 한다.

(8) 국제 협력(International Relationships)

세계 각국의 소비자단체가 서로 정보를 교환하기 위해 정보를 제공하며 악질적 수출에 제재를 가하고 소비자 국제경찰기구를 설치하여 국제무역의 악성거래를 감시/감독하며 벌칙을 두고 있다.

국제소비자기구(CI, Consumer International)는 1960년 4월에 설립되어 이러한 목적으로 운영되는 민간소비자기구연합체로서 비정부(NGO)의 성격으로, 현재 100개 이상의 국가에서 200개 이상의 단체가 참여하고 있다. 우리나라에서도 한국소비자단체협의회, 한국소비자연맹, 소비자시민모임 단체가 가입되어 있으며 CI에서 개최하는 세미나, 워크숍, 회의 등에 단체들이 참여하고 있다. 또한 세계시장의 단일화에 따라 나타나는 여러 소비자문제의 해결 및 사전예방 등을 위하여 CI뿐 아니라 다양한 분야에서 국제 연대와 협력을 위해 노력하고 있다.

(9) 소비자단체소송제도

사업자로부터 집단적으로 피해를 입은 소비자들은 기본적으로 「민사소송법」에 따라 소송을 통해 손해를 배상받을 수 있다. 이러한 소송은 소비자 개인이 할 수 있지만 동일한 피해를 입은 소비자들이 함께 소송을 제기하고 싶다면, 다수의 피해자가 원고가 되어 소송을 진행하는 '공동소송'이나, 피해를 입은 소비자들이 대표자를 선정하고 그에게 자신의 권한을 위임하여 대표자가 소송을 진행하는 '선정당사자' 제도를 활용할 수 있다.

하지만 대부분의 소비자들은 현실적으로 소액의 피해를 입으며, 상호 간 결집력이 약하기 때문에 다수가 함께 모여 이를 진행하는 것이 매우 어려운 게 사실이다. 이러한 문제를 해소하기 위해 소비자단체소송제도가 2006년 「소비자보호법」 개정 당시 도입되어 2008년부터 시행되고 있다. 이에 소비자단체는, 소비자의 생명·신체 또는 재산에 대한 권익이 직접적으로 침해되고 그 침해가 계속될 경우 법원에 해당 침해행위의 금지·중지를 구하는 소송을 제기할 수 있게 되었다.

이처럼 소비자단체소송제도가 마련되어 있으나, 아직은 유명무실하다는 평가가 이어지고 있다. 소비자단체소송제도가 시행된 2008년 이후 2015년까지 사회적으로 물의를 일으킨 집단적 소비자 피해가 많았음에도 소비자단체소송은 1건만 진행되었다. 2016년에 들어서 2개의 이동통신사를 상대로 한 소비자단체소송이 법원의 허가를 받아 진행되고 있을 뿐이다. 이처럼 집단소송제도의 활용이 부진한 이유는 소비자단체가 엄격한 요건을 충족하여 소비자단체소송을 진행해도 해당 침해행위를 중지할 수 있을 뿐 소비자 구제에 궁극적인 도움을 줄 수 없기 때문인 것으로 해석되고 있다.

 읽을거리

"집단소송제 확대 도입? 징벌적 손배 없인 소용없어"

2005년 증권분야에 집단소송제가 도입된 지 12년 만에 첫 승소판결이 나왔다. 지난 7일 도이치은행이 서울고법에 항소취하서를 제출, 1심의 결과가 확정된 것이다. 이로 인해 2007년 8월 한국투자증권이 발행한 '부자아빠 ELS 제289회' 상품에 투자했다가 약 25%의 손실을 본 피해자 464명이 120억 원의 배상을 받게 됐다. 이번 사건을 계기로 집단소송제가 증권분야를 넘어 소비자, 공정거래, 환경, 노동 분야 등 유사 피해가 발생하는 집단에도 적용해야 한다는 목소리가 높아지고 있다.

특히 소비자단체들은 제2의 가습기 살균제 참사를 막기 위해서는 집단소송제가 반드시 도입돼야 한다고 주장하고 있다. 그러나 문제는 실효성이다. 집단소송제가 도입되더라도 지금과 같이 입증책임 문제나, 소액의 배상액으로는 있으나 마나 한 제도가 될 것이란 지적이다. 집단소송제 도입과 함께 징벌적 손해배상제도 도입, 입증책임 전환이 함께 이뤄져야 한다는 설명이다.

집단소송제도는 피해자가 다수인 민사사건에서 모든 피해자가 소송을 내지 않더라도 피해자의 대표들(대표 원고들)만 소송을 제기해 승소하면 다른 피해자들도 배상을 받을 수 있도록 한 소송 시스템이다. 미국에선 광범위한 분야에서 인정되고 있지만 한국에선 2005년부터 주가 조작 피해 등 증권분야에 한정해 도입됐다.

재계는 집단소송제가 확대되면 불필요한 소송 남발로 기업활동이 위축될 것이라는 주장을 수년째 되풀이하고 있다. 그러나 최근 소비자 피해가 단순히 재산상 손해를 넘어 신체와 생명까지도 위협하고 있는 실정이라 이 같은 주장은 힘을 잃어가고 있는 상황이다. 대표적으로 가습기 살균제 참사에서도 볼 수 있듯이 기업들은 사건 초기 책임을 부정하다가 정부가 실시한 동물실험 결과가 나오자 마지못해 일부 질환만 책임을 인정하고 있다.

또한 지난 5일에는 딸(사건 당시 4세)이 햄버거를 먹은 후 용혈성요독증후군(Hemolytic Uremic Syndrome ; HUS) 진단을 받아 신장기능의 90%를 잃었다며 피해 아동의 어머니가 한국맥도날드를 검찰에 고소하는 사건도 발생했다. 맥도날드 측 역시 사건의 심각성을 인지한다면서도 자사 시스템상 문제가 발생할 여지가 없다는 입장을 고수하고 있다.

이에 과거부터 소비자 피해 분야에 집단소송제 도입을 주장해 왔던 소비자단체들은 최근 직접 법안을 마련, 국회 발의를 앞두고 있다. 좌혜선(변호사) 소비자단체협의회 국장은 "오는 9월 전 발의를 목표로 협의회에서 관련법 개정안을 마련한 상태"라며 "현재 증권분야에서 적용되는 집단소송제와는 달리 원고적격을 개별 피해자가 아닌 소비자단체에게 주는 내용이 가장 두드러진 특징이다"라고 밝혔다.

좌혜선 국장은 "가습기 살균제 참사에서 볼 수 있듯이 소비자 피해가 발생할 경우 현행법상으로는 개별 피해자가 소송을 준비해야 하는데 그마저도 실제 제품 사용자가 맞는지, 또 제품 사용으로 인해 피해를 본 것이 맞는지, 제품 사용과 피해 사이에 인과관계가 있는지 등을 법원에서 따져야 하기 때문에 시간도 오래 걸리고 피해 보전을 받기가 쉽지 않은 상황"이라며 "결국 소비자들은 대부분 기업과의 싸움을 포기하게 되고, 이런 상황을 기업들이 이용해 피해 구제에 적극적으로 나서지 않은 상황이 반복되고 있다"고 지적했다.

이어 "한 명 한 명의 소비자는 무시할 수 있어도, 집단소송제가 도입된다면 기업 입장에서도 무시할 수 없기 때문에 실질적인 피해 구제는 물론 예방 차원에서도 집단소송제가 반드시 도입돼야 한다"고 강조했다. 다만 협의회 개정안에는 입증책임 전환과 관련한 내용은 담지 않았다. 이에 대해 좌혜선 국장은 "이번에 마련한 개정안은 특별법을 제정한 것이 아닌 말 그대로 기존에 있는 소비자기본법에 내용을 추가하는 개정법안"이라며 "소비자기본법이 소송법은 아니기 때문에 증명책임과 관련한 부분은 좀 더 논의를 거친 후 도입방법을 마련하자는 쪽으로 의견이 모아졌다"고 설명했다.

시민단체는 또 집단소송제가 소비자 피해분야에 도입되더라도 징벌적 손해배상제가 도입되지 않는 한 실효성을 기대할 수 없다고 입을 모은다. 승소를 하더라도 소송비용이 배상액보다 더 들기 때문이다. 또한 이같은 실비 보상만으로는 정신적 위자료 등 간접손해 등도 보전받지 못함은 물론이다.

경제정의실천시민연합(이하 경실련)은 지난 11일 성명을 통해 "현행법상으로는 기업입장에서 불법행위에 대한 행정적, 형사적 책임은 미비한데다 피해자 모두를 구제하지 않기 때문에 민사적 부담도 크지 않다"면서 "이처럼 '남는 장사'를 하기 때문에 기업의 집단적 피해 야기 문제가 끊이지 않는 것"이라고 목소리를 높였다. 그러면서 "또한 지금처럼 실비 배상만 받는 구조는 집단소송제가 도입되더라도 실효성을 거둘 수 없다"면서 "징벌적 손해배상제 도입과 함께 피해 입증책임을 기업에게 전환해야 한다"고 촉구했다.

징벌적 손해배상제도는 오랜 시간 찬반논쟁이 있었지만 지난 3월 우여곡절 끝에 제조물 책임법과 가맹사업법에 도입됐다. 제조물 책임법은 가습기 살균제 참사를 계기로, 가맹사업법은 프랜차이즈 업계의 '갑질'을 막기 위해 마련됐다. 그러나 아직까지 소비자 피해에는 길이 열려 있지 않다. 그나마 도입된 제조물 책임법과 가맹사업법도 입증책임 전환은 도입되지 않았다. 다만 제조물 책임법은 입증책임을 다소 완화시켰다. 현행법상으로는 피해자가 제조물의 결함과 손해의 내용, 결함과 손해 사이의 인과관계를 모두 입증해야 하나, 제품을 정상적으로 사용했음에도 손해가 발생했다는 점만 입증하면 제품에 결함이 있다고 추정하는 것이다.

김순복 한국여성소비자연합 사무처장은 "징벌적 손배제도가 일부 분야에는 도입됐지만 더욱 절실히 필요한 소비자 피해 분야에는 아직 도입되지 않고 있다"면서 "징벌적 손배제도가 도입되지 않는 한 집단소송제는 실효성이 없다. 또한 소비자는 기업보다 정보가 열악할 수밖에 없는데 입증책임을 기업에게 전환하지 않는 한 징벌적 손배 역시 효과를 기대하기 어렵다"고 지적했다.

아울러 집단소송제나 징벌적 손배제도가 사후적 피해 구제는 물론 예방적 규제로써도 역할을 할 수 있다는 게 시민단체의 주장이다. 경실련 소비자정의센터 관계자는 "현재 가습기 살균제 참사에서도 보듯이 유해물질이 안전한지 제대로 확인도 안 하고 상품을 만들어 판매를 해왔다"면서 "징벌적 손배는 이처럼 악의적이거나 고의적으로 피해를 입힌 기업에게 그에 상응하는 징벌적 제재를 가하는 제도인 만큼, 실제 도입이 될 시 기업들 스스로 더욱 조심하게 될 것"이라고 말했다.

그러면서 "집단소송제와 징벌적 손배제도는 문재인 대통령이 대선 후보 당시 공략한 사항이기도 하다"면서 "이는 그 두 가지가 동시에 시행돼야 소비자 피해를 줄일 수 있다고 판단했기 때문이다. 지금이라도 소비 전반에도 집단소송제와 징벌적 손배가 시행돼야 한다"고 덧붙였다.

한편 징벌적 손배가 도입된 제조물 책임법과 가맹사업법의 경우 제재 수준이 약하다는 주장도 나온다. 좌혜선 소비자단체협의회 국장은 "3배 정도의 손해배상은 징벌이라 말하기도 민망한 수준"이라며 "미국의 경우 9~10배 가량의 배상액을 물리고 있는 점을 감안하더라도 배상액을 강화할 필요성이 있다"고 말했다.

출처 : 비즈넷타임즈, 2017.07.14

2. 국제소비자기구

국제소비자기구(Consumers International ; CI)는 1960년 4월, 국제소비자연맹(International Organization of Consumers Union ; IOCU)에서 개칭한 민간 중심의 국제단체로 미국, 서유럽, 호주의 5개 소비자단체가 중심이 되어 소비자 문제에 대한 국제적인 정보교환을 담당하고 있다. 현재는 100개국 이상의 200개 회원조직을 모아 어디서나 소비자의 권리를 강화하고 옹호하는 데 힘쓰고 있다. 본사는 영국 런던에 있으며, 남미, 아시아 태평양, 중동 및 아프리카 지역 담당 임원이 있다. 우리나라는 10개 소비자단체로 이루어진 소비자단체협의회, 그리고 소비자단체인 소비자시민모임과 한국소비자연맹이 회원으로 가입되어 있으며, CI 공식 홈페이지(www.consumersinternational.org)에 다음의 그림과 같이 소개되어 있다.

출처 : CI 공식 홈페이지(http://www.consumersinternational.org)

국제소비자기구의 이사회와 위원회는 회원조직의 고위 간부들로 구성되어 있으며, 이사회는 4~5년마다 열리는 총회에서 표결을 실시한다. 이사회는 사무총장과 긴밀히 협력하여 전략적 문제에 관한 의사 결정을 지도하고 조직의 리더십을 지키기 위해 노력한다.

국제소비자기구는 회원조직과 서로 협력하여 다양하고 열정적인 파트너들과 함께 개별 회원들이 혼자서 성취할 수 없는 글로벌 시장의 변화를 이끌어내고 있다. 전 세계적으로, 국제소비자기구 회원국들은 소비자들과 소비자들의 삶을 개선하고 있으며 소비자들의 목소리를 높이고 국민의 삶을 극적으로 향상시키는 역할을 담당하고 있다.

한편 국제소비자기구는 회원조직의 자격요건을 다음과 같이 마련해 놓고 있다. 첫째, 특정 정치단체와 무관할 것 둘째, 비영리 조직일 것 셋째, 간행물에 광고 등을 싣지 말 것 넷째, 소비자기구가 제공하는 소비자정보 및 조언에 대해 기업의 영리적 이용을 방지할 것, 그리고 다섯째, 활동 및 발언이 자신들이 받는 보조금과 무관할 것 등이다.

국제소비자기구의 주요 활동목표로 첫째, 소비자보호를 위한 국제협력 증진 둘째, 소비자문제에 관한 정보교환 셋째, 국제소비자단체에 대한 지원 넷째, 국제적 소비자 이익의 대변을 들 수 있다. 이러한 목표하에 이루어지고 있는 주요 활동을 살펴보면, 소비자문제해결에 관한 정기적 회의, 소비자문제에 대한 세미나 개최 및 결의안의 채택, 회원에 대한 자료제공, 그리고 정기간행물 발행 등이 있다. 더불어 회원단체에 대한 업무 협조와 지원, 소비자 운동의 확대, 그리고 국제적 차원의 소비자 이익 선언 및 보호를 활동목표로 설정한 바 있다. 특히, 국제소비자기구는 다국적 기업의 불안전하거나 부적절한 상품, 폐기물, 기술의 세계적 지배 등에 대한 소비자 피해를 국제적으로 알리고 그에 대한 조치를 강구하는 노력도 하고 있다.

현재까지 국제소비자기구가 얻은 가장 큰 성과는 다음과 같이 설명되고 있다.

첫째, 10년간의 캠페인 끝에 1985년 유엔이 채택한 소비자보호에 관한 지침(United Nations Guidelines for Consumer Protection ; UNGCP)을 얻어낸 것으로, 당시 4개 장 총 45개 조문으로 구성되어 있었다. 본 지침은 소비자 보호의 주요 원칙을 제시한 최초의 국제규범으로, 모든 국가의 소비자 특히 개발도상국의 소비자의 이익과 필요를 고려하여 제정함을 목적으로 하였으며, 지침(Guidelines)이기 때문에 강제력은 없으나 각국 정부의 소비자정책 및 법제의 방향을 제공하였다. 이에 지침마련 이후 수많은 국가들이 이 모델을 바탕으로 법을 채택하였으며, 우리나라에서도 1986년의 (구)「소비자보호법」개정과 2001년 (구)「소비자보호법」개정에 영향을 미쳤다. 더불어 당시 소비자의 정당한 요구로서 CI의 소비자권리 선언을 바탕으로, ① 건강과 안전, ② 경제적 이익의 촉진과 보호, ③ 정보의 입수, ④ 소비자 교육, ⑤ 구제제도, ⑥ 단체·조직을 결성할 자유 등 6가지 소비자권리를 규정하였다.

둘째, 1970년대와 80년대에 설립한 국제유아식품행동네트워크(International Baby Food Action Network ; IBFAN) 및 국제농약행동네트워크(Pesticides Action Network : PAN)는 소비자에게 긍정적인 결과를 가져왔습니다. 이 규정은 유아식 회사가 광범위한 마케팅 남용을 통제하기 위해 고안한 최초의 코드였고, 또한 독성 농약 및 비윤리적 마케팅 활동에 반대하여 수입국 정부의 동의 없이 금지되거나 제한된 살충제의 수출을 방지하였다. 또한 우리는 세계보건기구(WHO)의 모유 대체물에 관한 국제법(International Breast Milk Substitutes)의 채택을 얻었다.

셋째, 2001년 세계무역기구(WTO) 협상에서 시작하여 2015년 농산물수출보조금의 폐지에 기여하였다. 이러한 성과는 특히 개도국의 농산물 가격 변동을 안정화시키는 데 도움을 줌으로써 소비자들을 지원했다.

넷째, 국제 표준을 제정하고 기업과 정부가 소비자에게 더 나은 서비스를 제공하고 규제하도록 유도하기 위한 국제 기준(international benchmarks) 확립에 기여한다. 가장 최근에 언급된 분야로는 물과 위생시설, 중고품 및 사회적 책임이 있으며, 모바일 결제와 에너지 절약도 꼽을 수 있다. 또한 에너지 표준은 최초의 ISO규격에 의해 개시된 최초의 ISO표준이 있다.

다섯째, G20 정상회의에서 금융 소비자보호에 관한 국제 원칙을 개발하고 금융 소비자 보호를 위한 국제 네트워크인 FinCoNet(International Financial Consumer Protection Organisation)을 공식화하기 위하여 성공적인 캠페인을 벌였다. G20 정상회의에서 나타난 원칙들은 금융 서비스 제공자들과 국회의원들이 그들의 재정문제에서 소비자들을 보호하도록 돕는 데 성과를 냈다. 2017년 '3.15 세계 소비자권리의 날'에는 의장국인 독일연방 법무소비자보호부(BMJV), CI 및 VZBV(소비자단체연합)가 "소비자가 신뢰할 수 있는 디지털 세계 구축"을 주제로 G20 차원에서 최초의 소비자정상회담이 열렸으며, G20의 정부, 소비자, 사업자 등이 참석하였다. 이 자리에서는, 국경을 넘어선 거래 및 지능화된 혁신기술의 등장에 따라 소비자문제의 양상이 복잡·다양해지는 한편 세계시장 공통의 소비자 이슈가 대두하고 있음에 주목하면서, 디지털시대 차세대 소비자보호의 필요성에 대해 논의하였다. 글로벌 차원의 협력과 정보공유 및 교류를 통한 소비자권익증진을 위해 우리나라 또한 G20, OECD, UN 등 글로벌 소비자정책개발과 소비자권익 방안을 모색하는 거버넌스의 지속적인 참여 및 협력적 논의가 필요함을 시사하였다.

디지털 세계에 대한 소비자보호 및 권익증진을 위한 노력 외에도, 다음의 그림과 같이 CI 공식홈페이지에서는 다음과 같은 5개 소비자 운동을 중점적으로 진행하고 있음을 제시하고 있다. 글로벌시대에서 세계 여행객들의 소비자피해사례가 증가함에 따라 항공서비스상에서의 소비자보호, 그리고 소비자의 재산과 생명에 심각한 피해를 미칠 수 있는 자동차의 안전성에 대해서도 감시의 필요성을 높이며 소비자 운동을 진행하고 있다. 또한 McDonald's, KFC, Subway 등의 체인기업을 통해 먹거리에서의 항생제 무사용 운동을 진행하고 있고, UN에의 노력을 기울이고 있다. 이외에도 최근 전 세계 200여 개 소비자단체들과 함께 33년 동안 매년 3월 15일 국제연대활동을 펼쳐온 '세계소비자권리의 날'을 유엔(UN)의 공식적인 국제기념일로 인정해 줄 것을 제안하는 캠페인을 진행 중이다. UN에서 세계소비자권리의 날이 공식적으로 인정되면, 소비자 권리에 대한 사회적 인식을 높일 뿐 아니라 소비자 보호의 필요성을 강조하는 데 더 강력한 역할을 수행하며, 더 많은 시민사회단체, 정부, 기업, 언론에 소비자 권리를 알릴 수 있기 때문이다. 이미 여성권리, 아동권리, 환경문제 등의 유사한 이슈에 대해 UN이 국제기념일로 지정한 만큼, UN의 세계소비자권리의 날의 인정에 대해 각국의 CI 회원단체가 목소리를 높이고 있다.

출처: CI 공식 홈페이지(http://www.consumersinternational.org)

3. 소비자단체의 발전방향

1) 디지털시대에서의 소비자 운동

기존의 소비자 운동은 상품의 질, 가격, 공정한 거래 및 안전성에 초점을 둔 소비자 권익 보호 중점의 운동이었다. 그러나 스마트기기를 통해 언제 어디서든 온라인에 접속할 수 있어 소비자 개인과 개인이 초연결되는 오늘날의 디지털사회에서는, 소비자의 정보력을 바탕으로 소비자 스스로가 정보의 생산자이자, 제공자이자, 의견 선도자로서 인터넷을 기반으로 한 소비자 운동의 주체세력이 되었다. 인터넷을 통한 소비자 운동의 장점은 바로 시장의 주요 주체 간에 쌍방향 커뮤니케이션이 실시간으로 이루어질 수 있다는 점이다. 이러한 디지털시대에서의 소비자 운동의 특성을 살펴보면 다음과 같다.

(1) 소비자주도의 운동

인터넷을 통한 소비자와의 쌍방향 커뮤니케이션의 발달로 인해 소비자 간의 정보 교류가 활발하며, 소비자들의 폭넓은 의견을 다양하게 수렴할 수 있다. 소비자 여론 형성이 과거와 달리 매우 빠르게 이루어지고 있으며, 소비자 스스로의 주권을 지키고 권리를 증진시키기 위한 소비자 간의 정보공유도 실시간으로, 그리고 확장적으로 이루어지고 있는 것이다. 예컨대 오늘날의 소비자들은 시공간을 초월한 온라인의 공간에 수시로 접속하면서, 특정 상품이나 브랜드를 사용하는 소비자들끼리 커뮤니티를 형성하고 경험과 정보를 공유하여 더 나은 서비스의 개선과 함께 소비자 권익을 증진시키고 있다.

기존의 소비자 운동은 소비자의 적극적 참여가 결여된 채, 일부의 소비자단체 회원들이 주도하는 '소비자 없는 소비자 운동'이었다. 대부분의 소비자들은 단체활동에 관심을 기울이거나 적극 참여하지 않은 채 언론을 통해 활동내용을 듣거나, 일부 소비자 운동가의 노력 결과로 인해 혜택을 입는 무임승차자의 문제를 띠고 있었다. 그러나 디지털시대의 소비자 운동은 소비자 스스로가 소비자정보의 제공자이자 가공자라는 점에서 바로 '소비자 주체의 소비자 운동'으로 볼 수 있을 것이다.

(2) 전문성과 다양성을 살린 운동

기존의 소비자 운동은 운동주체에 의한 캠페인성 활동이 주류였다. 일부 단체 회원을 동원하여 소비자 의식개선을 위한 홍보활동이 대부분이었던 반면, 디지털시대의 소비자 운동은 온라인을 통해 자연스럽게 각 소비자들을 참여시킴으로써 전문성을 살린 새로운 소비자 운동의 장을 열었다. 예컨대 다양하고 복잡한 분야에 대한 소비자 전문 사이트들이 등장하면서 전문정보가 소비자들 사이에서 공유되고 이를 통해 문제를 인식하고 개선의 목소리를 내는 등 소비자 운동의 다양성과 전문성 측면에서 긍정적 효과가 나타나고 있다.

한편 상품과 서비스의 다양성, 복잡성이 증대되며, 시장이 빠른 속도로 변화하는 속도의 경제하에서, 낯선 유형의 소비자문제에 대한 소비자정보생산 및 순발력 있는 대응방식은 여전히 요구되고 있다.

(3) 네트워킹화하는 운동

국가 간의 시장 장벽이 무너짐에 따라 소비자문제는 초국가적으로 나타나는 보편성의 특성을 띠게 되었다. 이에 소비자 운동 또한 이제는 국가를 넘어, 세계적인 연대운동의 네트워킹이 필요하게 되었다. 국제소비자기구(Consumers International, CI)도 각국 수준에 맞는 정책개발 및 운동의 조언을 넘어, 이제는 전기주거 차원의 캠페인과 운동의 노력을 기울이고 있을 정도이다. 이처럼 소비자 운동의 국제화와 운동가들의 네트워킹화는 바로 통신수단의 발달에 기초하여, 디지털시대가 심화됨에 따라 소비자 운동의 세계화와 소비자단체의 국제적 연대는 더욱 증진될 것으로 예상되고 있다. 즉 인터넷을 통해 세계적인 연대운동의 네트워킹으로 시민단체의 세계화(civil globalization), 소비자의 지구촌화(consumer globalization)를 이루어야 하는 것이다.

2) 국내 소비자단체의 과업

소비자단체는 소비자보호와 소비자권익증진을 위해 소비자의 목소리를 대변하며,

궁극적으로는 컨슈머리즘(Consumerism)의 확대에 중추적 역할을 수행한다고 볼 수 있다. 더욱이 소비생활의 영역이 확장됨에 따라, 소비자단체의 역할이 모든 소비생활 관련 분야로 확대되고 있으며, 다루어야 할 소비자문제도 더욱 복잡·다양해지고 있다. 소비자단체들의 역할 및 기능이 더욱 중요해지고 있는 가운데, 향후 국내의 소비자단체가 해결해야 할 과제나 나아가야 할 방향은 다음과 같이 꼽을 수 있다.

(1) 시장의 감시-평가자로서의 전문적 역할

향후의 소비자단체는 시장의 감시-평가자로서의 역할이 무엇보다도 중요하며, 이를 위해 시장 조사-분석의 업무에 대한 전문성이 요구된다. 현대사회의 소비자문제는 고도로 다양화되고 전문화, 그리고 복잡화되고 있기에, 소비자 개인이 사업자에 대항하고 문제를 해결할 수 없는 영역이 증가하고 있다. 통신서비스, 금융거래, 온라인거래 등이 바로 그 대표적인 예라고 볼 수 있다. 이에 소비자단체가 소비자의 선택과 권리 실현에 도움이 되는 전문화된 정보를 제공해야 할 필요가 증대되고 있으며, 이러한 요구사항에 부응하기 위해 소비자단체의 전문성 확보가 크게 요구되는 것이다.

(2) 소비자권리실현의 조력자 역할

소비자단체는 상담기관 및 피해구제기관으로서의 역할을 수행해 왔으며, 피해구제가 이루어지지 않을 때에는 자율적 분쟁조정기관이나 소비자분쟁조정위원회에 소비자를 대리하여 분쟁조정을 신청하는 등 소비자 권리실현에 노력해 왔다. 앞으로 소비자단체는 상담기관으로서 그리고 피해구제기관으로서의 전문성을 확보하고, 분쟁조정의 모든 전 단계에서 소비자를 조력하는 중추적인 역할이 요구된다. 이를 위해서는 소비자중심적 사고뿐 아니라, 소비자의 어떠한 문제나 분쟁에 대해 조언할 수 있는 법적 소양과 전문성을 갖추어야 할 필요가 있다.

(3) 소비자단체의 집단소송제 및 징벌배상제 도입

불특정 다수의 피해자가 발생하는 소비생활의 영역에서 신속하고 공정한 피해구제와 사회적 비용 절감, 동일한 행위의 재발 방지 및 억지 효과, 국제 경쟁력 제고 등을 위해 소비자단체의 집단소송제도 도입 및 확대가 요구된다. 「집단소송법」의 제정은 동일 또는 유사한 피해가 발생하는 소비자분야 등 각 분야에서 다수 소비자피해의 신속한 구제는 물론이고, 사업자의 불법행위 방지 및 억지효과, 사회적 비용 절감효과, 그리고 국내 기업의 국제경쟁력 제고에도 긍정적인 영향을 미칠 것으로 기대된다.

단 이러한 집단소송제는 징벌배상제와 함께 도입되어 활용되어야 할 것이다. 고의 또는 중대한 과실에 의한 기업의 불법행위에 대해 사회적 책임을 보다 엄중히 묻고, 더 이상 불법행위가 반복되지 않도록 징벌배상의 책임을 지도록 해야 한다. 이를 통해 소비자 피해를 입은 당사자들에 대한 배상으로 가해자의 도덕적 해이를 방지하고, 특히 소비자의 생명이나 신체에 피해를 가한 경우에는 법적 상한을 두지 않는 징벌배상을 도입해야 할 것이다.

(4) 다양한 소비자활동의 수행주체로서의 역할

4차 산업혁명에 의해 소비생활의 영역과 소비자 역할이 확대된 가운데, 소비자단체는 1986년 「소비자보호법」 이래로 제시된 5가지의 주요 업무(① 국가 또는 지방자치단체에 대한 소비자보호시책에 관한 건의, ② 물품 등의 규격·품질·안전성·환경성에 관한 시험·검사 및 가격 등을 포함한 거래조건이나 거래방법에 관한 조사·분석, ③ 소비자문제에 관한 조사연구. ④ 소비자의 교육 및 계몽. ⑤ 소비자의 불만 및 피해를 처리하기 위한 상담·정보제공 및 당사자 사이의 합의의 권고) 외에도 다양한 활동을 수행할 수 있을 것이다. 소비자데이터 활용과 제공, 온라인 소비자 계몽활동, 소송수행, 활발한 국제협력 등 시대정신에 걸맞은 창의적인 활동영역의 확장을 기대할 수 있다.

(5) 유기적 협조체계 구축

2016년 가습기 살균제 피해사건 사례를 보면, 소비자 피해문제에 대한 발생 전 사전 감지부터 발생 후 피해처리까지의 일련의 과정에서 소비자행정 중추기관의 역할이 부재하였으며, 2014년 세월호 사건 역시, 안전 불감증이 초래한 대형 재난사고였음에도 관련 소비자 피해 예방이나 피해 처리 등에 소비자 중심적 접근이 부족하였다. 소비자 문제는 안전, 경제, 산업, 교육, 문화, 금융, 환경, 통신 등, 삶의 문제를 둘러싼 모든 분야에서 지속적으로 발생 가능하기 때문에 소비자문제를 해결하기 위해서는 각 부처와 기구 간에 유기적인 협조체계를 구축해야 할 필요가 있다. 소비자단체와 행정기관과의 상시적인 소통과 협력을 통해 소비자피해 보상, 제품안전, 물가안정 등 전반적인 사회·경제적 기조와 정책이 소비자 중심적으로 이루어질 수 있어야 할 것이다.

더불어 4차 산업혁명의 경제·사회 환경 변화 속에서 새롭게 나타나는 복잡하고 다양한 소비자문제에 효율적으로 대처하기 위하여, 정부 소비자정책기관과 민간 소비자보호기구, 그리고 국제소비자기구들 간의 유기적인 협조체계의 구축도 요구된다.

 # 기업의 컨슈머리즘

1. 기업의 컨슈머리즘

1) 기업과 사회

오늘날 기업들은 사회적 문제들에 대해서 관심을 가지게 되었다. 그 이유는 그간 별문제 없이 지나갔던 문제들에 대해 소비자들의 관심이 높아졌고 때로는 심한 반대를 보이기 때문이다. 현대사회에서 기업은 제도로서의 기관, 관리상의 경영기능, 그리고 경영인이라는 의미를 모두 함축한 개념이다. 사회는 구조적이고 기능적인 부분들의 전체 범위로서, 또 구성원의 전반적인 생활양식으로 기업의 환경을 구성하고 있다. 기업 환경으로서의 사회는 모든 구성요소들 간의 사회적 관계가 응집된 총체로서의 성격과 개별 구성요소의 단순한 집합체로서의 성격을 지닌다.

이처럼 사회가 갖는 두 가지 성격으로 인해 기업은 사회에 대해 환경 적응적 측면과 사회 책임적 측면이 있다. 환경 적응적 측면에서의 기업 목적은 환경과의 상호 공존을 위해 동태적으로 환경에 적응하고 적극적으로 환경을 창조해야 한다. 또한 사회 책임적 측면에서의 기업 활동은 환경에 피해를 주지 않고 수행되어야 할 뿐만 아니라, 강력한 사회적 영향력에 걸맞은 적극적인 책임감을 가지고 수행되어야 한다. 그러나 기업의 사회적 책임 수행에 소극적인 경영자들이 없지 않다.

한편, 기업의 사회적 책임이란 "기업 활동이 사회에 미치는 영향에 대해서 진지하게 고민하는 것"이라고 할 수 있다. 이러한 기업의 사회적 책임은 기업을 둘러싼 환경에서 시작된다. 사회를 구성하는 요소들과 다양한 이해집단들은 기업 활동에 대해 여러 가지 감시와 비판을 가하게 된다. 이러한 비판과 감시는 기업으로 하여금 그들을 둘러싼 환경에 대해 더 많은 관심을 가지고, 사회적 계약을 이행하도록 노력하게 만든다. 그 결과 기존의 소비자불만은 점점 줄어들고 기업에 대한 기대감은 더욱 높아지게 되어 사회가 더욱 바람직한 방향으로 가게 된다.

2) 기업과 컨슈머리즘

기업 간의 경쟁이 심화되고 소비자의식이 성숙될수록 기업은 컨슈머리즘을 간과할 수 없게 된다. 기업의 환경요소로서 컨슈머리즘이 사회적 현상으로서 일시적인 것인가 아니면 영구적인 것인가에 관해 많은 논란이 있어 왔지만, 대부분의 사람들이 컨슈머리즘이 보다 실질적이고 사회적으로 성숙할 것으로 보고 있다. 여기서 실질적이라는 의미는 컨슈머리즘이 실제로 기업 활동에 커다란 영향을 미친다는 것으로, 컨슈머리즘 활동과 기업 활동이 밀접한 관련성을 가진다는 의미이다.

또한 컨슈머리즘은 기업에게 수익을 가져다줄 수 있다. 기업의 컨슈머리즘 실천이 소비자나 기업가에게 다음과 같은 실질적인 이익을 제공할 수 있다고 한다.

첫째, 제품 정보의 증대를 들 수 있다. 풍부하고 참된 정보는 소비자들이 주어진 소득으로 보다 많은 재화를 얻거나 일정재화를 보다 적은 지출로 획득할 수 있도록 한다. 이는 제품 정보로 인해 소비자가 효율적인 구매활동을 수행할 수 있고 그 결과 더욱 많은 재화를 얻을 수 있게 된다는 것이다. 물론, 산업 전체적으로도 보다 많은 재화를 판매할 수 있게 된다.

둘째, 입법화이다. 컨슈머리즘은 시장점유율에 영향을 주는 광고 및 판매 촉진 등 촉진 비용을 제한하도록 하는 법률의 제정을 유도할 수 있다. 기업 간 과도한 촉진 경쟁은 제품의 본질적 성능 개선에 힘을 쏟기보다는 매출 신장에만 신경을 쓰도록 하여 기업의 장기적 경쟁력 향상에 도움이 되지 못할 수 있다. 대부분의 소비자들은 판매 촉진비가 총비용의 많은 부분을 차지하고 있으며, 판매 촉진비의 감축은 제품 가격을 인하시킬 수 있다고 믿고 있다.

셋째, 사회적 비용의 흡수를 들 수 있다. 컨슈머리즘은 환경오염 정화를 위한 정부 지출, 즉 사회적 비용의 감소를 초래할 수 있는데, 이는 결과적으로 소비자에게 낮은 세금과 개선된 환경을 제공한다. 이로써 소비자의 구매력 증가와 소비욕구 증가를 유발할 수 있다.

넷째, 만족 증대이다. 컨슈머리즘은 안전하지 않거나 건강에 유해한 제품을 감소시킴으로써 소비자를 보다 안전하게 하고 만족스럽게 할 것이다.

2. 기업의 사회적 책임

기업은 현대 자본주의의 경제체제하에서 경제성장의 주역을 담당해 왔다. 사회가 발전할수록 기업은 지속적으로 성장·발전해 나아갈 것이다. 이러한 상황에서 기업인의 역할은 기업의 유지와 발전을 위해 맡은바 소임을 다하는 것이며 더불어 산업의 발전, 경제의 안정 및 소비자 복지 향상에 대한 중요성을 지각하고 이를 수행하는 것이다.

기업의 사회적 책임(Corporate Social Responsibility ; CSR)이란 소비자, 종업원, 주주, 지역사회, 정부 등 기업을 둘러싼 이해관계자에 대해 지켜야 할 사회적·윤리적 측면에서의 책임을 의미한다. 이는 어떤 기업이 사회적 책임을 무시한 정책을 수립해서 전개할 경우, 반드시 그 기업에 대한 사회적 지탄과 함께 정책의 수정을 요구하는 압력이 나타나게 된다는 것을 의미하는 것이다.

캐롤(A. Carroll)은 사회적 책임을 바탕으로 기업의 사회적 책임에 대한 4단계 모형을 다음과 같이 제시하였다.

제1단계 경제적 책임은 비용을 최소화하고 수익을 최대화하여 이익을 만들어내는 것이다. 이러한 책임은 누군가의 강요에 의한 것이 아니므로 큰 문제는 아니라고 할 수 있다. 하지만 비용 절감을 위한 비인간적인 행동도 얼마든지 있을 수 있기 때문에 이러한 경제적 책임도 매우 신중하게 고려해야 한다.

제2단계 법적인 책임은 법을 준수하고 각종 정부 규제를 지키며 환경이나 소비자에 대한 규정을 지키는 것이다. 이는 기업경영이 공정한 규칙 속에서 이루어져야 하며, 사회가 법을 통해 만들어놓은 틀 속에서 게임을 해야 한다는 것이다. 따라서 기업은 소비자에게 사실에 근거한 정보를 제공해야 하고, 법률을 준수해야 할 것이다.

제3단계 윤리적 책임은 법적인 기준을 최소한으로 하고 그 이상의 의무를 다하는 것이다. 이는 비록 법적으로 성문화되지는 않았지만 기업이 사회의 기대·요구 조건을 충족시켜야 한다는 것이다. 또한 소비자, 근로자, 투자자들의 기대와 기준 및 가치에 합당한 행동을 해야 한다. 예를 들면, 대부분의 소비자는 시장에서 국산 참기름, 중국산 마늘, 무공해 콩나물 등을 구분할 수 있는 능력이 없다. 단지 상점 주인의 말을 믿고 상품을 구입할 수밖에 없다. 이것이 바로 기업의 윤리적 책임과 관련되는 부분이라고 하겠다.

제4단계 박애주의적 책임은 자선단체에 대한 기부, 지역사회에 대한 기여, 지역사회 교육 등을 자발적으로 시행하는 것을 말한다. 즉 지역사회의 한 시민으로서 지역사회 구성원의 삶의 질을 높이기 위해 노력을 다하는 것이다. 박애주의적 책임은 기업들이 행하지 않는다고 해서 비윤리적이라는 비난을 받지는 않는다는 점에서 윤리적 책임과 다르다. [그림 1]은 기업의 사회적 책임에 대한 4단계 모형이다.

그림 1 **기업의 사회적 책임 피라미드**

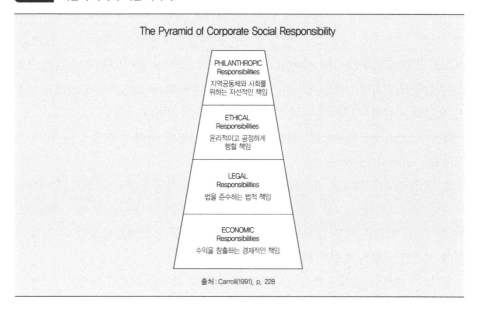

The Pyramid of Corporate Social Responsibility

PHILANTHROPIC
Responsibilities
지역공동체와 사회를
위하는 자선적 책임

ETHICAL
Responsibilities
윤리적이고 공정하게
행할 책임

LEGAL
Responsibilities
법을 준수하는 법적 책임

ECONOMIC
Responsibilities
수익을 창출하는 경제적인 책임

출처 : Carroll(1991), p. 228

기업의 사회적 책임의 개념은 시대의 흐름에 따라 지속적으로 변화하였고 다양하게 정의되어 왔다.

1990년대 이르러서는 이해관계자 이론(Stakeholder Theory), 기업 윤리(Corporate Citizenship) 등 다양한 관점에서 기업의 사회적 책임이 개념화되었다. 1999년에는 인권, 노동, 환경, 반부패 등 4가지 범주로 규정되었으며, 국제표준화기구(ISO)는 2010년 모든 조직의 사회적 책임에 대한 국제적 표준(ISO 26000)을 재정, 공표하는 등 글로벌화가 본격화되면서 기업의 사회적 책임 활동의 중요성이 더욱 크게 부각되었다.

그러나 이러한 활동에도 불구하고 기업은 여전히 비난의 대상이 되고 있다(Porter & Kramer, 2011). 특히, 한국의 경우에는 이의 문제가 더욱 심각하다. 2002년부터 2005년까지 기업당 사회공헌 지출액이 50억 원대였던 것에서 2011년에는 140억 7천만 원으로 2배 이상 급상승하였음에도 기업에 대한 국민들의 신뢰도는 점점 하락하고 있다. 그뿐 아니라 대부분의 국민들은 기업이 단지 이미지 개선을 위해서 사회적 책임을 이행하는 것으로 인식하고 있다.

이러한 점을 보완하고자 최근에는 기업의 사회공헌 패러다임이 단순한 기부에서 벗어나 지역사회와 연계하여 경제적, 사회적 가치를 확대하여 사회의 문제해결에 기여한다는 개념인 공유가치창출(Creating Shared Values ; CSV)로 확대되었다.

3. 공유가치창출

기업 경영활동의 목적이 수익 창출에서 사회적 책임으로, 이제는 이 둘의 개념이 융합된 공유가치창출로 확장되고 있다.

2011년 1월, 하버드대학의 마이클 포터 교수는 '전략적 CSR'의 아이디어를 더욱 발전시킨 CSV 개념을 '하버드 비즈니스 리뷰'에 발표하고 이제는 CSR 차원을 넘어 CSV로 나아가야 한다고 주장하였다. 그는 기존의 기업의 사회적 책임과 자선활동, 지속가능성에 대한 관념에서 벗어나 경제적 가치와 사회적 가치를 함께 달성하며, 기업의 목적이 단순 수익 추구에 그치지 않고 공유가치창출로 바뀌어야 한다고 주장하며, 공유가치창출을 통해 기업은 그들의 수익성을 높임과 동시에 공동체의 문

표 1 공유가치창출(CSV)과 사회적 책임(CSR)의 비교

구분	CSR	CSV
추구가치	선행(doing good)	투입비용보다 높은 사회, 경제적 편익
필요성	– 기업의 독자적 판단이나 정부, 시민단체 등의 외부 압박대응 – 평판관리 측면이 강하며 기업의 수익 추구와는 무관	– 수익 추구 및 기업 경쟁력 강화를 위한 필수요소로 인식 – 기업의 자원과 전문지식을 이용해 사회적, 경제적 가치 모두 추구
주요 사업 내용	시민적 책임, 자선활동 등	기업과 공동체가 함께 가치 창출
한계	CSR 예산규모에 따라 활동 폭 제한가능	CSV 활동에 대한 낮은 인식 수준
사례	공정무역	품질 및 생산량을 개선하는 조달 시스템 혁신

출처 : Porter & Krammer(2011), pp. 62–77

제도 해결할 수 있다고 말한다(Porter & Krammer, 2011).

공유가치창출(CSV)이란, 경제적 가치인 기업의 수익창출을 통해 사회가치를 창출하는 것으로 기업의 성공과 사회의 발전을 함께 조화시키는 것을 의미한다 (Porter & Kramer, 2011). 이는 기업의 자선, 사회공헌 활동으로 한정하는 것이 아니라 전체 경제, 사회적 가치의 총량을 확대시키는 것이다. 예를 들어, 천연 자원이나 에너지 고갈 등과 같은 사회문제가 기업의 비용을 상승시켜 새로운 기술이나 운영관리 방식의 개발 및 혁신의 동기를 높이고 이러한 비용 절감과 사회문제를 해결하려는 노력들이 모여 기업의 생산성 향상과 전체 시장을 확장시킨다.

CSV가 주목받게 된 이유는 크게 두 가지이다. 첫째는 경쟁과 수익창출만 강조되는 기존 자본주의의 문제를 극복하여 기업의 지속성장을 달성하기 위한 새로운 경영 패러다임이 요구되기 때문이며, 둘째는 단순한 기부 중심의 자선적 활동에서 나아가 기업경영성과로 이어질 수 있는 전략적인 CSR에 대한 요구가 높아지기 때문이다(나종연, 2014). 공유가치창출은 기업의 성공과 사회 및 주변 공동체의 번영이 밀접하게 연결되고 상호 의존적이라는 인식에 기반을 두어, 기업이 수익을 창출한 이후에 사회공헌활동을 하는 것이 아니라 기업 활동 자체가 사회적 가치를 창출하면서 동시에 경제적 수익을 추구하는 것을 의미한다(Bocktette & Stamp, 2011).

그림 2 　공유가치창출 개념도

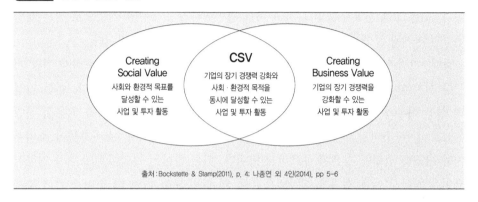

출처 : Bockstette & Stamp(2011), p. 4; 나종연 외 4인(2014), pp 5-6

　CSV는 기업의 사회적 책임(CSR)과 자선활동, 지속가능성에 대한 기존 관념에서 벗어나 기업의 성공을 사회적 발전과 연계함으로써 효율성을 획득하고, 시장을 확대하고, 타 기업과 차별화하고, 새로운 가치를 시장에 제공하는 새로운 방식의 자본주의이다(Porter & Kramer, 2011).

　CSV는 사회 발전과 경제적 이익 창출의 상관관계 여부를 파악하고 이를 확대하는 데 초점을 맞춘다. CSV는 윤리적인 개념이나 이윤추구만을 목적으로 하거나 기업이 이미 창출한 이익을 재분배를 통해 '함께 나누자'는 개념이 아니며, CSV는 경제적·사회적 가치를 확대하자는 개념이다. CSV의 목적은 '박애'나 '자선'이 아니며 사회적 가치를 창출하여 경쟁적이고 경제적인 가치를 창출하려는 자기 본위적인 전략이다(Porter& Kramer, 2011).

4. 기업 컨슈머리즘 전략 및 소비자 전담 기구

1) 기업 컨슈머리즘 전략 유형

　기업의 컨슈머리즘 전략은 크게 소비자의 요구를 감소시키는 전략, 기업조직에 의한 전략, 그리고 비영리기관과 협력하는 전략으로 구분할 수 있다.

첫째, 소비자 요구 감소 전략은 소비자의 요구사항을 감소시키려는 전략으로, 소비자 불만요인의 제거, 품질 향상 및 고객서비스 확대, 그리고 가격인하 등을 들 수 있다. 이는 고객의 욕구를 파악하고 이를 경영의사결정의 중요 기준으로 삼는 경영철학인 마케팅 콘셉트(marketing concept)와 다소 일치하는 것이다.

둘째, 기업조직에 의한 전략은 두 가지로 구분되는데, 그 하나는 소비자 전담 기구를 설치하여 소비자불만을 처리하고 소비자 교육을 실시하는 것이다. 이는 기업의 성공 여부가 소비자에게 달려 있다고 보고 소비자만족의 극대화를 최우선 경영목표로 삼는 소비자 지향적 경영의 일환이라고 할 수 있으며, 소비자들이 소비자 전담 기구를 신뢰할 경우에 유효한 전략이다. 다른 하나는 기업이 비소비자 지향적 요인을 찾아서 이를 제거하는 방법으로서, 이 방법 또한 기업 내 소비자 관련 부서에 접수된 불만사항을 토대로 시스템을 개선하거나, 내부감사 혹은 외부전문가의 자문을 이용할 수 있다.

셋째, 비영리기관과의 협력 전략은 기업이 자사의 여러 가지 자원이나 소비자 교육 프로그램을 협력기관에 제공하는 것으로, 소비자 운동가들과의 관계를 개선하고 광고비를 절약할 수 있다는 장점이 있다. 그러나 비영리기관과 기업이 각자의 이익을 위해 공모한다는 의혹을 받을 수 있으며, 또 양자 간의 견해가 다를 때에는 협력이 이루어지기가 어렵다는 단점이 있다.

위 전략들 가운데, 기업이 소비자 지향적 경영이념을 갖고 신뢰받는 소비자 전담 기구를 설치·운영하는 것이 가장 바람직한 컨슈머리즘 전략이라고 할 수 있다. 기업경영의 성패가 바로 소비자에게 달려 있기 때문에 기업은 소비자 전담 기구를 통한 '소비자의 목소리'에 귀 기울여야 한다. 그리고 기업은 소비자 이익에 봉사하는 것이 어떤 것이며 기업이 사회에 기여하는 것이 무엇인가를 분명히 할 필요가 있으며, 특히 소비자와 관련된 현안에 대한 기업의 성실한 자세를 나타내야 할 필요가 있다.

2) 컨슈머리즘 전략 단계

일반적으로 기업의 컨슈머리즘 전략은 정보 수집과 처리, 제조 및 판매 부문으로의 피드백, 그리고 경영정책으로의 피드백 등의 세 단계를 거치게 되는데, 이들 각 단계는 독립적이면서도 상호 관련성을 갖는다. 따라서 기업 컨슈머리즘의 효율화를 위해서는 이들 세 단계에 대한 시스템적 관리가 요구된다. 단계별 내용은 다음과 같다.

– 제1단계 : 정보 수집 및 처리

기업 환경의 변화는 기업경영에 많은 영향을 미치므로, 환경변화에 대한 정보의 수집 및 관리는 매우 중요하다. 특히, 소비자로부터 직접 획득한 정보는 그 유용성이 매우 크다고 할 수 있다. 그 이유는 다음과 같다.

첫째, 기업이 소비자정보를 소비자로부터 직접 획득할 수 있다면, 정보 수집에 드는 비용과 노력을 절감할 수 있다.

둘째, 지금까지 자신들이 인식하지 못했던 신제품 개발이나 품질 개선에 관한 자료를 얻을 수 있다.

셋째, 소비자들의 요구에 대한 적절한 대응을 통해 소비자피해를 사전에 방지하고, 아울러 소비자 신뢰를 증대시켜 궁극적으로는 고객 확보 및 유지에 기여한다. 따라서 기업은 소비자정보를 효율적으로 수집·처리하고 이를 경영정책에 전략적으로 피드백할 수 있는 시스템을 구축해야 할 것이며, 고객의 불만이나 요청을 단순히 귀찮다거나 자원 낭비로 여기지 말아야 할 것이다.

– 제2단계 : 제조 및 판매 부문으로의 피드백

소비자와 관련된 정보는 정보의 손실 없이 제조 및 판매 부문으로 흘러가 이들의 의사결정에 도움을 주어야 할 것이다. 즉 고객의 목소리에 근거한 제품 개선 및 품질 제고는 고객만족을 유도하는 효과적 수단이 될 것이다. 가령, 자동차 결함의 보고, 가전제품 사용상의 불편함, 제품 관련 정보의 요청, 판매 후 서비스 개선 요청 등은 기업이 미처 알지 못했던 여러 사실들을 알게 해주는 중요한 수단으로 제조공정의 개선을 유도하여 추가비용을 절감하게 하고, 판매의 효율성을 높일 수 있게 한다.

– 제3단계 : 경영정책으로의 피드백

소비자 지향성(consumer orientation)은 기업이 이윤 추구라는 목적을 달성하기 위해 반드시 이행해야 할 과제이다. 이를 위해 기업 환경 정보, 특히 소비자정보는 경영정책에 반드시 피드백되어야 한다. 제조 및 판매 부문으로의 피드백이 단기적이고 가시적인 효과를 위한 노력이라면, 경영정책으로의 피드백은 장기적이고 기업조직 전체에 해당되는 소비자 지향적 노력이라고 할 수 있다. 이러한 경영정책으로의 피드백은 마케팅 콘셉트로 설명될 수 있다.

3) 기업 소비자 프로그램

(1) 소비자 프로그램의 개발

컨슈머리즘의 중요성을 인식한 기업들이 소비자 프로그램(consumer program) 개발에 노력하고 있지만 프로그램의 실험적 성격으로 인해 많은 어려움을 겪는다. 기업에서 소비자 프로그램 개발 시에 고려해야 할 사항은 다음과 같다.

첫째, 소비자와의 대화, 품질·서비스·가치의 극대화, 선량한 기업정신의 함양 등에 관한 방침을 설정해야 한다. 소비자 프로그램의 성공 여부는 매출이나 이윤에 의해서가 아니라 장기적인 소비자 이익으로 평가되어야 하며, 또 소비자 프로그램이 소비자들에게 실질적으로 도움을 주는지, 유용한 정보를 제공하는지 등을 파악하기 위해 소비자를 대상으로 커뮤니케이션 실태 조사를 실시해야 한다. 사실 커뮤니케이션은 소비자 개개인은 물론, 정치인, 소비자단체, 관련 협회 등에 이르기까지 다양하고 광범위하게 이루어져야 한다. 당연히 소비자로부터의 제안과 정보를 매우 중요하게 인식해야 할 것이다.

둘째, 최고경영자는 소비자 프로그램에 관심을 갖고, 프로그램 담당자들을 소비자 정책 수립에 적극적으로 참여시켜야 한다. 특히 소비자들은 상품 정보 관련 시간이나 기술이 부족한데, 이 점을 소비자 프로그램 설계·운영자들이 유념해야 할 것이다.

셋째, 소비자 프로그램은 기만적이지 않아야 함은 물론, 단순히 우호적 공중관계 (PR) 유지나 대중적 지지를 얻기 위한 것이 아니라 어떤 철학이나 본질을 가져야 한다.

한편, 효율적인 소비자 프로그램이란 쾌적한 점포, 양질의 상품, 그리고 유능한 관리만을 의미하는 것은 아니다. 오늘날의 소비자는 기업의 소비자 관련 의사결정에 참여하거나 참여할 수 있을 것으로 기대하고 있다. 따라서 기업이 자사 소비자 프로그램의 실효성을 높이기 위해서는 프로그램 개발 및 운영에 소비자를 참여시켜야 할 것이다.

어쨌든 소비자 프로그램 개발에는 여러 가지 어려움이 따르는데, 무엇보다도 의사결정 과정에서 문제를 정의하고 분석하며 탐색하는 일이 어렵다. 일반적으로 소비자문제는 소비자불만이 표출되면서 일어난 결과이며, 문제의 근본적 정의 및 해결 없이 외면적 증상의 제거만으로는 문제가 해결되지 않는다. 이러한 사실이 고려된 소비자 프로그램이야말로 소비자문제를 근본적으로 해결할 수 있는 프로그램이라 하겠다. 그리고 프로그램 개발상의 다른 문제점으로 문제 탐색상의 어려움을 들수 있다. 어떠한 문제를 근본적으로 해결하기 위해서는 당연히 그 문제 자체를 탐색·식별하고 분석해야 하는데, 소비자문제는 그 자체가 동적이며, 또 많은 경우다른 문제들과 복합적으로 발생하므로, 그것을 정확히 탐색하는 것이 쉽지 않다는점이다. 더구나 많은 기업들은 문제를 예측, 탐색하는 정보시스템이 없기 때문에문제에 대한 정확한 탐색이 어려운 실정이다.

(2) 소비자 프로그램의 내용

기업은 소비자를 위한 다양한 프로그램을 개발·운영하고 있는데, 대표적인 것으로는 소비자 교육 및 정보제공 프로그램, 사후서비스 프로그램, 소비자 상담 프로그램 등이 있다.

① 소비자 교육 및 정보 제공 프로그램

소비자 입장에서 보면, 기업에 의한 소비자정보 제공이 소비자를 위한 순수한 정보 제공인지 아니면 판매를 위한 소비자 설득인지의 여부에 대하여 많은 논란이 있어 왔다. 기업의 소비자정보 제공과 소비자 설득은 개념상으로는 구별될 수 있지만, 실제로는 그 구별이 쉽지 않으며, 또한 기업의 소비자정보 제공은 직간접적으로 소비자의 상품 선택에 영향을 주는 것이 사실이다. 기업이 제공하는 소비자정보로는 첫째, 상품 자체에 대한 정보 둘째, 소비자의 상품 선택을 돕기 위한 각종 지식 셋째, 정보 제공에 대한 안내 등을 들 수 있다.

② 사후서비스 프로그램

오늘날 급속한 기술 개발은 경쟁사들이 좀 더 빠르고 쉽게 제품을 모방할 수 있도록 한다. 사실 기업의 경쟁우위는 제품에 의해서가 아니라 서비스에 의해 좌우되는경우가 많으며, 특히 소비자만족은 판매 후 제공되는 사후서비스의 질에 따라 크게영향을 받는다. 만족할 만한 사후서비스는 소비자문제를 해결하는 수단이 되며, 기업의 컨슈머리즘 실현을 위한 실천적인 도구가 된다. 그리고 기업은 컨슈머리즘의 실현을 위하여 소비자가 원하는 편익과 효용이 무엇인지 파악하고 단순한 판매자가 아닌, 제품과 서비스의 구매 조언자로서의 역할까지 수행함으로써 보다 적극적으로 소비자만족의 증대를 도모하고 이를 통한 기업 수익을 추구해야 한다. 국내 기업들이 시행하고 있는 사후서비스 제도를 정리하면, 〈표 2〉와 같다.

표 2 기업의 사후서비스

구분	내용
약속방문	사후서비스를 위해 가정을 방문할 경우, 편리한 시간을 약속하고 방문 직전에 전화로 확인하는 제도
사후서비스 후 확인	사후서비스 후 특정 시간 이내에 소비자에게 전화하여 확인하고 소비자의 불편사항을 찾아서 수리해 주는 제도
평생고객관리	소비자의 사후서비스 접수 시점부터 사후관리까지 전산처리를 통하여 업무의 효율성을 꾀하고 소비자의 이력을 장기적으로 관리하는 제도
고객 전담 사후서비스 요원 지정	소비자에게 전담 사후서비스 요원을 지정, 서비스하도록 하는 제도

출처 : 장흥섭(2012)

③ 소비자 상담 프로그램

우리나라 기업들이 소비자 상담을 본격적으로 시작하게 된 것은 1980년대부터이다. 기업 이미지 향상, 고객만족 경영의 중요 수단과 소비자정보 수집 등의 원천으로써 소비자 상담이 중요한 역할을 하고 있다. 이를 인식한 많은 기업들이 불평·불만 상담, 피해 구제, 의견 청취 등을 담당하는 소비자 전담 기구 내지 소비자 상담실을 운영하고 있다. 기업의 소비자 상담실 운영은 소비자 지향적 경영과 관련성이 매우 높다. 우리나라 기업들이 운영하는 소비자 상담실은 상담요원의 전문성과 친절함, 소비자의 이용 편의성, 그리고 소비자 의견 수렴의 적극성 등의 측면에서 개선할 부분이 많다. 여기서 우리나라 기업 소비자 상담실의 운영실태와 그 개선 방안을 알아보고자 한다.

첫째, 대부분의 기업들은 소비자 상담실에 소비자 관련 법률지식, 제품지식 등이 부족한 비전문 상담요원을 배치하고 있으며, 게다가 상담요원들은 잦은 부서 이동과 업무 가중 등으로 인해 전문적인 소비자 상담을 하지 못하고 있다. 따라서 무엇보다도 시급한 일은 상담 전문요원을 배치하여 소비자에게 보다 우수한 상담 서비스를 제공하는 일이라 하겠다. 소비자 관련 기관에서의 직원 연수 또는 소비자 상담사 자격증을 가진 소비자 관련 학과 출신자의 채용·배치를 통한 소비자 상담요원의 전문성 확보 및 기업의 소비자 상담실의 독립화를 통한 소비자 상담요원의 전임 담당제가 이루어질 때, 보다 고차원적인 소비자 서비스를 제공할 수 있을 것이다.

둘째, 소비자 상담실의 정보화 미비이다. 소비자 상담실의 효율적 운영을 위해서는 상담 접수, 소비자정보 수집, 정보 검색·분류, 데이터베이스화 등을 위한 시스템이 원활히 운영되어야 한다. 또한 온라인과 오프라인을 통합할 수 있는 시스템의 구축과 소비자들이 인터넷 홈페이지를 통해 보다 쉽게 정보를 검색할 수 있도록 해야 하며, 야간과 공휴일에도 상담할 수 있도록 소비자 상담실의 전일제 운영도 필요하다.

셋째, 소비자 상담 결과에 대한 피드백 부족을 들 수 있다. 즉 소비자불만 접수, 소비자 제안사항 및 상담의 결과에 대해 개인적으로 사후 확인해 주고, 또 그 처리 결과를 경영정책 수립에 적극적으로 반영하는 피드백 시스템의 운영이 필요하다. 피드백 시스템이 가져다주는 경영상의 현실적 이익으로는 소비자불만 대응체제 구축, 소비자정보의 사내 공유 및 이슈화, 최고경영진과의 직통 의사전달경로의 확보를 통한 경영에의 반영 등을 들 수 있다.

그러므로 기업은 소비자 상담 전문가를 양성하고, 이들을 신제품에 대한 소비자의 반응을 신속하게 분석하기 위한 소비자 모니터로 활용하고, 이들에게 신제품 개발에 대한 참여권을 부여하여, 기업 경영이 해당 부서에 핵심부서로서의 위상을 정립해 줄 필요가 있다.

4) 기업 소비자 전담 기구

(1) 기업 소비자 전담 기구의 기능

기업에서 소비자 전담 기구를 설치·운영하는 목적은 다양하지만 일반적으로 시장적 요인이 주된 목적이라 할 수 있다. 시장적 요인은 기업 이미지 향상, 경쟁 기업에의 대응, 판매 촉진 등을 가리키며, 이들의 상대적 중요성은 최고경영자나 소비자의 인식에 따라 다르다. 여기서 소비자 전담 기구의 일반적 기능을 살펴보면 다음과 같다.

첫째, 문제가 되는 기업의 관행을 파악·개선한다. 기업은 자사의 여러 가지 활동 중에서 소비자문제를 유발하는 관행을 파악하고 그 해결책을 강구하여야 한다. 소비자문제는 품질, 가격, 포장, 광고, 보증, 그리고 서비스 등의 측면에서 많이 발생되고 있다.

둘째, 소비자 및 소비자단체와의 커뮤니케이션을 원활하게 한다. 소비자가 기업의 컨슈머리즘 인식 정도를 높게 평가할 때 의사전달의 성과와 소비자만족도는 높아진다고 할 수 있다. 따라서 기업은 자사의 기업 정책을 부정하거나 거부하는 소비자 및 소비자단체와의 커뮤니케이션을 통해 이를 적절히 관리해야 한다.

셋째, 소비자 프로그램을 수립한다. 소비자 프로그램은 기업과 소비자 간의 커뮤니케이션 정도에 따라 그 효과가 결정되므로 최고경영자나 소비자 담당자는 소비자 불평·불만의 해소 등과 같은 소비자문제 해결책을 적극적으로 강구해야 한다. 그럼에도 불구하고 현실적으로 많은 기업들이 소비자문제를 소홀히 다루는 경우가 적지 않다. 현재의 시장구조를 이해하고 소비자 가치에 대한 중요성을 지각한다면, 소비자 프로그램 개발의 중요성 또한 최고경영자들이 깊이 인식해야 할 부분이다.

넷째, 마케팅 기회를 탐색하도록 한다. 기업이 효율적인 소비자 프로그램을 개발하고 이를 실시할 경우, 그렇지 않은 경우보다 내·외적 도전에 보다 쉽게 적응할 수 있음은 물론, 이를 기반으로 새로운 마케팅 기회를 확보할 수 있다.

(2) 기업 소비자 전담 기구의 요건

소비자 전담 기구를 기업조직의 어디에 두느냐 하는 문제는 동 기구의 운영에 많은 영향을 미친다. 기업들은 소비자 전담 기구를 홍보실이나 본사 각부와 동일한 위치에, 아니면 판매 부문이나 서비스 부문에, 그리고 제조·판매 부문의 제품 관리 부서하에 두고 있다. 또 그 기구의 취지는 기업의 여건, 규모, 업종에 따라 다르나, 무엇보다도 소비자에 대한 최고경영층의 인식이 크게 좌우한다고 할 수 있다. 즉 최고경영층이 소비자 문제를 얼마나 중요시하느냐가 그 기구의 배치, 활동 범위 및 성과를 결정한다고 하겠다.

소비자 전담 기구가 효율적으로 운영되기 위해서는 다음과 같은 요건이 충족되어야 한다. 첫째, 소비자불평이나 문제를 해결, 관리할 수 있는 권한이 주어져야 한다. 둘째, 구매자나 사용자의 제품만족도를 파악하고 불만요소를 탐색할 수 있는 데이터베이스 시스템을 갖추어야 한다. 셋째, 정책 수립 시 소비자를 대변·옹호해야 하며, 자사의 마케팅 프로그램에 대해 독자적으로 평가할 수 있어야 한다. 넷째, 고객의 눈높이에서 동 기구의 목표를 수립하고, 그 활동과 업적도 평가하여야 한다.

이 같은 요건들은 기업 컨슈머리즘 및 소비자 전담 기구의 성과를 결정짓는 주요한 요소라고 할 수 있다. 그러나 국내에서는 일부 기업을 제외하고는 소비자 전담 요원이 없으며, 또 대부분의 기업들이 정부에서 요구하는 최소한의 인원을 형식적으로 갖고 있을 뿐이다. 이는 소비자 의사가 기업의 제반 정책 결정에 충분히 반영되지 못하는 주요 이유이다.

5) 기업의 컨슈머리즘의 실천과 방향

(1) 기업소비자전문가협회

기업소비자전문가협회(Organization of Consumer Affairs Professionals in Business ; OCAP)는 기업 내 소비자 업무 담당자들이 전문적이고 자율적인 소비자보호 활동을 위하여 1984년 9월에 발족한 기업 자율적 단체이다.

기업의 발전방향과 소비자보호에 대해 각 분야의 전문가와 협업하고 있으며, 각 산업별 분과위원회를 통해 업계동향과 관련한 각종 정보를 공유하고 업종별 소비자 주요 이슈에 대한 공동대응 방안을 모색하고 있다. 또한 이업종과의 교류를 통해 새로운 발전방향을 만들어내고 있으며, 정부 및 민간단체와의 협력을 통해 소비자만족을 향상시키고 기업의 소비자만족부서의 위상을 제고하고 있다.

여기서 기업소비자전문가협회의 설립 목적에 대하여 알아보면 다음과 같다.

첫째, 소비자 전문가 양성을 통해 기업이 보다 능동적, 적극적으로 소비자업무를 처리하는 데 기반을 구축한다. 둘째, 기업 내 소비자 전문가들이 동업종이나 타 업종 간에 소비자문제에 관한 정보를 서로 교류할 수 있는 기회를 제공한다. 셋째, 소비자 문제에 대한 각종 제도나 시책, 외국의 사례에 대한 조사 및 연구 활동을 수행한다.

한편, 기업소비자전문협회의 주요 활동을 소개하면 다음과 같다.

첫째, 소비자문제의 실태를 조사하고, 최신 자료·정보를 수집, 제공한다. 이는 소비자 관련 실태 조사는 물론, 연구 자료와 최신 정보 등을 수집, 분석하여 제공함으로써 기업 소비자보호 활동 선진화에 기여하고자 하는 것이다. 예를 들어, 각종 소비자 현안 및 동향에 관한 정보 제공, 회원사 시설 견학 및 타 업종 교류회, 정기 회의 및 소비자만족 특강을 통한 교류와 실시간 정보 제공, 분과위원회 운영 및 분과별 사례 발표회를 통한 전문분야의 심층 정보 제공 등을 실시하고 있다.

둘째, 회원사의 소비자문제 책임자, 실무자 등을 대상으로 각종 세미나, 교육연수, 강연, 사례 발표 등을 통해 소비자 전문가 양성을 위해 노력한다. 구체적으로 보면, 소비자 문제 관련 세미나, 소비자 상담 실무 교육·연수, 소비자만족 특강, 대학생 소비자 상담 현장실습, 소비자전문상담사 교육 등을 실시하고 있다. 특히 소비자학 전공 대학생들에게 기업의 고객 상담 부서, CS 부서 등에서의 실습 기회를 제공함으로써 소비자학의 활용과 졸업생 진로 선정에 대한 정보를 제공하고 있다.

셋째, 기업정보 전시회 개최, 기업 및 소비자의식 고취를 위한 환경보호 캠페인, 홍보매체를 이용한 제품 정보의 제공 등을 통해 소비자의 알권리를 충족시키는 여러 가지 사업을 수행하고 있다.

넷째, 해외 선진 소비자 전문가(CAP)조직 및 소비자단체 등과의 교류를 통해 회원사의 경쟁력 제고를 도모하고, 소비자보호 업무의 책임자·실무자의 자질을 고양시키기 위해 노력한다. 예를 들어, World CAP 교류회, 미국 SOCAP 및 일본 ACAP 조직과의 교류회, 그리고 해외 우수기업의 고객만족 벤치마킹 연수를 하고 있다.

다섯째, 현재 OCAP에서는 각종 소비자문제와 관련된 정보나 소비자 관련 단체의 동향을 수록한 『기업소비자정보』를 매월 발간하고 있으며, 소비자문제 사례집, 소비자 관련 자료집, 해외자료 번역 등 각종 출판물을 제작, 발간하여 소비자 및 회원사에게 제공하고 있다.

여섯째, 소비자문제 관련 정보를 수집하고, 소비자정책 관련 법규·제도에 관한 개선 점을 찾아내 정부 관련 기관에 건의한다. 기업소비자전문가협회는 정부 및 지방자치단체의 소비자 관련 정책 수립에 기업 대표로서 참여하고 있다. 이러한 기업소비자전문가협회는 각 기업의 소비자 전담 기구가 기업 내에서 명실상부한 소비자문제 전문가로서의 역할을 할 수 있도록 그 위상을 정립하고, 기업이 소비자 지향적 체제로의 변화를 도모하고 있다. 또한 소비자 내지 소비자단체, 정부 및 기업 상호 간의 이해를 증진시키고 소비자문제 해결에 신뢰를 가질 수 있는 분위기를 조성한다.

5. 우리나라 기업 컨슈머리즘의 방향

마케팅 개념의 실천적 측면에서 볼 때, 기업과 소비자는 모두에게 이득이 되는 소비자주의 실현을 위해 함께 노력해야 한다. 우선, 경영자는 컨슈머리즘을 부정적으로 생각하거나 기만적으로 이용할 것이 아니라, 장기적 안목에서 보다 능동적, 효율적으로 실천해야 할 것이다. 기업 컨슈머리즘의 방향을 구체적으로 살펴보면, 다음과 같다.

① 소비자에 대한 이해 증진

컨슈머리즘의 출현으로 인해 소비자의 욕구, 태도 및 선호 등에 대한 기업의 관심이 증대되었고, 이로 인해 경영자가 컨슈머리즘을 효율적으로 관리하기 위해서는 무엇보다도 소비자에 대한 충분한 정보와 지식이 요구되고 있다. 이러한 지식이나 정보는 경영자나 마케팅 관리자가 소비자 이론 및 기법을 이해하고 과학적이고 체계적인 소비자 조사를 실시함으로써 얻을 수 있다.

② 부당 · 불법 행위의 자제

기업이 단기적 이윤을 추구하기 위해 소비자를 기만하는 것은 매우 근시안적인 행위로서 많은 소비자문제를 유발시키게 된다. 이러한 행위는 컨슈머리즘자의 표적이 될 뿐만 아니라, 정부나 관계 기관으로 하여금 자유로운 기업 행위에 대한 규제를 초래하게 된다. 따라서 기업은 소비자를 속이고 기만하는 등의 활동이나 부당 · 불법 행위를 자제해야 한다.

③ 소비자 전담 기구의 설치 · 운영

소비자문제를 효율적이고 전문적으로 해결하기 위한 기업 내 소비자 전담 기구 설치는 반드시 필요하다. 물론, 동 기구는 소비자문제 전문가로 구성되어야 하며,

최고경영자로부터 많은 관심과 지원을 받아야 한다. 또한 어느 정도의 독립성도 부여되어야 한다. 소비자 전담 기구는 무엇보다도 소비자의 요구와 불평에 귀를 기울이면서 기업과 소비자 간의 이익을 조정해 나감과 동시에 소비자문제와 관련된 의사결정, 특히 소비자 신용, 품질, 가격, 보증, 커뮤니케이션 등의 의사결정에 참여해야 한다.

또한 제품 정보를 개발·보급하고 소비자 교육 프로그램을 개발·실시하는 데 있어 관련 협회나 경쟁기업과 협력해 나가야 한다. 소비자 전담 기구는 여러 가지 소비자 관련 활동을 계획하고 실천하게 되는데, 이 과정에서 회사의 이익과 소비자 이익을 함께 고려하는 매개체로서의 역할을 잘 수행해야 할 것이다.

④ 관련 자금의 확보

마케팅 자원의 배분문제는 오랫동안 기업의 주요 과제가 되어 왔다. 마케팅 콘셉트를 기준으로 자원을 비교적 잘 배분한 기업일지라도 거의 단면적, 일시적으로 기업 활동을 관리하는 경향이 있다. 따라서 경영자는 기업 환경의 변화에 따라 자사의 자원이나 노력을 보다 통합적이고도 장기적인 관점에서 배분해야만 한다.

오늘날 소비자 욕구에의 부응 여부가 기업의 존립을 결정하는 현실에서는 과거에 비해 보다 많은 자원을 소비자문제에 배분해야 할 것이다. 따라서 소비자를 위하고 소비자주의를 실천하는 데 필요한 예산을 충분히 배정해야 한다. 이러한 비용이 소비자가 구입하는 제품의 가격에 영향을 미칠 수 있다는 단점이 있음에도 불구하고, 소비자와의 관계를 개선하고 컨슈머리즘을 실천하기 위해서는 반드시 필요한 것이다.

⑤ 소비자 교육의 실시·확대

기업은 소비자의 구매 및 소비 활동에 관련된 여러 가지 내용을 교육하여야 한다. 이는 제품의 수가 급증하고, 그 복잡성이 증대되고 있는 시장상황에서 소비자들의 합리적 구매결정을 돕기 위해서 반드시 필요하기 때문이다. 기업의 소비자 교육은 소비자와의 커뮤니케이션 과정 및 활동으로서 소비자에게는 정보를 제공하고, 기업에게는 양호한 소비자 관계를 형성하도록 만들어준다. 따라서 소비자 교육은 소비자만족의 증진과 기업의 컨슈머리즘의 실천에 매우 중요한 활동이라고 할 수 있다.

⑥ 관련 조합 및 업계협회와의 협력

생산자조합 내지 업계협회는 회원기업에게 소비자에 대한 총체적이고 거시적인 정보를 제공할 수 있다. 그리고 개별 기업의 목표와 행동은 산업이나 생산자조합의 보다 높은 사회적 책임, 특히 컨슈머리즘의 실천에 기초를 두어야 하며, 개별 기업은 자사와 자사의 소비자 관계에만 집착하기보다는 보다 거시적이고 장기적인 입장에서 소비자문제를 해결할 필요가 있다. 이를 위해서는 개별 기업과 관련 협회 및 업계조직과의 협력이 요구된다.

⑦ 소비자 지향 경영체제 구축

전사적 입장에서 기업 컨슈머리즘을 효율적으로 실천하기 위해서는 경영시스템을 소비자 지향적으로 전환시켜야 한다. 이를 위해서는 소비자 상담창구나 소비자 간담회의 개최 등을 통하여 소비자의 의견을 수집해야 할 것이다. 오늘날 컨슈머리즘은 국내외적으로 확대·심화되고 있을 뿐만 아니라, 기업의 많은 이해집단들이 그것을 지원·조성하고 있다.

한편, 컨슈머리즘 운동의 활동 영역은 물론이고 그 개념의 범위 또한 점차 확대되고 있어, 기업으로서는 그 어느 때보다도 컨슈머리즘에 대한 관리를 등한시할 수 없는 것이 현실이다. 그리고 경영자는 사내적으로는 장·단기적인 소비자만족을 가져다줄 수 있는 신제품 개발에 주력하여야 하며, 사외적으로는 기업 환경관리의 일환인 소비자 관리를 더욱 철저히 하면서 보다 깊고 넓은 안목으로써 주어진 사회적 책임을 다해야 한다. 그러기 위해서 경영자는 무엇보다도 올바른 기업윤리의 정립을 통해 소비자를 존중하고, 소비자주의 운동에 적극적으로 동참해야 한다. 왜냐하면, 컨슈머리즘은 기업이 피할 수 없는 사회적 현상이며 산업사회의 발전과 더불어 더욱 확대·지속될 것이기 때문이다. 또한 컨슈머리즘은 기업에게 있어 유익한 것이고 기업 이윤을 장기적으로 확보할 수 있도록 해주는 것이기 때문이다.

⑧ 소비자 지향적 정보 제공

소비자정보는 상품 및 서비스를 선택·구매·사용하는 데 있어 재정적·심리적인 불확실성 및 위험을 감소시킬 수 있는 모든 수단으로 정의된다. 만일 소비자들이 이러한 정보를 충분히 갖지 못하면 개개인의 피해를 사후적으로 처리해야 하는 갈등적 상황이 발생한다. 또한 기업이 제공하는 정보가 소비자의 합리적인 선택에 도움을 준다기보다는 자사 상품의 판매 촉진에 기여한다는 비판을 받기도 한다. 여기서 기업이 소비자에게 올바른 소비자정보를 제공하는 경우 실천해야 할 몇 가지 사항을 소개하고자 한다.

첫째, 광고는 상품의 장점뿐만 아니라 소비자에게 도움이 되는 모든 사실정보가 포함되어야 한다. 그리고 신제품 소개나 상품 특성에 대한 정보를 알려주는 광고가 아닌, 기업 이미지 광고의 지나친 확산도 자제되어야 한다.

둘째, 영업사원이나 상담요원에 대한 제품 교육을 통해 소비자 상담 및 피해 발생 시 기업의 신속한 처리를 하도록 함은 물론, 상품 사용방법 등을 알려주어야 한다.

셋째, 언론매체와 협조하여 소비자정보를 지속적으로 제공하도록 노력해야 한다. 업계의 공통적인 소비자정보에 대해서 기업이 개별적으로 하기보다는 기업단체(OCAP, 대한상의, 전경련, 각종 전문단체 등)가 제공하는 것이 더욱 바람직할 것이다.

한국소비자원은 소비자 교육 정보 포털사이트 'e-Consumer Library'를 구축해 다양한 교육 콘텐츠를 제공하고 있다. 이곳에서는 어린이, 청소년, 노인, 다문화 가정 등 대상별로 맞춤 제작된 동영상, 전자책(e-book) 등 다양한 형태의 콘텐츠를 제공하고 있다. 소비자 분야의 교수, 교사, 대학생, 공무원 등 교육 담당자와 일반 소비자가 시·공간적 제약 없이 교육·정보 자료를 활용할 수 있다. 소비자의 합리적인 선택에 필요한 각종 정보를 종합적으로 제공하기 위해, 공정거래위원회와 한국소비자원이 주관·운영하는 소비자 정보 포털사이트는 www.smartconsumer. go.kr[1]을 통해 접속할 수 있다.

---

1) 공정거래위원회가 주관하고 한국소비자원이 운영하는 소비자 종합정보망으로, 정부 부처·공공기관·민간단체·지방자치단체와 연계하여 2012년 1월 11일부터 서비스를 개시하였다. 소비자의 참여로 합리적인 소비자정보를 제공하며 소비자의 권익 향상이 주목적이다. 주요 기능으로는 상품비교정보, 리콜정보 통합관리, 표시·광고 통합관리, 기관별 소비자정보 게시, 소비자상담·분쟁조정, 위해정보·위해제도 정비 등이 있다. 이에 따라 보건복지부·식품의약품안전처(전, 식품의약품안전청)·금융감독원·대법원 등 70여 개 기관, 100여 개의 웹사이트에서 각종 소비자정보를 종합하여 업종별·품목별로 분류하기 때문에, 검색기능을 통해 정보를 쉽게 이용할 수 있다. 또한 ▲비교정보 ▲소비자톡톡 ▲가격정보 ▲리콜정보 ▲안전/위해정보 ▲상담정보 등의 부문으로 구별해, 다양한 상품 및 서비스의 품질 정보를 총망라함으로써 소비자들의 요구를 적극 반영하도록 했다.

⑩ 정부의 컨슈머리즘

1. 정부의 컨슈머리즘과 소비자정책

1) 정부 컨슈머리즘의 의의와 배경

(1) 정부 컨슈머리즘의 의의

소비자(단체), 사업자(기업), 정부를 컨슈머리즘의 3대 주체라고 한다. 이들 중 정부는 소비자와 사업자 간의 이해관계를 조정하고 그들을 통제하는 중요한 위치에 있다. 따라서 정부는 소비자 운동의 확대 현상과 소비자문제의 심각성을 인식하고 시장에서의 소비자 지위를 향상시키는 방향으로 소비자정책을 수립, 전개하여야 한다.

물론, 진정한 소비자보호는 소비주체인 소비자, 생산주체인 기업, 그리고 이 두 집단의 조정자라 할 수 있는 정부가 함께 노력함으로써 이루어지는 것이다. 소비자는 상품 구입 및 소비의 주체이며 국민 경제에 있어서 최대의 집단이다. 따라서 정부는 소비자와 사업자의 거래관계에서 사업자의 부당한 시장 지배 현상을 개선하고 소비자의 지위를 사업자에 대한 종속적 위치에서 대등한 위치로 끌어올리는 역할을 담당해야 할 것이다.

또한 시장의 힘이나 여건이 소비자보호를 실행하는 데 적절하지 못할 경우, 이의 개선을 위해 정부가 개입하여야 한다. 즉 사업자와 소비자의 주장이나 이해관계가 대립될 때에는 이의 조정에 정부가 나서야 한다는 것이다. 물론, 정부는 중립적 입장에서 양자를 조정해야 하는데, 소비자의 힘이 사업자에 비해 약하기 때문에 이를 고려한 조정이 이루어져야 할 것이다. 즉 소비자행정의 역할은 소비자 지위의 향상을 통해 사업자와 소비자의 관계를 대등하게 하고 소비자들이 만족할 만한 물질적·문화적 생활을 영위할 수 있도록 하는 데 있다.

(2) 정부 컨슈머리즘의 배경

소비자행정은 소비자문제 해결을 위한 정부개입이라고 규정할 수 있는데, 이때 정부 개입의 역할은 두 가지 관점에서 볼 수 있다. 먼저, 소비자보호적 관점에서 보면, 사업자들은 이윤 극대화 동기에 의해 합리적으로 활동하는 데 반해 소비자는 그렇지 않은데, 바로 이 점에서 소비자가 정부에 의해 당연히 보호되어야 한다고 보는 것이다. 반면, 소비자 주권론적 관점은 소비자문제는 사업자와 소비자 사이에 존재하는 정보의 비대칭성으로 인해 발생되기 때문에, 소비자에게 충분한 정보가 주어지면 합리적 의사결정이 가능하다고 보는 입장이다. 이에 소비자문제를 해결하기 위한 정부 역할 중 하나는 사업자가 정보를 제공하도록 하는 것이라 하겠다.

기업의 소비자 지향적 경영목표 추구에 대응하여, 소비자는 적극적인 정보 탐색을 통한 합리적 구매의사결정을 해야 하며, 또 소비행위 과정에서 유발될 수 있는 위험에 대처하는 현명한 소비자가 되도록 노력해야 한다. 그러하지 못할 경우에는 시장에서 도태되는 기업이 있듯이 정보 탐색과 의사결정의 잘못으로 인해 소비자로서 피해를 입을 수 있다. 그리고 소비자문제를 해결하기 위한 소비자행정이 본질적·실천적으로 이루어지기 위해서는 무엇보다도 소비자 개개인의 자각이 전제되어야 한다. 만약 그렇지 않을 경우에는 소비자행정이 제대로 수행되지 않을 뿐 아니라 그 효과 또한 기대할 수 없을 것이다.

요컨대, 정부의 소비자행정은 사업자에 대한 강력한 규제를 하는 소비자보호적 관점과 소비자정보 제공을 통해 컨슈머리즘을 실천하는 소비자 주권적 관점을 조화시키는 차원에서 시행되어야 할 것으로 본다.

경제적 효용의 증가와 소비자권리 보호를 위해 소비자문제에 정부가 개입하게 되는데, 이를 구체적으로 살펴보면 다음과 같다.

첫째, 경제적 효용 면에서 살펴보면, 시장의 경제적 효용 증대는 사회자원의 효율적 이용과 사회복지 증진을 목적으로 하는데, 소비자문제는 이러한 시장기능이 효율적, 정상적으로 발휘되지 못함으로써 유발되는 문제이다.

따라서 소비자문제를 유발하는 소비자정보의 결핍과 왜곡, 비경쟁적 가격형성, 시장접근성의 부족, 독점적 시장구조 등의 현상이 나타날 때 정부가 시장 개입에 나서는 것은 당연한 일이라 하겠다. 물론, 상품이나 서비스가 공공상품으로서의 조건을 갖추지 못할 때에도 정부의 개입이 필요하다.

둘째, 소비자권리 형성 면에서 보면, 소비자들이 이익을 추구하려는 것과 사업자와 동등한 위치에 있도록 노력하는 것은 소비자의 중요한 권리이다. 그리고 소비자 내지 소비자단체가 정부에 대해 소비자 관련법의 제정과 관련 정책의 개발을 요구해 왔다. 그런데 소비자의 '사회적 권리'는 아직 충분하게 보장되지 못한 수준에 있으므로, 정부는 관련법 제정 및 정책 개발을 위해 지속적으로 노력해야 할 것이다.

2. 소비자정책의 성격

1) 소비자행정의 의의

오늘날 소비자문제는 사회적으로 큰 문제가 되고 있어 정부가 그의 해결에 개입하는 것은 당연하다. 즉 소비자문제는 모든 사람에게 보편적이고 광범위하게 확산되는 경향이 있기 때문에 정부가 나서서 해결해야 한다는 것이다. 소비자정책은 시장 경제에서 소비자 문제를 해결하기 위하여 정부가 법과 제도를 통하여 시장에 직간접적으로 개입하는 일련의 과정이다. 또한 소비자정책은 정부가 소비자보호를 위해 소비자문제에 개입하고 그와 관련된 정책을 결정하는 기본방침이라고 할 수 있다.

정부의 소비자정책 근간에는 사후적 피해 구제와 사전적 피해 예방이 있다. 즉 소비자정책의 목표는 사업자 간의 공정경쟁을 촉진시키며, 사전적으로 소비자의 합리적 행동을 유도하고 사후적으로는 소비자피해를 효율적으로 구제하여 소비자문제를 최소화시키는 데 있다. 이는 궁극적으로 소비생활의 만족을 통한 국민생활의 질 향상이라는 목표와 관련된다.

한편, 소비자정책은, 소비자 이익이 공공이익의 일부인 것처럼, 공공정책의 일부이고 개발정책의 하나이다. 이러한 소비자정책은 개인의 자유로운 소비생활을 보장할 뿐만 아니라 소비자보호를 통해 사회적으로 바람직한 도덕적 가치를 실현토록 한다는 특성을 갖는다. 따라서 소비자정책 입안자들은 먼저 소비자들이 만족할 수 있는 여건을 조성하고, 또 그들의 욕구를 충족시켜 줄 수 있는 수단을 마련해야 할 것이다.

소비자정책은 정부가 공정한 거래질서 유지와 소비자 안전 확보 등의 규제 정책 및 소비자 교육 · 정보 제공 · 피해 구제 정책 등의 지원 정책을 수행함으로써 구체화된다. 이 중 규제 정책은 기업의 본원적 경제활동을 제약할 수 있기 때문에 소비자보호를 위한 규제 정책만을 지향하는 데에는 문제가 있다. 다시 말해, 소비자정책은 사업자에 대한 규제 정책과 소비자에 대한 지원 정책을 함께 전개해야 한다는 것이다.

한편, 오늘날 정부 소비자정책 환경이 크게 변하고 있는데, 그 대표적 예로 경제 상황의 변화를 들 수 있다. 즉 세계경제의 통합화 현상에 따른 경쟁의 글로벌화 등에 영향을 받아 각국 정부에서는 정책의 최대 목표로 지속적 경제 성장 및 발전을 지적한다. 또 경제성장과 더불어 소비자의 기대수준 또한 매우 높아졌다. 이에 각국 정부는 정책 수립에 소득, 재화, 그리고 서비스의 공정한 분배에 초점을 두면서 경제성장의 부정적인 영향을 억제하는 정책들을 개발하기에 이르렀다.

다른 소비자정책 환경 변화로 소비자보호를 위한 규제 강화, 정부 역할에 대한 소비자 기대·관심의 변화를 들 수 있다. 사실, 과거에는 소비자정책이 정부의 관심 대상이 되지 못했고, 그 결과 관련 법규도 제정되지 않았다. 미국에서는 한때 시장 메커니즘 기능과 관련된 규제 법규의 부정적 측면이 산업의 성장을 저해한다는 주장이 있었으며, 유럽에서는 이 문제들을 해결하기 위한 수단으로서 법규가 전혀 고려되지 않았다. 그러나 오늘날에는 국가에 따라 다소 차이가 있으나 많은 정부에서 소비자문제 해결을 위해 많은 법규를 제정하고 있다.

마지막으로, 국제화의 진전이다. 다국적 기업의 출현과 국제 무역장벽의 철폐로 인해 기업으로서는 자사 제품을 구매하는 외국 소비자의 요구에 부응해야 함은 당연한 일이라 하겠다. 따라서 정부의 소비자정책 입안자들은 이러한 여건을 감안한 미래지향적 소비자정책을 개발해야 하고, 또 이에 부응하여 정부 소비자 조직도 정비해 나가야 할 것이다.

2) 소비자정책의 주체 및 영향자

소비자정책의 주체로 소비자정책을 직접 입안·결정·수행하는 정부를 들 수 있다. 여기서 정부는 중앙행정부처와 지방자치단체를 의미한다. 우리나라의 소비자 정책 관련 부서는 기획재정부와 기획재정부 산하의 소비자정책심의위원회, 그리고 개별 중앙행정부처와 지방자치단체들이다.

① 소비자정책의 주체

소비자정책을 수립·결정하거나 강화하는 것에 대한 일차적 책무는 정부에 있다. 소비자정책에는 정부의 많은 행정 부처들이 관련되어 있는데, 그들은 나름대로의 고유한 소비자정책을 수립해야 하지만, 소비자정책의 지향점에 있어서는 통합적인 방향이 있어야 한다. 그리고 소비자정책 주무부서의 장관은 이러한 정책분야에 영향을 미칠 수 있는 장치를 마련해야 한다. 즉 관련 정책분야의 활동을 관리하는 기구를 설치하고, 이를 통해 소비자정책의 전 국면을 종합적으로 조종하고 통제할 수 있어야 하며, 소비자정책 부처별로 책임과 역할이 분담되어야 할 것이다.

그런데 부문별 소비자정책을 통합하는 것은 어려운 문제이며, 특히, 각 부문의 이익이나 입장이 상반될 때에는 더욱 그렇다. 또 그것을 실행하는 과정에서 부정적 효과가 간과될 수도 있다. 왜냐하면, 어떤 정책적 결정으로 인해 소비자 개인의 이익이 오히려 집단의 이익보다 더 클 수 있다는 부정적 측면이 있을 수 있기 때문이다. 이의 해결을 위해서는 소비자정책기구를 구조적으로 개선할 필요가 있을 것이다.

② 소비자정책의 영향자

정부의 소비자정책에는 소비자(소비자단체), 교육기관, 사법기관, 소비자보호 공공기관, 언론, 그리고 사업자 등이 영향을 미친다. 따라서 이들은 소비자정책의 영향자라고 할 수 있으며, 정부는 소비자정책을 입안, 결정 및 집행하는 과정에서 공식적 또는 비공식적으로 그들의 의사를 반영하게 된다. 소비자 개개인은 시장에서 상품구매를 통해 소비자정책에 간접적으로 참여하고 있기 때문에 소비자정책의 영향자라 할 수 있다. 이는 소비자 주권이 유지되고 개방시장시스템(open market system)이 존속하는 한 당연한 귀결이라고 할 수 있다.

소비자단체는 정부의 소비자보호정책에 대해 건의할 의무가 있고, 정부의 정책수립 및 집행과정에서도 많은 영향력을 행사한다. 또한 소비자정책결정의 영향자로서의 교육기관은 매우 중요한 의미를 갖는다. 이는 오늘날 소비자 교육을 위한 학교 교육의 역할이 강조되고 있고, 필수적이고 기초적인 소비자 교육이 학교에서 이루어지기 때문이다.

사법기관은 소비자와 사업자 간의 분쟁을 최종적으로 판단해 주며, 판례를 통해서는 기존 법규정의 적용을 제시해 준다. 이를 사법기관의 소비자정책 결정·평가 기능이라 한다. 그리고 소비자 관련 공공기관도 상품의 시험·검사, 소비자피해 구제의 정책 집행 활동과 정책 건의를 통해 정부의 정책 형성에 영향을 주며, 언론 또한 소비자문제에 대한 여론 형성을 통하여 정부의 정책 결정 과정에 중요한 영향을 미친다. 이상에서 고찰한 소비자정책 영향자들은 공익을 목적으로 하는 데 반해, 기업들은 자신의 이윤 추구에 목적을 두고 있는데, 이 과정에서 소비자피해를 유발할 수 있다. 따라서 기업은 소비자피해 보상 기구를 설치·운영하여야 하며, 정부의 각종 법 규제를 준수해야 할 것이다.

③ 소비자정책 평가

정부는 소비자정책을 합리적으로 평가하고 그 평가 결과에 따라 필요한 경우, 소비자정책을 수정하여야 한다. 소비자정책의 평가와 수정을 위해 경제학 및 소비자행동 등의 이론에서 소비자정책 평가를 위한 시스템이 도출될 수 있다. 이는 경제학이론이 시장변화에 대한 기업의 반응을, 그리고 소비자행동 이론은 다양한 개별 소비자 반응에 대한 내용을 다루고 있기 때문이다. 물론, 특정 소비자정책의 편익과 비용을 비교·평가하는 데에는 소비자와 기업 양측의 반응과 법적인 제도 등이 고려되어야 한다.

한편, 정부의 개입 여부는 편익과 비용에 의하여 결정된다고 할 수 있다. 어떤 정보의 수정과 관련한 '편익의 최대화와 비용의 최소화'를 실현하는 데에는 동기부여력, 의사전달의 효율성, 원래적 보호라는 세 가지 원칙이 적용되어야 한다. 경영학자와 경제학자, 소비자 연구가, 법률가들의 공감을 얻을 수 있는 원칙이라면 더욱 가치 있을 것이다.

정부가 소비자정책을 평가·수정할 때 준거해야 할 원칙은 다음과 같다. 첫째, 소비자 선택을 확대하는 조치가 그것을 제한하는 조치보다 우선되어야 한다. 둘째, 제품 및 서비스 거래를 자유화하는 조치가 그것을 제한하는 조치보다 우선되어야 한다. 셋째, 구조적인 개선이 독립적 개선보다 우선되어야 한다. 넷째, 단순한 조치가 복잡한 조치보다 우선되어야 한다. 다섯째, 많은 집단들의 이익을 고려한 조치는 자기 규제를 필요로 하는 조치보다 우선적이어야 한다. 여섯째, 다양한 측면을 고려한 조치가 한 면만을 고려한 조치보다 우선적이어야 한다. 이 원칙들은 정부의 소비자정책결정에 주요한 기준이 되며, 다른 소비자 관련 기관들의 정책 결정 및 수정 시에도 확대 적용될 수 있을 것이다.

3. 우리나라 소비자행정의 현황과 방향

1) 중앙정부의 소비자행정 현황

우리나라 중앙정부의 소비자행정 운영체제는 공정거래위원회가 소비자보호정책을 총괄·조정하고 업무 특성에 따라 각 행정부처에서 각각의 소관업무를 수행하는 구조를 취하고 있다. 소비자보호 행정은 공정거래위원회 소비자정책과에서 그 업무를 총괄하고 있으며, 광역시, 시, 도, 군 등의 지방자치단체는 공정거래위원회와 기획재정부의 지휘·감독을 받아 자체 소비자보호과나 물가지도계, 공정거래계, 소비자보호계 등에서 소비자보호 업무를 맡고 있다.

한편, 소비자정책의 운영체제는 매년 초, 각 중앙행정부처별로 소비자정책을 수립하고, 공정거래위원회 소비자정책국에서는 각 중앙행정부처로부터 제출된 소비자정책을 종합하고, 이를 기초로 소비자정책을 수립하여 소비자정책위원회의 심의를 거쳐 최종적으로 확정하게 된다. 따라서 우리나라 소비자정책은 공정거래위원회의 소비자정책위원회에서 정책을 심의·의결하고, 각 행정부처별로 그 소관사항을 집행하고 있다. 요컨대, 소비자행정조직은 공정거래위원회에서 소비자 업무를 총괄하고 각 행정부처에서 소관업무를 수행하는 이중적 구조형태를 가진다.

우리나라는 1994년 각 중앙행정기관에서 추진하는 소비자정책을 조정·통합하기 위해 재정기획부에 소비자정책과를 설치하였다. 1980년대 중반부터 시작된 소비자정책 추진을 위한 국가 차원의 법령 및 기구의 정비가 어느 정도 완비되면서 1990년대에는 지방소비자행정이 소비자정책의 새로운 과제로 등장하였다. 이에 정부는 1995년 말「소비자기본법」을 개정하여 지방자치단체들이 소비자보호 조례를 제정하여 시행할 수 있도록 법적 근거를 마련하였다. 2008년 새 정부 출범과 함께 정부조직의 대대적 개편이 이루어지면서 소비자정책 기본계획 및 종합시행계획 수립, 소비자정책위원회 권한이 기획재정부에서 공정거래위원회로 이관되었다.

2017년 현재 공정거래위원회의 주요 기능은 다음과 같다.

첫째, 각종 진입장벽 및 영업활동을 제한하는 반경쟁적 규제를 개혁하고, 경쟁제한적 기업결합을 규율함으로써 경쟁적 시장환경을 조성한다.

둘째, 소비자에게 일방적으로 불합리한 약관조항을 시정하고, 소비자 선택에 꼭 필요한 중요정보를 공개함으로써 소비자 주권을 확립한다.

셋째, 대형업체들의 각종 불공정행위를 시정함으로써 중소하도급업체의 발전기반을 확보한다.

넷째, 대기업집단 계열사 간 상호출자, 채무보증 금지, 부당내부거래 억제제도 등을 운영함으로써 선단식 경영체제의 문제점을 시정한다.

(1) 중앙행정부처

개별 관련 행정부처는 소비자보호를 위한 각종 제도의 개발, 소관별 소비자보호정책의 수립 및 시행, 위해 방지, 물품 및 서비스의 기준설정 및 고시, 시험·검사 및 조사, 물품 표시기준의 설정, 광고의 기준 제정, 소비자정보의 제공, 소비자피해의 구제, 시험·검사시설의 설치 등을 수행하고 있다.

(2) 공정거래위원회

2008년 2월 「정부조직법」 개정에 따라 소비자정책 종합·조정 기능을 이관받은 공정거래위원회는 「소비자기본법」의 제·개정 및 운영 권한을 모두 갖게 됨으로써 우리나라 소비자정책을 총괄하는 기관이 되었다. 이는 경쟁정책과 소비자정책의 연계 추진을 통해 소비자후생을 극대화하고 시장경쟁을 촉진하여 기업 및 국가경쟁력을 제고하기 위한 것으로 보인다.

사실 소비자정책과 경제정책은 소비자후생 증대라는 공통의 목적을 가지고 있으며 상호 보완적으로 작용한다. 경쟁정책을 통해 시장경쟁이 촉진되면 기업이 품질 좋고 값싼 제품을 출시하기 때문에 소비자의 선택 폭이 넓어져 소비자권익이 증대된다. 또한 소비자정책을 통해 소비자들의 합리적 선택이 보장되면 기업의 경쟁을 촉진시켜 가격 인하, 품질 향상, 기술 개발 등이 촉진된다.

공정거래위원회가 소비자정책을 총괄함에 따라 이러한 선순환 관계에 따른 시너지 효과를 기대할 수 있게 되었고, 부처별 업무 중복을 극복할 수 있어, 보다 효율적인 정책 추진이 가능해졌다.

2) 한국소비자원

한국소비자원은 소비자의 권익을 증진하고 소비생활의 향상을 도모하며 국민경제의 발전에 이바지하기 위하여 국가에서 설립한 전문기관이다.

> 소비자기본법 제33조(설립)
> ① 소비자권익 증진시책의 효과적인 추진을 위하여 한국소비자원을 설립한다.

② 한국소비자원은 법인으로 한다.

③ 한국소비자원은 공정거래위원회의 승인을 얻어 필요한 곳에 그 지부를 설치할 수 있다.

④ 한국소비자원은 그 주된 사무소의 소재지에서 설립등기를 함으로써 성립한다.

제37조(유사명칭의 사용금지) 이 법에 따른 한국소비자원이 아닌 자는 한국소비자원 또는 이와 유사한 한국소비자보호원 등의 명칭을 사용하여서는 아니 된다.

제44조(준용) 한국소비자원에 관하여 이 법에 규정하지 아니한 사항에 관하여는 「민법」 중 재단법인에 관한 규정을 준용한다.

소비자의 권익을 증진하고, 소비생활의 향상을 도모하기 위하여 1987년에 발족한 공공기관(위탁집행형 준정부기관)으로, 발족 당시에는 한국소비자보호원이라는 이름을 썼으나 2007년 3월 한국소비자원으로 명칭을 변경했다.

한국소비자원의 주요 업무는 다음 각 호와 같다(「소비자기본법」 제35조 제1항).

① 소비자의 권익과 관련된 제도와 정책의 연구 및 건의

② 소비자의 권익증진을 위하여 필요한 경우 물품 등의 규격 · 품질 · 안전성 · 환경성에 관한 시험 · 검사 및 가격 등을 포함한 거래조건이나 거래방법에 대한 조사 · 분석

③ 소비자의 권익증진 · 안전 및 소비생활의 향상을 위한 정보의 수집 · 제공 및 국제협력

④ 소비자의 권익증진 · 안전 및 능력개발과 관련된 교육 · 홍보 및 방송사업

⑤ 소비자의 불만처리 및 피해구제

⑥ 소비자의 권익증진 및 소비생활의 합리화를 위한 종합적인 조사 · 연구

⑦ 국가 또는 지방자치단체가 소비자의 권익증진과 관련하여 의뢰한 조사 등의 업무

⑧ 그 밖에 소비자의 권익증진 및 안전에 관한 업무

(1) 정책연구

우리나라의 소비자정책을 효과적으로 추진하기 위해 소비자법령 정비, 소비자보호제도 개선, 소비자정책의 선진화 등 다양한 연구를 수행하고 있다. 또한 연구 결과를 토대로 관련 행정기관과 국회에 정책과 입법을 건의하는 한편 정책 결정의 참고자료로 활용하도록 기초자료를 제공하고 있다.

소비자문제의 원인과 양상을 규명하며 실태 조사 · 사례 분석 · 대안 평가 등 다양한 방법으로 도출한 개선방안을 관계 당국에 건의하며 필요시 행정당국이 바로 시행에 옮길 수 있도록 법령과 제도의 구체적인 시안을 마련한다.

그동안 「소비자기본법」(「소비자보호법」), 「제조물책임법」, 「약관규제법」, 「할부거래법」, 「방문판매법」, 「전자상거래소비자보호법」, 「소비자생활협동조합법」 등 우리나라의 주요 소비자법률의 제·개정 작업을 주도하였다.

향후에는 글로벌 시장의 개방 확대, 정보통신기술의 진보, 신기술의 출현 등 정책 환경의 변화에 따른 새로운 소비자문제에 적극 대응하기 위해 지속적으로 노력할 계획이다.

(2) 거래개선

한국소비자원은 소비생활과 관련된 상품과 서비스의 거래 전 과정에서 소비자중심의 시장을 형성하고 기업과 소비자가 함께 발전할 수 있는 건강한 소비시장 구현을 위하여 부당한 거래 관행과 제도를 개선하고 있다.

일반적인 상품 및 서비스로부터 금융·보험, 정보통신과 같은 전문서비스 분야를 비롯하여 전자상거래에 이르기까지 다양한 거래형태에 대한 부당성 조사와 허위·과장된 표시·광고·약관에 대한 시정활동, 왜곡된 유통구조의 개선을 위한 실태조사 및 개선안 마련을 통해 소비자 권익증진을 위한 정책 수립에 반영하고 있다.

기업 스스로 소비자 친화적인 시장 환경을 조성하도록 소비자중심경영(Consumer Centered Management ; CCM) 인증제도를 운영한다. 공정거래위원회가 인증하고 한국소비자원이 운영하는 CCM 인증제도는 기업이 수행하는 모든 활동을 소비자 관점에서, 소비자 중심으로 구성하고 관련 경영활동을 지속적으로 개선하고 있는지를 평가한다.

(3) 피해구제

제품을 구입하거나 서비스를 이용하는 소비생활 과정에서 불만이나 피해가 빈번히 발생한다. 한국소비자원은 의류·생활용품·자동차 등의 상품부터 여행·교육·문화 등 각종 서비스는 물론 금융·의료 등 전문분야까지 소비생활 전반에 걸쳐 발생하는 소비자 피해를 상담하고 그 피해를 구제하고 있다.

소비자 피해구제는 소비자분쟁해결기준(공정거래위원회 고시) 등 관련 법률과 시험검사 및 심의위원회·전문위원회 운영을 통해 피해의 원인을 규명하여 소비자—

사업자에게 객관적이고 공정하게 합의를 권고함으로써 신속히 분쟁을 해결하고 있다. 피해구제에서 당사자 간 합의가 이루어지지 않을 경우, 소비자분쟁조정위원회에 분쟁조정 신청을 할 수 있다.

민사 분쟁은 원칙적으로 소송을 통해 해결해야 한다. 그러나 재판에는 상당한 시간과 비용이 소요되고 절차가 복잡하기 때문에 피해금액이 크지 않은 소비자 피해 사건에는 적절치 않은 경우가 많다.

분쟁조정제도는 재판절차의 시간과 비용을 절약할 수 있는 소송대체적 분쟁해결 방법의 하나다.

소비자분쟁조정위원회는 소비자·사업자단체 대표, 법조계, 의료·자동차·금융 등 전문가 50인으로 구성되어 있으며 준사법적 기능을 수행한다. 소비자와 사업자로부터 증거와 관련 자료를 제출받아 시험검사, 전문위원회 의견 등을 참고하여 공정한 조정결정을 하게 된다.

양 분쟁 당사자가 조정결정을 수락할 경우 재판상 화해와 동일한 효력을 갖는다.

(4) 소비자안전

한국소비자원은 소비자 위해(危害)정보를 수집·분석·평가하고 위해 다발 품목에 대한 심층조사 및 제품 안전성 시험검사를 통하여 소비자 안전을 도모한다.

소비자 안전은 사업자가 제공하는 제품이나 시설물, 용역(서비스)의 결함으로 인해 발생하였거나 발생할 우려가 있는 신체 또는 재산상의 위해를 모두 포함한다.

지속적으로 증가하는 소비자 위해정보를 체계적으로 수집·관리하기 위하여 소비자위해감시시스템(Consumer Injury Surveillance System ; CISS)을 운영하고 있다. CISS는 위해정보제출기관인 전국의 병원 및 소방서와 1372 소비자 상담센터, 소비자 위해정보 신고 핫라인(080-900-3500) 등을 통해 위해정보를 수집하고 분석·평가하여 관련 조치를 취할 수 있도록 구축된 소비자 위해상황 상시감시 시스템이다.

소비자안전센터는 소비자의 안전을 확보하기 위한 업무를 수행하기 위해 「소비자기본법」에 의해 설치된 법적 기구로, CISS를 통해 수집·분석된 위해정보를 바탕으로 물품 등 안전성에 관한 사실 공표와 위해물품 제공 사업자에 대한 시정권고 권한을 갖고 있다. 이를 통해 관계 기관에 리콜 및 제도개선을 건의하고, 사업자에게 시정을 촉구하며, 소비자에게 안전정보를 제공하는 등 소비자 안전 확보를 위해 노력하고 있다.

(5) 시험검사

한국소비자원은 소비자의 일상생활과 밀접한 각종 상품의 품질 · 성능 · 안전성 등을 시험 · 검사하여 소비자에게 상품 정보를 신속하게 제공하고 업체의 품질 향상을 유도한다. 소비자 분쟁의 대상이 된 상품은 과학적 시험을 통해 인과관계를 규명함으로써 공정한 분쟁 처리의 근거를 제시한다.

한국소비자원은 상품 시험검사를 통해 제품의 기능 · 내구성과 같은 품질 정보와 더불어 소비자 관점에서 상품의 가치를 평가함으로써 소비자에게 합리적인 상품 선택정보를 제공하고, 관련 기업의 품질 경쟁력 향상에 기여하고 있다.

또한 관리의 사각지대에 있거나 새롭게 국내에 유입되는 상품, 생명공학 등 첨단 기술을 이용한 상품과 같이 새로운 소비자 문제를 야기할 수 있는 제품에 대한 시험검사기법과 평가방법의 연구 및 모니터링을 통해 관련법의 제 · 개정을 유도함으로써 소비자 안전 확보를 위한 제도마련에 기여하고 있다. 특히, 영 · 유아용 제품, 국민다소비 식품, 피해다발 제품 등에 대한 신속하고 정확한 안전성 시험과 평가를 통해 소비자 위해환경 개선에 앞장서고 있다.

한국소비자원은 현재 식품영양분석실, 위해세균분석실, 유해화학물질분석실, 기능성의류평가실, 제품안전평가실, 생활용품평가실, 소음음향특성평가실, 전자파특성평가실 등 약 40여 개의 시험실과 다양한 정밀시험기기를 갖추고 있다. 전문지식과 경험을 겸비한 직원들이 국가 · 지방자치단체, 소비자 · 소비자단체가 의뢰하는 시험을 객관적이고 공정한 절차와 기준에 따라 실시한다.

(6) 소비자 교육

한국소비자원은 소비자 피해 예방, 소비자행정, 기업체 소비자 업무, 소비자중심경영(Consumer Centered Management ; CCM) 인증 업무 등 다양한 주제로 학교 · 정부 · 기업 등을 대상으로 소비자 교육 및 연수를 실시하고 있다.

교사 · 학생을 대상으로 하는 교사 연수 · 소비자 교육 시범학교 · 견학 프로그램, 소비자행정 담당 공무원 교육, 소비자 상담 담당자 교육, 기업체 소비자 업무 담당자 교육, 소비자중심경영(CCM) 인증기업 교육 등이 있다. 또한 소비자 교육 전문기관으로서 다양한 소비자 교육 수요에 대응하기 위해 외부기관에서 요청 시 전문지식을 갖춘 강사를 파견하고 있다.

한국소비자원은 소비환경의 빠른 변화에 소비자들이 능동적으로 대처하고 학교, 민간단체, 공공기관 등 교육 수요가 있는 곳에서 활용할 수 있도록 분야별 · 계층별 소비자 교육 콘텐츠를 기본서, 동영상, PPT 등 다양한 형태로 제작해 보급한다.

(7) 소비자정보

한국소비자원은 소비자 법령 · 정책 자료, 각종 시험검사 · 조사 · 연구 보고서, 소비자 피해 사례 · 예방 정보, 소비자 선택 정보 등 각종 분야의 정보를 온 · 오프라인을 통해 제공한다.

한국연구재단 등재지인 『소비자문제연구』는 소비자 관련 법령 · 정책, 시장 · 조사, 안전 · 피해 등 소비생활환경 전반에 걸친 주제의 논문을 수록한다. 이외에도 각 부서에서 수행한 시험검사와 조사 · 연구 결과를 보고서로 발간한다. 1988년 1월에 창간한 월간 『소비자시대』는 현명한 소비생활에 도움을 주는 상품 · 서비스 정보, 피해 사례와 예방 정보 등을 담은 소비자 전문지이다. 이들 자료는 한국소비자원에서 PDF 등 전자파일로도 열람할 수 있다.

온라인 커뮤니케이션 환경이 발전함에 따라, 이메일링(소비자정보뉴스레터 · 소비자정책동향), SNS(블로그 · 트위터) 서비스 등 다양한 온라인 채널을 통해 신속하게 정보를 제공한다. 공정거래위원회가 구축하고 한국소비자원이 위탁 운영하는 '스마트컨슈머'는 소비자정보를 종합적으로 제공하는 포털사이트로서 소비자들의 합리적 선택에 도움이 되는 다양한 정보를 제공한다.

스마트컨슈머에서는 한국판 컨슈머리포트인 비교정보 콘텐츠 '비교공감'과 소비자가 직접 평가하고 정보를 공유하는 '소비자톡톡' 등 소비자가 구매에 참고할 수 있는 정보를 제공한다.

4. 소비자중심경영(CCM) 인증제도

소비자중심경영(Consumer Centered Management ; CCM, 이하 CCM) 인증제도는 기업이 상품 및 서비스를 기획하고 판매하는 모든 활동에서 소비자를 중심으로 생각하는지, 소비자를 위해 얼마나 노력하는지 공정거래위원회가 주관하고 한국소비자원이 운영하는 인증제도이다.

CCM의 기본 개념은 전사적으로 모든 임직원이 제품 및 서비스의 기획부터 개발 및 생산·판매에 이르기까지 소비자가 필요(Needs)로 하는 것과 원하는 것을 끊임없이 예측하고 탐구하여 제품과 서비스에 그 가치를 담아 소비자 만족도를 지속적으로 향상시킴으로써 궁극적으로 기업의 경쟁력을 제고하고, 소비자의 효용을 극대화시켜 나가는 경영활동이다. [그림 1]은 소비자중심경영의 기본개념을 설명하고 있다.

그림 1 **소비자중심경영(CCM)의 기본개념**

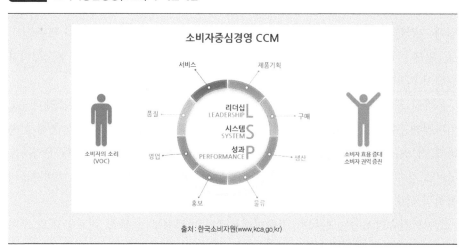

출처 : 한국소비자원(www.kca.go.kr)

1) 목적 및 필요성

기업의 소비자 지향적 경영문화 확산과 소비자 친화적인 시스템 구축·정비를 통한 대·내외 경쟁력 강화와 소비자 권익 증진 노력을 통한 소비자 후생 증대가 소비자중심경영의 목적이다. 기업은 다음과 같은 필요성에 따라 자율적으로 소비자중심경영의 시스템을 구축·운영하고 지속적으로 개선하며 실천해야 한다.

① 소비자 측면

소비자는 소비생활에서 안전이 확보되어야 하고, 위해로부터 적극적인 보호를 받을 수 있어야 한다. 인터넷과 모바일 환경의 발전으로 소비자는 다양하고 신속하게 많은 정보를 습득하고 있으며, 또한 주도적인 커뮤니티 활동과 합리적이고 똑똑한 소비를 추구하는 '스마트 컨슈머'가 증가하고 있다. 기업은 소비자중심경영을 통해 모든 소비자에게 최상의 제품과 서비스를 제공하도록 노력해야 한다.

② 사회 및 비즈니스 측면

- 기업의 경쟁력 강화

소비자중심경영은 수집·분석된 소비자의 소리(Voice Of Customer ; VOC)정보를 상품·서비스 품질 향상과 개선, 주요 경영자원으로 활용하여 소비자 관점에서 기업을 운영하는 것이다. 이러한 활동은 임직원의 소비자에 대한 이해도를 높이고 고객 지향성을 확보하여 소비자불만을 예방할 수 있다. 궁극적으로 CCM은 고객의 만족도를 높여 경영 효율을 극대화하고, 이러한 기업의 실천노력을 대외에 알림으로써 소비자에 대한 신뢰 제고와 이미지를 개선하여 기업의 가치를 높이고 경쟁력을 향상시킨다.

- 기업에 대한 사회적 기대

CCM은 기업 및 경영자의 부적절한 행위를 예방하기 위하여 윤리경영을 실천하도록 요구하고 있다. 더 나아가 기업의 사회적 책임을 강조하고 소비자를 포함한 이해관계자에 대한 배려와 진정성 있는 실천을 요구하고 있다.

이러한 사회적 기대에 충족하는 것은 기업의 지속가능경영을 위한 필수적 요소이다.

- 다른 회사와 경쟁

CCM은 제품과 서비스로 인한 소비자의 효용 증대를 요구하고 있다.

소비자로부터 선택을 받고 기업 간 경쟁에서 우위를 점할 수 있는 기회를 소비자

중심경영을 통해 실현한다.

2) 소비자중심경영(CCM) 인증기업 인센티브

심의를 거쳐 인증기업으로 선정되면 공정거래위원회는 해당기업에 CCM 인증을 부여하고 인증마크 사용 권한 및 관련 인센티브를 제공한다. 인증기업은 공정거래위원회 명의의 CCM 인증서와 함께 인증마크를 사업장에 게시하거나 홍보물, 광고 등에 사용하여 소비자에게 홍보할 수 있게 되며, 공정거래위원회에서 제공되는 인센티브의 적용을 받는다(공정거래위원회, 2015.12.24).

공정거래위원회가 제공하는 인센티브는 다음과 같다. 첫째, 공정거래위원회에 신고되는 「표시·광고의 공정화에 관한 법률」, 「방문판매 등에 관한 법률」 및 「전자상거래 등에서의 소비자보호에 관한 법률」 위반 사건 중 개별소비자피해사건에 대해 인증기업에 우선 통보하여 당사자의 자율처리를 유도하고 있다. 이에 대하여 소비자가 그 결과를 수락하는 경우 공정거래위원회는 별도로 조사 및 심사절차를 진행하지 않는다.

둘째, 인증기업이 「표시·광고의 공정화에 관한 법률」, 「방문판매 등에 관한 법률」, 「전자상거래 등에서의 소비자보호에 관한 법률」, 「약관의 규제에 관한 법률」, 「가맹사업거래의 공정화에 관한 법률」, '대규모소매점에 있어서의 특정불공정거래행위의 유형 및 기준 지정고시', '경품류 제공에 관한 불공정거래행위의 유형 및 기준 지정고시' 및 '신문업에 있어서의 불공정거래행위 및 시장지배적 지위남용 행위의 유형과 기준' 등 공정거래위원회가 운영하는 소비자 관련 법령의 위반으로 공표명령을 받은 경우에는 제재수준을 경감해 주고 있다.

셋째, 소비자의 날 포상기업으로 추천될 수 있는 자격을 가지게 된다. CCM인증기업에 대한 추천은 현장평가점수(20점 배점)·성과관리(20점 배점)·운영기간(20점 배점)·피해구제처리(10점 배점)·홍보/광고실적(10점 배점)·네트워크실적(20점 배점) 등 6개 항목(100점 만점)을 평가하여 선정하고 있다.

CCM 인증기업 임직원에 대한 추천은 직급 및 근무기간(50점 배점)·CCM 운영실적(30점 배점)·대외협력실적(20점) 등 3개 항목(100점 만점)을 평가하여 선정하고 있다.

마지막으로 인증기업에게는 인증마크 사용권이 부여되어 인증마크를 사업장에 게시하거나 홍보물, 광고 등에 사용이 가능하다.

이러한 인증기업으로서의 권한과 인센티브의 유효기간은 인증일로부터 2년이며, 2년이 경과한 이후에는 재평가를 통하여 지속적으로 인증을 갱신해야 한다. CCM 인증기업은 인증을 획득함과 동시에 CCM을 모범적으로 운영함으로써 소비자불만 이나 피해가 줄어들어 소비자 후생에 기여할 수 있도록 관리해야 할 의무를 함께 가지게 된다(공정거래위원회, 2011).

이러한 CCM 인증제도가 인증기업들만 이득을 얻는 것이 아니라 소비자 측면과 공공부문 측면에서도 기대효과를 가늠해 볼 수 있다. 우선 소비자는 상품 및 서비스 선택정보 제공 효과를 통해 인증기업과의 소비자문제 발생 시 CCM 운영체계에 따라 신속하고 합리적인 해결이 가능하다. 더불어 공공부문에서는 사후 분쟁 해결 및 시정조치에 필요한 비용 절감 효과도 기대해 볼 수 있다(김태영, 2013).

◎ 인증 및 운영기관
- 인증기관 : 공정거래위원회
- 운영기관 : 한국소비자원

◎ 인증기업 인센티브
- 공정거래위원회에 신고된 소비자피해 사건 자율처리 권한 부여
  공정거래위원회에 신고된 표시광고법, 방문판매법, 전자상거래소비자보호법 위반 사건 중 개별 소비자피해 사건을 인증기업에 우선 통보하여 당사자의 자율 처리 유도
  - 소비자가 결과를 수락하는 경우, 공정거래위원회의 별도 조사 및 심사절차 면제
- 법 위반 제재수준 경감
  - 인증기업이 표시광고법 등 공정거래위원회가 운영하는 소비자 관련 법령의 위반으로 공표 명령을 받은 경우 제재 수준 경감
  ※ 근거 규정 : 공정거래위원회로부터 시정명령을 받은 사실의 공표에 관한 운영 지침
  - 인증기업이 표시광고법 등 공정거래위원회가 운영하는 소비자 관련 법령의 위반으로 과징금을 받은 경우 해당 과징금 고시에서 규정하는 범위 내에서 과징금 경감
  ※ 근거 규정 : 표시광고 위반행위에 대한 과징금 부과기준, 전자상거래소비자보호법 위반 사업자에 대한 과징금 부과 기준 등
- 우수기업 포상
  - 인증기업 및 소속된 개인에 대한 포상

- 인증마크 사용 권한 부여
  - 인증기업에게 인증마크 사용 권한 부여
  - 인증기업은 인증마크를 사업장에 게시하거나 홍보물, 광고 등에 사용 가능

◎ 소비자중심경영(CCM) 인증마크 및 엠블렘

CCM 인증마크는 소비자(Consumer)와 기업(Company)이 단단하게 얽힌 모습으로 서로를 이해하고 신뢰하며 하나가 되어가는 과정을 형상화한 것이다. 오렌지색은 서로를 이해하고 만족하는 소비자중심경영의 감성적인 부분을 상징하고 블루와 그레이는 서로 신뢰하고 신속하고 명확하게 처리되는 소비자중심경영의 이성적인 부분을 상징한다. 인증마크는 주로 제품에 적용되며, 엠블렘은 인증마크의 권위를 상징하는 인증서 등의 아이템에 주로 사용된다.

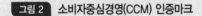 그림 2 소비자중심경영(CCM) 인증마크   그림 3 소비자중심경영(CCM) 엠블렘

3) 소비자중심경영(CCM) 인증제도의 평가 및 인증

(1) 운영방법

[그림 4]는 CCM 인증제도의 운영절차를 나타내는데 크게 '도입준비, 구축 및 운영, 평가·인증, 유지·개선'의 4단계로 이루어진다.

첫째, 도입준비 단계란 기업 내에 CCM 도입 추진위원회를 구성하고, CCM 인증제도를 도입하고 실천하겠다는 의지를 대내외적으로 표명하는 단계이다.

둘째, 구축 및 운영 단계는 CCM 체계에 맞도록 기업 내부 조직, 프로세스, 시스템을 점검하고 개선하는 단계이다. 이를 위하여 기업은 우선 소비자중심경영체계를 구축해야 하고, 이에 따라 시스템을 운영해야 한다. 소비자중심경영체계는 크게 '리더십·소비자중심경영체계·소비자 정보시스템·소비자불만관리 프로세스·성과관리'의 5가지 측면으로 구축·운영한다.

셋째, 평가 · 인증 단계이다. CCM 도입 · 운영 기업이 평가신청을 하면, 한국소비자원은 이에 대하여 평가를 실시하고, 그 결과에 따라 공정거래위원회는 인증을 하게 된다.

넷째, 유지 · 개선 단계란 CCM 인증을 받은 후에도 기업 스스로가 지속적으로 개선 노력을 하고, CCM 운영성과를 관리하는 것이다. 또한 운영기관인 한국소비자원은 인증기업의 모범적인 소비자중심경영을 위하여 정기교육을 실시하여야 하며, 인증기업은 신규평가를 받은 다음 해부터 연 1회 이상 반드시 정기교육에 참여하여야 한다. 인증을 받은 후, 2년이 지나면 인증기한이 만료되는데, 인증기한을 연장하고자 하는 기업은 인증기한이 만료되기 전에 재평가를 받아야 한다. 이때 인증기업이 정기교육에 참여하지 않을 경우 재평가 시 점수를 감점할 수 있다(소비자중심경영 인증제도 운영규정, 제24조 제3항 참조).

그림 4 **소비자중심경영(CCM) 인증절차**

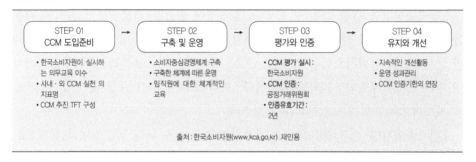

출처: 한국소비자원(www.kca.go.kr) 재인용

(2) 평가기준

CCM 인증을 획득하고자 하는 기업이 한국소비자원을 통하여 인증평가 신청을 하면 한국소비자원에서는 신청기업을 대상으로 3인의 평가위원들이 기업 현장에 방문하여 CCM 평가기준에 근거한 현장평가를 실시하고 그 결과 1,000점 만점에 800점 이상을 획득한 기업을 대상으로 인증심의위원회에서 최종 인증여부를 결정한다.

〈표 1〉은 CCM 인증 평가기준에 관한 내용으로 기업의 소비자중심경영을 위한 요소들로 구성되어 있으며 평가항목은 4개의 대분류와 10개의 중분류, 15개의 소분류로 나누어진다.

대분류를 기준으로 평가기준을 살펴보면 '리더십' 항목은 기업의 소비자중심경영을 위한 최고경영자의 리더십과 CCM 전략을 평가한다. 본 평가영역에서는 최고경영자의 CCM 의지가 어느정도인지 평가할 뿐 아니라 CCM 철학의 대내외 전파활동에 대해서도 평가하며, 최고 고객 책임자의 권한과 책임의 규정화 및 자격요건에 대해서도 세부적으로 확인한다. 아울러, CCM 전략의 개발에 있어 비전과 부합되는지와 CCM 전략목표 달성을 위한 장단기 계획을 지속적으로 관리하고 있는지를 살펴본다.

'소비자중심경영체계' 항목은 소비자중심경영을 위한 소비자 관련 조직에 대한 관리와 소비자중심경영 관련 자원에 대한 관리, 소비자중심경영 관련 교육에 대하여 평가한다. 소비자중심경영 실현을 위한 소비자 관련 조직이 조직 내에서 전략적 중요성이 강화되는 것은 매우 중요한 부분이다. 따라서 소비자 관련 조직의 목적과 역할에 관한 사항이 규정에 명시되어 있어야 하며 유관부서에 협조요청을 할 수 있는 권한이 제도적으로 보장되어 있어야 한다. 또한 기업의 내부 직원을 위한 소비자중심경영에 필요한 교육체계 수립 및 지원과 보상 프로그램이 마련되어야 한다.

소비자중심경영 관련 자원은 소비자중심경영에 필요한 인적 · 물적 자원의 수용을 파악하고 적정한 예산을 확보하고 투입되어야 한다. 또한 소비자중심경영을 위한 근무환경과 설비시스템을 갖추고, CCM 매뉴얼을 사내표준과 일치되게 작성하며 전사적으로 배포되었는지를 확인한다. 또한 소비자 관련 규정 및 법령 약관 등을 지속적으로 관리하고 있는지도 검토한다.

소비자중심경영 관련 교육은 소비자중심경영 실현을 위해 최고경영자를 포함한 임직원들에 대한 교육훈련 계획을 정기적으로 수립하고 시행하는지를 확인하며, 소비자 관련 분야의 전문성 제고를 위해 전문자격증 취득 지원프로그램 지원여부와 교육에 대한 교육생 만족도 자료 등의 축적을 분석한 보고서 등도 함께 점검한다.

'소비자중심경영운영'항목에서는 소비자 정보제공에 대한 다양한 시스템과 채널의 구축 및 모니터링 결과에 대한 피드백을 확인하고, 소비자정보의 전달채널 및 기업의 소비자응대를 위한 시스템과 소비자의 소리(Voice Of Customer ; VOC)운영체계에 대한 관리정도를 평가한다. 소비자불만관리에 대한 사전적인 예방 및 소비자불만 발생 이후에 소비자 응대에 대한 프로세스를 평가한다.

마지막으로 '성과관리' 항목에서는 소비자중심경영의 성과를 측정하는 성과목표 설정과 달성여부, 소비자중심경영을 통한 소비자 입장에서의 성과 등 소비자 효용의 증대된 실적, 소비자중심경영의 운영성과 등을 확인한다. 본 평가영역에서는 그 조직이 채택했던 소비자중심경영을 위한 모든 프로세스와 프로그램이 최종적으로 소비자만족 및 프로세스 개선 그리고 품질 및 성과향상에 실질적으로 작용했음을 보여주었는지 평가한다(한국소비자원, 2013).

표 1 소비자중심경영(CCM) 평가 및 배점기준(2016.8.18 개정)

대분류	중분류	소분류	신규평가		재평가	
			중소기업		중소기업	
1. 리더십	1.1. 최고경영자의 리더십	1.1.1. 최고경영자의 리더십	100	300	50	200
		1.1.2. 최고고객책임자의 권한과 책임	100		50	
	1.2. CCM 전략	1.2.1. 소비자중심경영 전략 개발·실행	50		50	
		1.2.2. 소비자중심경영의 공유	50		50	
2. CCM 체계	2.1. 조직관리	2.1.1. 소비자중심경영 관련 조직	50	300	50	200
	2.2. 자원관리	2.2.1. 소비자중심경영 관련 자원	50		50	
	2.3. 교육관리	2.3.1. 소비자중심경영 관련 교육	100		50	
	2.4. 문서관리	2.4.1. 소비자중심경영 관련 문서관리	100		50	
3. CCM 운영	3.1. 소비자 정보제공	3.1.1. 소비자정보제공	50	300	50	300
	3.2. VOC 운영	3.2.1. VOC 체계 및 활용	50		50	
	3.3. 소비자불만 관리	3.3.1. 소비자불만 사전예방	100		100	
		3.3.2 소비자불만 사후관리	100		100	
4. 성과 관리	4.1. CCM 성과관리	4.1.1. 소비자중심경영의 성과목표	100	100	100	300
		4.1.2. 소비자중심경영의 소비자 효용	–		100	
		4.1.3. 소비자중심경영 평가결과 환류	–		100	
계			1,000	1,000	1,000	1,000

출처 : 한국소비자원(2016), 소비자중심경영(CCM) 체계 구축 가이드

4) 소비자중심경영 평가 및 배점기준

인증제도의 평가기준은 신규평가는 소분류별 점수의 총점을 합한 점수를 적용하

며, 재평가 시에는 소분류별 점수의 총합계에서 정기교육 불참 횟수만큼 감점하여 총점을 산출한다. 인증기업의 경우 신규평가를 받은 다음 해부터 연 1회 이상 반드시 정기교육을 받아야 한다.

인증기업으로 선정되기 위해서는 다음의 조건을 충족해야 한다.

– CCM 인증제도 운영규정 제3조(인증대상)의 규정을 충족할 것
– 평가점수 산출방법에 의한 총점이 800점 이상일 것
– 평가기준의 대분류 항목별 배점의 80% 이상의 점수를 득할 것

5) 소비자중심경영 인증기업 현황

2007년 7월 1일 첫 CCM 인증기업을 배출하였고, 2017년 8월 현재 CCM 인증기업은 총 166개사이다. 166개사 중 대기업이 108개사로 65.1%이고 중소기업이 58개사로 34.9%이다.

[그림 5]는 CCM 인증을 획득한 기업의 추이를 나타낸 것으로, 2011년 인증기업의 수가 대폭 증가하였음을 알 수 있다. 이는 평가비용 등을 지원해 주는 '합동도입제'라는 특수한 지원을 통해 다수의 영세업체가 인증을 획득하였지만, 합동도입제도의 폐지로 인해 다수가 재인증을 포기함으로써 인증기업의 수가 2013년에 하락하였다. 또한 중소기업보다는 대기업에서 CCM 인증에 적극적으로 반응하며 꾸준히 증가추세를 보인다.

그림 5 소비자중심경영(CCM) 인증기업 추이

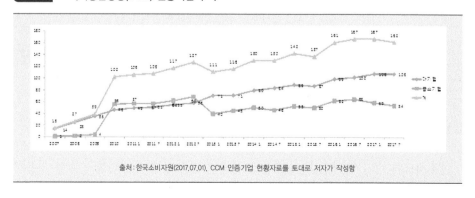

출처: 한국소비자원(2017.07.01), CCM 인증기업 현황자료를 토대로 저자가 작성함

〈표 2〉는 CCM 신규 인증기업에 대한 연도별 추이를 나타낸 것으로 2007년 8개 인증기업을 시작으로 2011년 신규 인증기업이 67개로 대폭 증가하였다. 그러나 이후 신규 인증기업의 수는 전년대비 증감률이 뚜렷한 차이를 보이고 있고, 2017년 7월 현재, CCM 신규 인증기업이 21개사(증감률 −47.5%)로 집계되었다.

이러한 신규 인증기업의 수가 꾸준한 추이를 보이지 않고, 상황에 따라 변화하는 배경에 대하여는 향후 지속적인 모니터링과 논의가 필요하다.

표 2 소비자중심경영(CCM) 신규 인증기업의 연도별 현황

(단위 : 개, %)

연도	2007	2008	2009	2010	2011	2012	2013	2014	2015	2016	2017
신규 인증 기업 수	8	9	13	12	67	22	19	26	24	40	21
전년 대비 증감률	−	125	44.4	−7.7	45.3	−67.2	−13.6	36.8	−7.7	66.7	−47.5

출처 : 한국소비자원(2017.07.01), CCM 인증기업 현황자료를 토대로 저자가 작성함.

6) 소비자중심경영(CCM) 인증제도의 선행연구

CCM 인증제도와 관련된 연구는 먼저 다양한 주체들을 대상으로 CCM 인증제도의 평가항목과 운영에 있어서의 인식 등을 살펴본 연구가 대부분이다. 김미정(2011)은 CCM 인증제도의 평가기준을 재구성하여 소비자와 기업종사자의 인식을 상호지향성 모델을 통하여 검증하였다. 연구결과 CCM 인증제도의 평가항목에 있어서 소비자는 소비자불만 및 정보시스템 항목을 중요하다고 여기고 있었으며, 기업종사자는 리더십을 중요한 평가항목으로 인식하였다. 또한 CCM 인증제도 운영에 대해서는 기업종사자가 소비자에 비하여 공정성과 신뢰수준에 대하여 높게 인식하고 있었고, CCM 인증제도에 대한 기대효과에서도 소비자에 비하여 기업종사자가 보다 긍정적으로 인식하고 있었다.

김인숙 · 정연희(2011, 2012)는 CCM 인증제도에 대한 검토와 더불어 제 외국 유사제도의 운영사례를 고찰하였다. 또한 CCM 인증기업을 대상으로 CCM 제도 도입의 효과 및 운영현황, 운영기관에 대한 기대 등을 파악하기 위하여 심층 인터뷰를 실시하였다. 연구결과 CCM 인증에 대한 낮은 인지도가 현재 CCM 인증제도의 가장 미흡한 점이라고 지적하였으며, 중소기업에게는 CCM 인증 획득의 효과가 즉각적으로 나타나지만 이를 도입하는 데 대기업에 비하여 제도 및 시스템이 구비되어 있지 않아 상대적으로 어려움을 토로하였다. 또한 대기업은 CCM 인증의 인지도와 제공되는 인센티브를 매력적으로 여기지 않아 CCM 인증의 필요성을 느끼지 못하는 것으로 나타났다.

황진주 · 여정성(2014)은 기업, 소비자, 전문가 8인을 대상으로 전문가 인터뷰를 실시하고 근거이론적 접근방법을 적용하여 기업의 소비자중심경영 실체에 대하여 고찰하였다. 연구 결과 파워집단으로 부상한 소비자는 기업의 모든 경영활동의 중심이 되었고, 소비자중심경영 실천 지원 등의 노력을 통해 소비자 중심적인 조직문화를 구축하였다. 소비자중심경영 실천 기업들은 기업성과를 향상시킬 수 있고 소비자 생활의 질 또한 높아져 소비자복지를 증진시키는 것으로 나타났다.

김지영 · 이영애(2014)는 2012년 하반기 소비자중심경영 콘퍼런스 발표자료를 바탕으로 CCM 운영현황 및 성과관리에 대한 내용분석을 실시하였다. 분석대상인 대기업군의 27개 인증기업들은 CCM 운영조직을 가지고 정기적으로 관련 회의를 진행하고 있으며, 자체 운영 매뉴얼을 개발하여 사용하였다. 또한 소비자 의견을 수렴하여 상품을 기획 개발하며 SNS를 통한 CCM 인증을 홍보하고 자체적인 사후불만관리시스템을 가지고 운영하고 있는 것으로 나타났다.

황진주(2014)는 소비자중심경영 인증제도의 세 주체인 소비자, 인증기업, 평가위원을 대상으로 제도에 대한 종합적인 평가를 의미하는 메타평가를 실시하였다. 첫째, 소비자를 대상으로 온라인 설문조사 결과 소비자는 CCM 인증마크에 대한 인지도, 이해도, 구매 시 활용도가 매우 낮았고 특히 CCM 인증마크의 인지도보다 이해도가 더 낮아 CCM에 관한 소비자 교육이 시급하다는 것을 지적하였다. 둘째, CCM 인증기업을 대상으로 온라인설문조사와 심층면접을 실시한 결과 CCM 인증 획득 후 업무개선 성과가 있는 것으로 나타났다. 또한 CCM 평가과정과 평가방법에 대하여 공정하다고 여기는 반면 CCM 인증기업의 특성을 반영한 평가기준에는 긍정적이지 않았다. 더불어 평가결과에 대한 홍보가 적절하게 시행되지 않고, 인센티브 역시 제대로 제공되지 않아 개선을 요구하였다. 셋째, 평가위원을 대상으로 한 심층면접 결과 CCM은 기업의 소비자중심경영을 실천하는 데 기여할 뿐만 아니라 인증제도를 통해 소비자와 기업이 상생할 수 있는 시장환경을 조성할 수 있을 것으로 평가하였다. 또한 CCM 인증제도가 안정적으로 정착되면 소비자 주권을 실현할 수 있는 시장환경이 가능하기에 CCM을 개선하고 발전시켜야 한다고 평가하였다. 그러나 평가위원의 전문성이 충분하지 못하여 향후 교육의 확대가 필요하다는 것을 알 수 있었다.

한편, 이은희·유현정·이영애(2014)의 연구에서는 CCM 운영이 기업 내에서 성공적으로 정착하기 위해 전문 인재를 양성하기 위한 새로운 자격제도를 제안하였다. 이를 위해 CCM 제도를 운영하기 위한 전문 인재가 갖추어야 할 자격취득 요건과 요구역량 및 수행직무 등을 규정하고 획득기준을 마련한 후 기업 현장의 CCM 담당자들을 대상으로 설문조사를 통해 자격제도의 타당성과 실효성을 살펴보았다. 분석 결과 CCM 인증 업무 수행에 있어 구체적인 업무영역을 포괄해야 하며, 수행직무에 있어서도 기획, 조사 분석, 소비자정보제공, 불만관리 및 평가 등의 직무가 추가되어야 한다고 나타났다. 또한 자격 실습에 있어서도 CCM 인증기업이나 주관부서로 국한시켜야 한다는 내용이 제시되었다.

CCM 인증기업들의 모범적 사례를 선별하여 CCM 도입 및 운영 그리고 성과관리에 이르는 전 과정에 대해 깊이 있게 분석한 사례 연구도 찾아볼 수 있다. 아주캐피탈의 경우 소비자중심경영을 실천하기 위해 모든 활동을 소비자 관점에서 소비자 중심으로 구성하고 관련 내부 시스템의 설계, 운영 및 관리에 있어 지속적인 소비자중심 조직문화를 구축하고 있었다. CCM 제도는 소비자중심의 교육체계를 수립하여 소비자응대의 표준화를 정착시켰고, 직원들의 소비자중심적 마인드 제고 및 근무환경이 개선되었다. 마지막으로 CCM으로 인해 각종 소비자 만족과 서비스 지표가 향상되었음을 나타냈다(이은희·이영애·조홍제, 2013).

LG전자의 경우 소비자불만 의견을 대폭적으로 수용하기 위해 다각화된 채널을 이용하여 전사적 정보를 수집하고 있었다. 또한 기업 내부적으로 CCM 교육을 강화하여 경쟁력을 제고시키며 CCM 인증표시가 경쟁력이 될 수 있도록 적극적인 홍보의 필요성을 제안하기도 하였다(천경희·한성희·정길호, 2013).

매일유업은 CCM을 통해 소비자업무관련 프로세스를 효율적으로 운행하게 되었으며, 그로 인한 소비자불만 감소 및 불만처리 기간의 단축 효과를 나타냈다. 또 CCM 도입 후 상담실 전화 통화성공률이 전년대비 향상되었고, 자체적인 소비자만족도 역시 도입 이전과 비교하여 상승하였다. 그러나 신속한 시스템이 갖추었지만 전반적으로 CCM 도입 이전과 비교하여 큰 차이를 나타내지 못하고 있었다(양세정 외, 2013).

경동나비엔은 CCM 체계를 구축하고 일반상담 서비스와 전문·기술 상담서비스를 분리 운영하여 소비자상담 응답률을 높였다. 서비스 처리율도 점진적으로 증가하여 소비자 만족에 긍정적인 영향을 주는 것으로 나타났다. 또한 경동나비엔은 365일 24시간 서비스 대응체계를 갖추며 소비자요청에 적극적으로 반응하고 있었다(이승신·류미현·김범휘, 2014).

동아쏘시오홀딩스의 경우는 CCM 운영 및 전략에 있어서 무엇보다도 최고경영자의 리더십이 중추적 역할을 담당하고 있었다. 또한 CCM 전사화를 위한 내부 협력체계 구축과 내부 고객 만족을 위해 노력하고 있으며, 더불어 CCM 활동을 통해 외부 고객에 대한 차별화된 응대원칙을 실천하고 있었다(제미경·전향란·김준오, 2014).

KGC인삼공사는 소비자정보 시스템을 기반으로 한 소비자의견의 내용분석을 통하여 소비자불만의 사전예방은 물론 다양한 프로그램을 개발하여 실천하고 있었다. 특히 제품 원료의 관리에서 유통과 판매관리, 고객관리 등 전사적 사전예방 프로그램이 마련되어 있었다. 그러나 KGC 홈페이지는 물론 쇼핑몰, 페이스북, 블로그 등에 CCM 인증마크가 제시되지 않고 있어 CCM 인증획득에 대해 소비자에게 적극적으로 홍보할 것을 제안하였다(성영애·김민정·박진욱, 2014).

남영비비안은 CCM 운영을 위해 소비자 업무 관련 조직을 신설하였고, 소비자 응대 시스템을 표준화하여 수선서비스를 개선하였다. 또한 소비자검색 프로세스 개선으로 다양한 정보를 소비자에게 제공할 수 있게 하였으며, 고객상담실 운영으로 소비자불만을 통합 관리할 수 있었다(김정숙·옥경영·구혜연, 2014).

최근에는 상대적으로 보완이 필요한 소비자 측면에서의 연구가 진행되었으며, CCM 인증제도 활성화를 위해 보다 다양한 관점의 연구 분석방법이 실행되고 있다. 이제호(2015)는 합리적 행동이론에 토대를 둔 Fishbein의 확장모델을 적용하여 소비자들의 CCM 인증기업 제품의 구매의도를 살펴보았다. 연구 결과 첫째, CCM 인증에 대한 소비자들의 인지도는 상당히 낮은 것으로 나타났으며 연령, 월 평균가계소득, 지역에서 집단 간의 차이를 보였다. 둘째, CCM 인증에 대한 신뢰도는 보통보다 조금 높은 수준을 보이고 있었으나 구매의도에는 영향을 미치지 않았다. 셋째, CCM 인증기업 제품에 대한 소비가치가 구매의도에 미치는 영향에 있어 기능적 가치가 높을수록 구매의도 역시 높아졌으나 사회적 가치는 높아질수록 구매의도가 낮아지는 결과를 보였다. 넷째, 구매의도는 비교적 보통 이상의 높은 수준을 보였으나 제품의 가격 변동이 있을 경우에는 구매의도가 달라질 수 있음을 보였다. 즉 CCM 인증기업의 제품은 가격의 프리미엄 효과를 갖고 있지 않은 것으로 나타났다.

서여주·정순희(2015)의 연구는 CCM 인증마크에 관한 기호학 분석을 실시하였다. 연구결과 먼저 1단계 의미작용 분석에 있어서 CCM 인증마크는 소비자가 더 이상 수동적 수혜자(passive recipient)가 아닌 공동의 창조자(co-creator)로서의 상징적 의미를 내포하고 있었다. 다음 2단계 커뮤니케이션 분석 작용 결과 CCM 인증마크는 CCM 인증제도를 수신자가 이미 알고 있다는 가정하에 이루어진 기호로써 구체적인 메시지나 맥락이 과감히 생략되어 나타나 정부당국은 CCM 인증마크를 사용하는 기업과 소비자에게 지속적으로 CCM 인증제도에 관한 올바른 전달을 할 필요가 있음을 시사하고 있었다. 따라서 이러한 기호학적 분석 결과를 바탕으로 CCM 인증기업의 실무자와 CCM 인증제도나 인증마크를 알고 있는 소비자에게 인터뷰를 추가로 실시하여 언어의미 네트워크 분석을 시도하였다. 언어의미 네트워크 분석 결과, CCM 인증기업 실무자는 업계의 주도권을 가지고자 기업이 노력하는 데 CCM이 공헌하고 있다고 인식하였으며, 무엇보다도 CCM 인증을 획득하기까지 전사적으로 혁신해야 함을 나타냈다. 소비자들은 CCM 인증마크 표시 기업은 착한 기업으로 인식하고 있었고, CCM 인증은 시장에서 경쟁적 우위를 가지는 제도로 인식하였다. 또한 CCM 인증마크에 나타난 정부의 공신력을 높이 평가하고 있었다.

서여주(2016)의 연구는 CCM 인증제도 리플릿을 활용하여 소비자가 정보를 어떻게 인식하고 처리하는지에 대하여 정교화가능성모델(Elaboration Likelihood Model ; ELM)을 적용하였다. 정교화가능성모델에 따르면, 메시지의 내용과 같이 중심단서(central cue)를 통해 태도가 형성되는 경로를 중심경로(central route)라 하였고, 광고모델, 로고, 그림, 색채 등과 같이 설득적 메시지에 직접적으로 관련되지 않은 단서나 연상에 기초하는 주변단서(peripheral cue)의 영향을 받아 태도가 형성되는 경로를 주변경로(peripheral route)라 하였는데, 이렇게 상이한 경로를 통해 소비자의 태도가 형성 또는 변화한다고 보았다. 여기서 중심경로와 주변경로 가운데 어떤 경로에 의존할 것인지는 전달받은 메시지에 대한 소비자의 동기(motivation)와 처리능력(ability)에 의하여 좌우되는데 동기와 처리능력이 모두 높으면 중심경로를 통하여 태도를 형성하지만 두 요인 중에 하나의 요인만 낮아도 주변경로를 통하여 태도를 형성한다고 하였다.

이에 본 연구의 목적을 정리하면 다음과 같다. 첫째, 정교화가능성모델을 토대로 CCM 인증제도의 정보가 담긴 한국소비자원이 제작한 리플릿과 함께 중심단서와 주변단서가 보다 강조된 리플릿을 추가하여 이에 대한 소비자의 태도를 비교 분석해 보고자 하였다. 둘째, 본 연구는 소비자의 정보 및 메시지 처리 동기변수와 관련성이 높은 인지욕구 그리고 소비자의식 및 능력변수와 관련성이 높은 타 인증제도에 관한 인식도 그리고 CCM 인증제도의 사전인식여부 등의 변수에 따라 소비자의 태도에 어떠한 영향을 미치는지를 분석해 보고자 하였다. 셋째, 이러한 소비자의 동기변수와 능력변수는 중심단서와 주변단서가 보다 강조된 리플릿과 상호작용을 하여 소비자 태도에 차이가 나타나는지를 분석해 보고자 하였다. 마지막으로 소비자 태도를 CCM 인증제도 리플릿에서 유발된 소비자의 감정적 반응과 CCM 인증제도에 대한 소비자 태도 및 CCM 인증기업에 대한 소비자 태도로 구분하여 태도의 대상을 보다 체계적으로 접근한 분석을 하고자 하였다. 본 연구의 결과는 CCM 인증제도 활성화를 위하여 제작된 한국소비자원 리플릿에 대한 향후 정책적 활용 및 CCM 인증 도입의 당위성을 본격적으로 논의할 수 있는 초석으로 평가될 수 있다.

5. 우리나라 소비자행정의 방향

① 행정조직의 개선

정부가 소비자 지향적인 행정을 시행하기 위해서는 기업들이 보다 소비자 지향적 경영을 충실히 실천할 수 있도록 구조적, 제도적으로 지원해야 하며, 또 정부 입장에서 각종 소비자보호 관련 법규나 정책을 재정비하고 강화해 나가야 할 것이다.

현행 소비자행정체계를 보다 소비자 지향적으로 개선하기 위해서는 행정조직체계 전반을 소비자 지향적으로 개편하는 방법과 기존 행정조직의 기본 골격을 그대로 유지하면서 소비자 지향적인 측면을 강화하는 방법이 있다.

② 규제 및 지원 행정 기능의 강화

소비자 규제 행정 기능을 강화하기 위해서는 정부가 일정한 기준을 설정하고 사업자에 대해 그 기준에 부합되는 행동을 이끌어내는 강제적 규제 방법과 시장에서 사업자 간에 공정한 경쟁을 유도하는 자율적 규제 방법이 있다. 소비자보호 규제 행정은 이 두 가지 방법이 적절히 함께 이루어져야 한다. 특히 소비자안전 관련 정부 규제는 강제적 규제 방법을, 광고에 대한 규제는 자율적이고 규제 방법의 비중을 높이는 차원에서 소비자 규제 행정 기능을 강화할 필요가 있다.

한편, 정부는 소비자정보의 제공과 소비자 교육에 대한 지원 행정 기능을 더욱 확대해 나감으로써 소비자가 합리적으로 의사결정을 할 수 있도록 하여야 한다. 예를 들어, 지자체에서 발행하는 소식지에 소비자정보 코너를 신설·확대하여 최근에 많이 발생되고 있는 피해 유형이나 그 대처 방법에 대해 소개함으로써 시민들에게 좀 더 가까이 다가서는 행정이 필요할 것이다.

③ 소비자피해 구제 기능의 강화

정부가 사업자에 대한 규제를 강화하고, 소비자에 대한 지원을 확대한다고 하더라도 소비자피해는 어떠한 형태로든 발생되기 마련이다. 가장 바람직한 소비자피해의 구제 방법은 사업자가 주체가 되어 소비자와 자주적으로 해결하는 것이지만 현실적으로 어려우므로, 정부의 개입에 의한 소비자행정이 필요하게 된다.

소비자피해 구제와 관련하여, 정부는 개별 소비자 각각의 피해 구제보다는 소비자 전체의 피해 구제가 신속하고 원활하게 이루어질 수 있도록 하는 제도적 장치의 마련에 많은 노력을 기울여야 하고, 이미 발생한 소비자피해에 대해서는 신속하고 공정하게 구제조치가 이루어질 수 있도록 행정력이 발휘되어야 한다. 더 나아가, 사업자가 피해 구제를 자율적으로 할 수 있게 유도하는 제도를 강화하여야 할 것이다.

참 고 문 헌

곽윤영, 이경아, 배순영(2013). CCM 인증제도 평가기준 개정에 관한 연구. 한국소비자원.

김기옥, 김난도, 이승신, 황혜선(2015). 초연결사회의 소비자정보론, 시그마프레스.

김미정(2011). 소비자중심경영인증에 대한 소비자와 기업종사자의 인식 : 상호지향성모델의 적용.

김인숙, 정연희(2011). CCM제도의 활성화 방안 연구. 한국소비자원.

김인숙, 정연희(2011). CCM제도의 활성화 방안 연구. 한국소비자원.

김인숙, 정연희(2012). 소비자중심경영 인증제도의 운영현황과 개선방안. 소비자문제연구.
    43: 139-156.

김인숙, 정연희(2012). 소비자중심경영 인증제도의 운영현황과 개선방안. 소비자문제연구.
    43: 139-156.

김정숙, 옥경영, 구혜연(2014). 고객과 함께 성장하는 NO.1 패션기업 ㈜남영비비안의 소비자
    중심경영(CCM) 사례 연구. 소비자정책교육연구. 10(2): 131-158.

김지영, 이영애(2014). 소비자중심경영(CCM) 인증기업의 운영현황 및 성과에 관한 연구 :
    대기업군을 중심으로. 2014 한국가정관리학회 통합학술대회 논문발표.

김태영(2013). 소비자 중심경영 CCM 운영메뉴얼. 나무사랑.

나종연, 김학균, 김학진, 이유리, 이진명(2014). 공유가치창출(CSV) 시대의 소비자 연구 제안.
    소비자학연구. 25(3): 141-162.

미래창조과학부 한국정보화진흥원(2016). 2016 디지털정보격차 실태조사.

배순영, 오수진, 황미진(2016). 고령소비자의 소비생활 및 소비자문제 특성 한·일 비교. 소
    비자정책동향.

서여주(2016). 소비자의 정보인식에 있어서 정교화가능성모델 적용에 관한 연구 : 소비자중
    심경영(CCM) 리플릿을 중심으로. 이화여자대학교 대학원 박사학위논문.

서여주, 정순희(2015). 소비자중심경영(CCM) 인증 마크 기호의 의미작용과 커뮤니케이션 분석에 관한 연구 : 언어의미 네트워크 분석을 포함하여. 소비자정책교육연구. 11(3): 19-39.

서정희, 전향란(2016). 소비자보이콧. 시그마프레스.

서희석(2012). 소비자단체의 소비자기본법상 지위-소비자단체제도의 연혁적 고찰을 통한 現狀 진단과 과제 -. 소비자문제연구. 43: 71-96.

성영애, 김민정, 박진욱(2014). 글로벌 종합건강기업을 지향하는 KGC인삼공사의 소비자중심경영(CCM) 사례연구. 소비자정책교육연구. 10(2): 107-130.

양세정, 서인주, 이성훈(2013). Every Fresh Maeil의 소비자중심경영(CCM) 사례연구. 소비자정책교육연구. 9(4): 159-175.

오대성(2016). 소비자기본법상의 단체소송의 문제점과 그 개선방향. 법학논총. 23: 207-239.

오수진, 황은애(2016). 생애주기별 소비자이슈 대응을 위한 정보제공체계 개발. 정책연구.

이승신, 류미현, 김범휘(2014). 쾌적한 생활환경을 창조하는 경동나비엔의 소비자중심경영(CCM) 사례 연구. 소비자정책교육연구. 10(1): 157-181.

이은희, 유현정, 이영애(2014). 소비자중심경영(CCM) 전문가 자격제도 개발 방안 연구. 소비자정책교육연구. 10(2): 57-74.

이제호(2015). 소비자의 CCM인증 기업 제품 구매의도에 관한 연구. 건국대학교 대학원 석사학위논문.

장흥섭(2015). 소비자보호 및 이해를 위한 현대소비자론. 경북대학교출판부.

제미경, 전향란, 김준오(2014). 최고경영자의 리더십과 전사적 CCM 체계 구축 사례분석 : 동아쏘시오홀딩스의 CCM 사례를 중심으로. 소비자정책교육연구. 10(1): 183-203.

천경희, 한성희, 정길호(2013). LG 전자의 고객만족 실현을 위한 소비자중심경영(CCM) 사례 연구. 소비자정책교육연구. 9(3): 155-175.

한국소비자원(2016). 소비자중심경영(CCM) 체계 구축 가이드.

홍정아(2016). 소비자기본법상 소비자분쟁해결제도 관련 현황 및 개선방안. 이슈와 논점. 국회입법조사처.

황진주(2014). 메타평가를 통한 소비자중심경영 인증제도 활성화 방안 연구. 서울대학교 대학원 박사학위논문.

황진주, 여정성(2014). 근거이론적 접근을 통한 소비자중심경영 연구. 소비자정책교육연구. 10(1): 47-81.

Bockstette, V., & Stamp, M.(2011). Creating Shared Value : A How-to Guide for the New Corporate Revolution.

국제소비자기구(http://www.consumersinternational.org).

한국소비자단체협의회(www.consumer.or.kr).

한국소비자원(www.kca.go.kr).

제4부

이 시대가 필요로 하는
컨슈머리즘

⑪ 4차 산업혁명과 컨슈머리즘

　기원전 6세기 아나카르시스는 이렇게 말했다. "시장은 사람이 서로 속이는 장소이다." 이렇듯 시장을 구성하는 각 주체, 일반적으로 판매자와 구매자는 자신의 이익을 최대화하기 위해 상호 신뢰를 깨뜨리면서 사회적 감시의 필요를 높여 사회적으로 불필요한 비용을 증가시키곤 했다.

　생산과 소비가 분리되고 유통과정이 복잡해지면서 생산자 혹은 판매자와 소비자 간의 관계는 더욱 멀어졌고, 그만큼 서로에 대한 기만행동이나 의심은 더욱 커졌다. 생산자 혹은 판매자는 소비자에 비해 높은 교섭력으로 시장의 불균형성을 높여 소비자의 권익을 끊임없이 침해하고 있다. 그렇다면 소비자들은 어떠할까? 오늘날의 소비자들은 SNS 등 새로운 온라인 공간을 통해 초연결적 관계를 형성하며 비윤리적인 정보를 서로 공유하거나 집단적인 비도덕적 행동을 행하기도 한다. 과거와 달리 단순히 거스름돈을 더 받아도 모른 척하거나, 위조품을 사용하거나, 서비스를 제공하는 직원에게 갑질을 하는 등의 개인적인 행위를 넘어, 집단적 · 비윤리적 행동을 함으로써 문제의 파급력을 높이고 있는 것이다.

　경제사회의 주체는 생산자와 소비자이다. 보다 나은 시장을 형성하기 위해 그동안 소비자와 정부가 기업윤리와 공정한 경쟁을 강조해 온 만큼, 소비자에게도 윤리성과 시민으로서의 책임수행이 크게 요구되고 있다. 사람은 동물과 달리 인간답고 좋은 사람이 되려는 공통된 열망을 가지고 있는데, 이를 윤리의식이라 한다. 이는 자신, 가족뿐 아니라 개인 소비자가 살고 있는 지역사회와 지구촌의 약자, 환경 등에 대한 관심과 실천의 필요성을 인식하는 것이다. 이처럼 소비자의 개인적, 사회적 지각과 윤리적 실천이 연대를 바탕으로 한 사회적 집단행동으로 성장함에 따라 확장된 개념인 컨슈머리즘이 등장하였다. 오늘날의 컨슈머리즘은 소비자 보호에서 확장된 의미로 기업 및 정부의 활동까지 전부 포괄하는 전체적인 개념인 가운데, 본 장에서는 이러한 컨슈머리즘에서 소비자의 영역에 집중되어 분화된 개념인 소비자시민성에 대해 소개하도록 한다. 소비자시민성의 맥락을 이끈 소비윤리의 개념을 함께 살펴보고, 오늘날의 소비자시민성에 대해 살펴보자.

1. 소비윤리

1) 소비윤리의 개념 및 윤리적 소비

소비윤리에 대해서는 학자에 따라 다양하게 정의되고 있으나 공통적으로는 여러 소비영역 중 특히 상거래상의 '구매'에 초점을 두고 정의하는 경향이 있다. Dodge(1996)는 소비자가 구매행동을 할 때 잘못된 행동에 대비되는 올바른 행동으로 소비윤리를 정의하였고, 소비자의 비윤리적 행동에 대해 연구한 Muncy와 Vitell(1992)은 소비자가 재화와 서비스를 구입, 사용, 처분할 때 소비자의 행동을 지도하는 도덕적 원칙이나 기준으로 설명하였다. 대체적으로 여러 연구자들에 의하면 상거래상의 소비윤리는 재화나 서비스를 소비할 때 지켜야 하는 도덕적 원칙이나 기준이라고 볼 수 있다.

소비자들의 소비행동은 지극히 개인의 욕구를 만족시키는 행위로 볼 수 있지만, 그 영향은 개인뿐 아니라 생산, 유통, 문화 등 우리 사회 전반에 파급력을 가지고 있다. 즉 소비는 매우 사회적인 행동인 것이다. 그렇기 때문에 기업에 윤리성이 요구되는 바와 같이, 소비자에게도 사회적 책임과 윤리가 강조되고 있으며, 소비자의 윤리적 행동은 공정한 시장의 발전에 중요하다고 볼 수 있다.

한편 윤리적 소비는 간혹 환경 친화적 소비와 같은 의미로 사용되고 있다. 그러나 윤리적 소비는 환경 친화적 소비, 즉 녹색소비를 하나의 구성행동으로 포함하는 포괄적인 개념이다. 윤리적 소비는 친환경적 소비주의의 모든 원리를 통합하고 녹색소비보다 더 넓은 개념이며 상품이나 서비스를 선택할 때 환경적 또는 윤리적인 고려를 하는 소비를 말한다.

윤리적 소비를 평가하는 기준은 [그림 1]과 같이 환경, 사람, 동물 지속 가능성을 고려했는가를 염두에 두고 판단할 수 있다. 환경의 경우 소비자가 제품을 선택할 때, 동종 제품 중에서 선택한 제품이 생산 시 더 적은 탄소를 배출한 저탄소 제품인지 여부를 확인하고 제품을 구매한 경우 기후변화를 고려한 윤리적 소비행동이라 할 수 있다. 주거 측면에서는 에너지의 낭비적 측면은 없는지 고려하여, 적정 냉난방 온도를 지키면서 생활했는지 여부를 볼 수 있다. 자원 측면에서는 자원을 낭비하지 않고 절약했는지 여부, 오염과 독성은 어떤 제품이 생산이나 폐기 시에 환경을 오염시키는 독성물질을 배출하고 있는지 여부를 고려하여 제품을 구매하는 행위이다. 또한 식품첨가물이 최소화되거나 없는 제품을 선택하였는지가 있으며, 환경보전에 관심을 가지고 환경을 보전할 수 있는 환경 친화적 제품의 구매 및 환경마크가 붙어 있는 제품의 선택 등 친환경적 요소를 고려한 행위들 역시 윤리소비를 평가하는 기준에 포함된다.

그림 1 윤리소비를 평가하는 기준

환경	사람	동물	지속가능성

• 기후변화 • 주거와 자원 • 오염과 독성 • 식품첨가물 • 환경보전	• 인권 • 노동자권리 • 아동학대/착취 • 무책임한 판매	• 동물실험 • 공장형 사육 • 동물의 권리	• 유기농제품 • 공정무역 • 에너지 효율

출처 : 경향신문(2007.12.23), 아름다운 거래 윤리적 소비(상) 확산되는 운동

인권, 노동자 권리 등이 지켜지지 않은 제품을 구매하지 않고 불매운동을 벌이거나, 동물실험을 통해 생산된 제품인 경우 구매하지 않거나 반대하는 것이 포함된다. 육류제품의 경우 공장형 사육을 통해 시장에 출시된 제품인지 고려하며, 동물의 권리를 인정하고 동물복지 인증마크를 받은 제품을 구매하며 동물 학대나 비윤리적 측면을 갖고 있는 기업의 제품을 불매하는 행동을 뜻하는 것이다. 지속가능성 기준으로 유기농, 공정무역 제품의 구매를 통해 제3세계 노동자에게 정당한 대가를

지불함으로써 그들의 삶을 지지하고자 하는 행동이다. 마지막으로, 에너지 효율이 높은 제품을 선택함으로써 에너지 낭비적 요소를 막는 것이다.

윤리적 소비의 행동은 나의 소비행위가 단순히 개인적인 욕구 충족을 위한 것이 아닌, 타인, 사회, 환경에 어떠한 영향을 가져올 것인지를 의식하고 고려하여 도덕적 신념과 사회적 책임에 따라 소비하는 행위라 볼 수 있다. 윤리적 소비는 단순히 소비하는 행동만을 포함하는 것이 아니라 생산, 유통, 사용 이후의 처리와 재생에 이르기까지 소비의 전 과정에 걸쳐 윤리적 가치를 실천하는 것이다. [그림 1]에서 여러 기준에 따른 윤리소비행동을 살펴보았는데, 사용적·폐기적 측면도 포함하지만 구매/비구매 단계에 거의 초점이 맞추어져 있다. 이는 소비자가 상품, 서비스 등을 구매할 때 원료재배, 생산, 유통 등의 전 과정이 소비와 연결되어 있다는 것을 인식하고 윤리적으로 소비하는 것을 가리킨다. 즉 인간이나 동물·환경에 해를 끼치는 상품은 피하고, 환경과 지역사회에 도움이 되거나 공정무역(fair trade)을 통해 만들어진 제품을 구매하며, 제3세계 노동자들을 인식하는 소비행동이다. 간단히 정의하자면 개인적·도덕적 신념에 따라 소비자의 사회적 책임을 실천하는 소비행동이다.

소비자도 중요한 사회적 책임을 갖고 있으며, 사회적 책임을 실천하는 소비행동이 바로 윤리소비이다. 사회적 책임범위는 크게 경제적 책임, 법적 책임, 지속가능한 소비에 대한 책임, 동시대 인류를 위한 책임의 총 4가지로 말할 수 있다. 각각의 책임을 실천하는 것을 윤리소비라 하며, 이를 각각 살펴보면 〈표 1〉과 같다.

표 1 사회적 책임범위에 따른 윤리적 소비

사회적 책임범위	윤리적 소비
경제적 책임	기본적인 경제윤리의식을 통해 합리적으로 선택하는 것
법적 책임	계약 이행의무를 다하고, 법적 소비자 책임을 지고, 불법적 소비행동을 하지 않는 것 등
지속가능한 소비에 대한 책임	기후변화 대응 및 환경친화적 소비, 소비절제, 자발적 간소화
동시대 인류를 위한 책임	불매운동, 윤리적 투자, 공정무역, 로컬구매, 공동체 화폐운동, 나눔 및 기부

경제적 책임을 실천하기 위한 윤리소비는 기본적인 경제윤리의식을 통해 합리적으로 선택하는 것이다. 기본적인 경제윤리는 인간이 개별적인 만족을 추구하는 이기심을 절제하고, 정직하고 진실된 책임감을 가지고 상거래에 임해야 하는 경제적 책임이다. 법적 책임을 실천하는 유형에서 소비자는 상거래에 있어 계약을 맺게 되는데, 그 계약 이행 의무를 다하고, 법적 소비자 책임을 지며 불법적 소비행동을 하지 않는 것 등이다. 불법적 소비행동을 하지 않는 예로 디지털 콘텐츠를 무단 사용 배포하는 행동을 하지 않는 것도 윤리소비이다. 또한 지하철역 공용 쓰레기통에 생활쓰레기, 음식쓰레기를 버리는 불법투기 행동을 하지 않는 것도 포함된다. 지속 가능한 소비에 대한 책임을 실천하는 윤리소비는 기후변화 대응 및 환경 친화적 소비, 소비절제, 자발적 간소화를 하는 것이다. 자기 스스로 필요 없는 욕망을 통제하고 자원의 사용을 최소화하는 것 자체이며 동시대 인류를 위한 책임으로는 불매운동, 윤리적 투자, 공정무역, 로컬구매, 공동체 화폐운동, 나눔 및 기부가 있다. 자본주의사회에서 소비자가 가장 큰 영향을 미칠 수 있는 것은 소비자의 화폐력이다. 따라서 소비자의 화폐력을 그 기업에 쓰지 않겠다는 의지와 행동은 기업과 사회에 미치는 영향이 매우 크다. 그 제품을 구매하지 않겠다고 힘을 모으는 것, 비도덕적·비윤리적 행동을 했을 때 소비자들의 힘을 모으는 것, 소비자에게 피해를 주었을 때 피해보상을 촉구하는 행동으로 이어지는 불매운동이 포함된다. 윤리적 투자는 사회 약자에게 최소한의 생존기반을 마련할 수 있도록 윤리적으로 투자하는 것으로 공정무역 제품 구매를 지지하는 것이 있다. 로컬 구매는 지역사회에서 생산되는 제품을 구매함으로써 먼 거리 이동을 통해 소비되는 에너지를 줄이며 식품의 안전성을 도모하고 지역경제를 살리는 윤리소비 유형이다. 또한 지역사회 나눔을 실천하고 지역경제를 활성화시키기 위한 공동체 화폐운동과 인간과 인간 간의 나눔 및 기부 행동도 윤리적 소비의 유형이다. 결국 윤리소비는 소비자가 사회구성원으로서 어떤 존재가치를 인정받기 위한 사회적 책임을 실천하는 소비행동이다.

윤리경영과 윤리소비의 관계

윤리경영이란 경영을 함에 있어서 윤리를 최우선의 가치로 생각하며, 모든 업무활동의 기준을 윤리규범에 맞추어 투명하고 공정하며 합리적으로 업무를 수행하는 것이다. 윤리소비는 윤리경영에 따른 윤리생산과 동전의 양면성을 가지고 있다.

윤리소비가 달성되는 방법 중 하나는 시장에서 윤리적으로 생산된 제품만 존재하게 하여 자연스럽게 윤리적 소비가 이루어질 수 있도록 하는 것이다. 따라서 윤리생산을 하지 않는다면 윤리소비도 이루어질 수 없고, 동시에 윤리생산을 확실히 이끌어낼 수 있는 근본적인 힘 역시 윤리소비이다. 윤리생산을 위해 기업은 추가적 비용과 노력이 필요하기 때문에, 자체적으론 윤리적 생산을 안 할 가능성이 있다. 그러므로 소비자가 브랜드 이면에 있는 윤리적 측면을 고려하며 제품을 선택할 경우, 기업도 윤리적 제품을 생산하게 하는 동기를 갖게 할 수 있다. 이에 대해 매킨지컨설팅社는 2007년 '경쟁의 새로운 규칙 형성'이라는 보고서에서 "제품구매결정을 내릴 땐 적어도 몇 번 정도는 기업의 사회적 평판을 감안하는 윤리적 소비자층이 크게 증가하고 있으므로 이 계층에 주목해야 한다"고 윤리경영의 필요성에 대해 주장한 바 있다.

출처 : 송인숙 외(2016), 윤리적 소비의 이해와 실천

2) 윤리적 소비의 근거와 역사

(1) 윤리적 소비의 근거

윤리적 소비의 근거를 어디에 두느냐에 따라 철학적 관점에서 3가지로 설명할 수 있다. '선함'을 강조하는 결과주의(Consequentialism) 혹은 공리주의(utilitarianism)와 '옳음'에 관심을 두는 의무론(deontology), 인간을 훌륭하게 하는 품성이나 덕목을 강조하는 덕이론(virtue theory)이 있다. 결과주의는 윤리소비라고 하는 선을 실천함으로써 개별적 행복을 추구하는 것이 아니라 사회 전체 행복의 총체적 합이 극대화될 수 있다고 보는 것이다. 의무론은 인간이 어떻게 살아야 하는지에 대한 것이 도덕 규칙에 의해 통제되어야 한다고 보며 타인, 다른 생물, 환

경, 미래세대 등을 포함한 타자에 대한 보살핌의 책임이 있다고 보는 것이다. 덕이
론은 인간을 훌륭하게 하는 정의, 동정, 용기, 절제 등의 품성이나 덕목이 강조되어
야 하는데, 바로 이런 덕목은 윤리소비를 통해 보편적으로 강조될 수 있다고 보는
것이다.

(2) 윤리적 소비의 역사

윤리적 소비는 현대사회의 대량생산, 대량소비와 생각 없이 반복되는 소비로 인
해 발생하는 사회문제 그리고 생태위기에 대한 반성과 도덕적 의식에 대한 자각에
서 기인하였다. 이에 기업과 소비자들은 소비에 있어서 인간과 동물, 자연과 환경
에 해를 가하거나 착취하지 않는 올바른 생산과 현대사회의 정치·경제·사회 등
다방면의 요구에 부합할 수 있는 소비정책과 활동들이 나타났다. 〈표 2〉에 윤리적
소비의 역사에 대한 간략한 내용을 정리하였다.

표 2 윤리적 소비의 역사

연도	분류	내용
1700년대	사회	(1799) 로버트 오언이 영국 스코틀랜드의 뉴라나크 방적공장에 경영자로 취임 후 노동자 후생복지에 힘을 쏟으면서 동시에 높은 실적을 거두어 세상의 주목을 받음
1800~1850	사회	(1822) 아동을 노동으로부터 보호하는 첫 번째 '공장법'이 영국에서 통과되자, 고용주들은 비용 상승 요인을 거론하며 공장폐쇄 등으로 저항
	환경	(1833) 영국에서 '동물보호법'이 발효되면서 가축에 대한 가혹행위가 금지됨
	건강	(1844) 최초의 소비자협동조합인 로치데일조합이 영국에 설립되면서 노동자 스스로 안전한 먹거리를 공급하기 시작함
1851~1899	사회	(1890년대) '보이콧 운동'이 일어남
	환경	(1865) 최초의 환경생태 시민단체인 '열린 공간과 발자취 보존 모임(Open Spaces & Footpaths Preservation Society)'이 설립됨
	건강	(1890) 미국에서 셔먼 반독점법이 발효됨. 독점을 통한 가격 인상이 소비자 권익을 침해하는 중대한 불법행위로 여겨짐

연도	분류	내용
1900~1950	사회	(1948) 유엔이 세계인권선언 발표
	환경	(1946) 유기농의 시초인 '흙협회'가 농민, 과학자, 영양학자에 의해 영국에서 만들어짐
	건강	(1950) 흡연과 폐암 발병 사이의 관련성을 입증하는 연구 결과가 나옴
1960년대	사회	(1960년대) 여성운동이 미국과 유럽 전역에서 출현 (1961) 국제인권단체인 엠네스티(현, 국제사면위원회) 출범 (1965) 공정무역 엔지오인 대안무역연합(Alternative Trade Organization) 출범 다국적 시민단체 옥스팜(Oxfam)이 '구매를 통한 기부'프로그램 실시. 주로 제3세계의 수공예품 판매 (1969) 최초의 공정무역 전용 가게 '월드숍(Worldshop)' 첫 매장이 네덜란드에서 문을 엶
	환경	(1967) 국제단체인 '자비로운 세계농업(Compassion in World Farming)'이 '공장형 농업'을 반대하는 대대적인 캠페인을 벌임
	건강	(1962) 미국 케네디 대통령이 '소비자 안전의 권리' 등 소비자 4대 권리에 관한 문건을 의회에 전달 (1965) 미국의 환경운동가 랠프 네이더가 자동차산업을 공격하며 유명세를 얻음
1970~1980년대	사회	(1977) 엠네스티(Amnesty), 노벨 평화상 수상
	환경	(1971) 국제환경단체인 그린피스 출범 (1976) 친환경 생활용품 기업 '보디숍(The Body Shop)'이 첫 매장을 열었음 (1987) 오존층 파괴물질인 프레온가스(CFC)에 대한 국제협정이 캐나다 몬트리올에서 발효됨 (1989) 석유회사 엑손의 유조선 발데즈호가 미국 알래스카 연안에 대규모의 기름유출
1990년대	사회	(1990년대) 수공예품 중심의 공정무역 거래가 커피, 코코아, 차, 말린 과일, 설탕 등 농산물로 전환되기 시작 – 1992년 20%를 차지했던 공정무역 내 농산물의 비중은 2002년 70%까지 늘어남 (1997) 세계공정무역상표기구(FLO : Fairtrade Labelling Organization International)가 만들어짐
	환경	(1992) 브라질의 라우데자네이루에서 정상회의가 열리고 기후변화협약이 체결됨 (1999) 영국에서 화장품 성분의 동물실험이 금지됨

연도	분류	내용
1990년대	건강	(1992) 유전자변형 농산물이 영국 시장에 최초로 나옴 (1994) 유전자변형 토마토가 미국 캘리포니아의 식품회사 '칼진'에 의해 출시되어 유전자변형 여부 표시 없이 팔림. 긴 보존기간 덕에 시장의 인기 상품으로 떠오름 (1996) 영국 정부가 광우병과 크로이츠펠트야콥병 사이에 관련성이 있음을 인정 (1999) 영국 주요 슈퍼마켓들이 유전자변형 농산물을 팔지 않기로 결정
2000년대	사회	(2002) FLO에서 첫 국제공정무역 인증마크 출범
	환경	(2002) 영국에서 모피동물 사육이 금지됨
	건강	(2000년대) 미국 농산물의 60~80%가 유전자변형 방법으로 재배됨 – 1995~2005년 사이 세계 유전자변형 농산물 재배면적은 50배 이상으로 커짐

출처 : 한겨레(2009.09.27), 건강에서 환경, 이젠 사회로… 진화하는 '착한 소비'

　협동조합의 아버지라 불리는 19세기의 영국 로버트 오언은 스코틀랜드에 뉴라나크 방적공장에 경영자로 취임하였다. 그는 처음에는 협동조합을 만들고 임금과 노동조건을 좋게 고치기 시작했다. 결국 그는 노동자 관리와 노동교육 및 후생복지에 힘을 쏟았고, 높은 실적으로 주목받게 되었는데, 이것이 협동조합운동 역사의 시작으로 볼 수 있다. 1844년 영국 로치데일에서 최초의 성공적인 근대 협동조합으로 공정선구자조합이 설립되면서, 노동자 스스로 안전한 먹거리를 공급하기 시작하는 계기가 된다. 초기 로치데일 지역의 노동자들은 적정가격으로 불량이거나 불순물이 들어 있지 않은 품질과 정직한 판매를 바탕으로 신뢰할 수 있는 제품을 판매하였다. 이러한 로치데일의 협동조합은 생필품 구매를 시작으로 장기적인 생산과 소비를 통합하는 협동조합으로 거듭나게 된 것이다. 이후 프랑스와 이탈리아의 생산협동조합, 독일의 신용협동조합으로 확산된다. 1890년대에는 불매운동인 보이콧(boycott)이 일어났다. 그 당시 아일랜드의 지주 찰스 보이콧이 세입자들을 부당하게 쫓아내자, 지역주민들이 그와 거래를 중단하고 농장 노동자들은 작업을 중단하였다. 또한 가게들은 그에게 물건을 팔지 않았고, 연맹에 의해 지역사회에서 고립되었다. 이후 사회적 가치를 지향하는 불매운동을 '보이콧'이라 불리게 되었다.

1900년대부터는 사회적 책임이 있는 소비(Socially Responsible Consumption)의 개념이 나타나기 시작하며, 보다 이타적인 시민단체들이 증가하기 시작한다. 공정무역 엔지오인 대안무역연합(Alternative Trade Organization) 출범, 다국적 시민단체 옥스팜(Oxfam)의 '구매를 통한 기부'프로그램 실시, 국제인권단체인 엠네스티 출범, 공정무역 전용 가게 '월드숍(Worldshop)'과 친환경 생활용품 기업인 '보디숍(The Body Shop)' 매장이 문을 열었다. 1972년과 1986년 사이에 공동의 이익증진을 위한 시민단체 절반 이상이 설립되었다. 1980년대부터는 인권에 대한 관심이 증가되었고, 기업의 사회적 책임(Corporate Social Responsibility ; CSR)이라는 개념이 제기되기 시작했다. 1990년대에 들어서는 환경과 사회에 대한 의식이 높아지고 윤리적 소비(Ethical Consumption)의 개념이 더욱 확대되면서, 제품의 원재료에 대한 가공부터 최종 생산에 이르기까지 소비자의 욕구와 관심이 증가되었다.

이제는 단순히 소비하는 것이 아닌 소비를 통한 '삶의 질'을 논의하기 시작하였고, 생산량을 늘리기 위해 고안된 유전자변형농산물(GMO)보다는 자연 그대로의 제품에 대한 욕구가 증가하였다. 이에 유럽의 주요 슈퍼마켓은 유전자변형 농산물을 팔지 않기로 결정하며, 친환경 농산물 재배에 대한 지원이 증가되었다. 또한 2001년 미국의 대표적인 기업사기 및 비리사건이었던 엔론(Enron)사태 이후, 상장기업은 윤리경영 시스템 도입을 통해 거래 안정성을 확보하고자 하였다. 이를 통해 사회 전반에 부정적 영향이 확산될 수 있는 것을 예방하고, 기업의 비윤리적 행위를 주시하기 위해서이다. 더 나아가, 소비자들은 기업의 사회적 책임(CSR)을 요구하였다. 소비자들은 해당 기업이 사회적 책임을 일정수준 이행하지 못할 경우 개선요구와 불매운동을 보였으며, 점차 기업도 윤리적 소비에 대한 이해증가와 적극적 실행을 위해 변화하고 있다. 오늘날에는 기업들이 사회적 책임을 넘어 공유가치창출(Creating Shared Value : CSV)의 개념으로까지 나아가고 있다.

3) 윤리적 소비를 설명할 수 있는 요인

윤리적 소비를 확대시키기 위해 많은 연구가 기존에 진행되어 왔다. 어떤 소비자는 왜 윤리적 소비를 실천하고 어떤 소비자는 실천하지 않는가에 대해 말할 때, 국민소득이 3만 달러를 넘을 경우 약자에 대한 의식이 높아지며, 윤리적 소비를 실천할 것이라고 논의하였다. 그러나 3만 달러가 넘지 않는 시점에서도 다른 사람과 다르게 윤리적 소비를 실천하는 경우도 있고, 높은 소득과 교육수준을 갖고 있음에도 윤리적 소비를 실천하지 않는 경우가 있다. 그렇다면 윤리소비에 영향을 주거나, 혹은 이 개념을 설명할 수 있는 요소들에는 어떤 것들이 있는지 살펴볼 수 있다. 각 연구자들 간에 차이는 있으나 공통적 요소들을 살펴보면 다음과 같다.

(1) 소비가치

소비가치는 소비자가 소비행위를 통해 추구하는 것으로, 소비윤리는 소비가치로 설명될 수 있다. 소비가치에 대해 많은 학자들이 개념화하고 있지만 그중 Holbrook(1999)에 따르면 소비가치란, 소비자와 제품 간의 상호작용이고 상황과 대상에 따른 상대적인 것이며, 기호적 판단을 나타내는 경험이다.

Holbrook은 소비자가 소비경험을 통해 얻는 가치를 〈표 3〉과 같이 세 가지 차원으로 분류하여 총 8가지 가치를 제시했다. 가장 먼저, 가치의 목적과 수단이 무엇인가에 따라 내적 가치(intrinsic value)와 외적 가치(extrinsic value)로 구분하였는데, 내적 가치는 소비경험은 경험결과와 상관없이 소비자 스스로를 위한 경험에 대한 평가인 반면, 외적 가치는 소비가 다른 목적을 달성하기 위한 수단으로 활용되어 기능적이고 효용적으로 평가될 때 느껴지는 가치이다. 둘째로 가치의 기초 지향성에 따라, 자신이 어떻게 반응할 것인가에 초점을 맞추는 자기지향적 가치(self-oriented value)와, 다른 사람이 어떻게 반응할 것인가에 초점을 맞추는 타인지향적 가치(other-

표 3 소비가치의 분류

가치의 차원		외재적	내재적
자기중심적	능동적	효율성	즐거움
	수동적	우수성(품질)	심미성
타자중심적	능동적	지위(성공, 관리)	윤리(정의, 도덕)
	수동적	존경(명성, 소유)	영성(믿음, 헌신)

출처 : Holbrook, Morris, B,(1999), Consumer value's framework for analysis and research, London, New York : Routledge oriented value)로 구분하였다. 마지막은 소비자행동의 적극성에 따라, 능동적 가치(active value)와 반응적 가치(reactive value)로 구분할 수 있다.

위의 3가지 차원에 따라 8개로 분류된 소비가치는 제품 소비를 통해 시간과 심리적·물리적 노력이 절약되는 효율성, 제품의 탁월함과 최상의 특성을 나타내는 우수성, 제품과 함께 재미있게 노는 것 자체를 즐기는 즐거움, 제품 소비로부터 미를 만끽하는 심미성, 제품 이용으로 자신이 누구라는 것을 나타내는 지위, 제품을 통해 타인으로부터 좋은 평가를 얻는 존경, 제품 소비가 윤리적 잣대에 부응하는 윤리, 제품 소비로 신성함, 믿음 등을 추구하는 영성이 있다. 이 중 소비윤리는 적극적(능동적)으로 타자지향성(외재적)의 가치를 추구하는 것으로, 타인에 대한 자신의 소비영향력을 고려하고 주변을 배려하는 행위를 포함한다. 이는 규칙 등의 의무를 충실히 수행하는 덕목, 법률에 의한 사회 전체의 이익을 나타내는 정의, 그리고 공공선에 대한 인간 본성으로서 타인의 복지를 증진시키는 도덕을 뜻한다.

(2) 물질주의

물질주의는 현대 소비문화의 대표적인 특징이라고 볼 수 있다. 이는 간단히 말해, 물질을 통해 행복을 달성할 수 있다고 믿는 성향을 의미한다. 즉 재화의 소유, 축적, 쾌락적 소비에 대한 강한 욕망, 행복과 성공을 위해 물질의 소유가 중요하다는 가치로, 물질소유가 인생의 만족과 불만족을 초래하는 원천이라는 믿음이다. 한편 앞에서 언급한 바와 같이 단순히 물질을 추구하는 것을 넘어, 물질주의는 소비자에게 또 다른 의미를 가진다. 자본주의가 심화되고 매체의 광고가 소비자의 욕구를 더욱 촉진함에 따라, 특정집단과 유대하는 동시에 타인과의 차별성을 유지하고 지위상징에 대한 소비를 즐기는 쾌락주의로 물질주의가 발전되어 온 것이다.

이러한 물질주의는 물질, 쾌락, 지위를 중심으로 하는 가치로, 윤리적 소비자의 개인적 특성 중 하나인 인간관계를 중요시하는 가치와 상반된다. 그렇기 때문에 많은 학자들은 물질주의 성향이 높을수록 비윤리적 소비행동이 높음을 설명하고 있다. 과시소비 및 쾌락적 소비에 따른 과잉소비 촉진, 그리고 자원낭비로 인한 환경적 불평등과 계층 간 사회적 불평등의 문제 등, 과도한 물질주의는 윤리성과는 반대로 소비의 불평등을 야기하는 것이다.

『행복의 역설』 저자인 질 리포베츠키(G. Lipovetsky)는 대중소비사회의 한 특성 중 '과소비' 현상에 대해 조명하며, 과소비가 발생되는 사회의 기능과 이것이 소비자 개인에게 미치는 영향을 설명하였다. 자본주의가 확장되고 상품이 증대됨에 따라 사회 전체적으로는 과거에 비해 점점 부유해지고 풍족해지고 있으나, 여전히 상당수가 열악한 조건에서 살아가는 현실, 질병에 대해 더 나은 치료를 받고 있지만 감정적으로는 오히려 더 피폐해지는 현실 등을 이야기하며, 걱정, 실망, 사회적 불안감과 개인의 불안감이 함께 증폭되는 오늘날의 문제점을 꼬집었다.

이처럼 물질주의가 확산된 사회 속에서 '물질과 자원의 풍족함이 행복'이라는 개인의 믿음과 상반되는 현실을 보여주며, 이를 행복의 역설이라 하였다. 그리고 '소비의 진보 없이는 구원이 없다' 즉 온전한 만족감 대신 상품의 욕구만을 따르면 더 나은 삶에 대한 희망이 없음을 주장하며, 현재 소비문화에 대한 성찰과 더 나은 생활방식에 대한 고민이 필요함을 제시했다.

출처 : 질 리포베츠키(2009), 행복의 역설

(3) 이타주의와 이기주의

Batson(1990)은 사람은 자신이 직면한 상황에 맞추어 이기적 동기(egoistic motive)와 이타적 동기(altruistic motive) 중 하나에 의해 특정한 행동을 선택하고 행동함을 주장하였다. 이기적 동기는 자기 자신의 행복증진을 달성하는 데 특정 행동을 일으키는 심리적 각성상태인 반면, 이타적 동기는 타인의 행복증진이라는 목적달성에 도움이 되는 특정 행동을 일으키는 심리적 각성상태이다. 조금 더 구체적으로 보면, 이기주의는 성공이나 부의 축적, 편안한 삶을 주요하게 추구하는 개인의 성향으로, 권력과 성취에 몰입하는 이기주의자는 모든 사고와 관심이 자기 자신에게만 한정되어 타인과 주변에는 거의 무관심하다. 반면, 보편주의와 선행에 가치를 두는 이타주의는 자기 초월적 영역을 지향하고, 스스로를 다른 사람과 상호 연관된 존재로 지각하고, 사회에 대하여 포괄적으로 인식하며 다른 인간 존재의 복지에 대해 관심을 가지는 성향이다.

타인의 복지를 지향하는 이타주의의 가치는 환경에 대한 태도와 행동에 기초가

되기 때문에 윤리적 소비에 있어서 중요한 가치가 된다고 알려져 있다. 이처럼 이타주의는 타인에 대한 관심을 가지고 배려하는 심리적 특성이기 때문에, 윤리적 소비와 관련되어 자신의 개인적 이익보다 타인이나 제3세계 노동자, 사회적 약자의 복지에 관심을 가지고 행동하는 이유와 동기를 설명해 준다. 몬로이(Monroe, 1996), 뱃손과 쇼우(Batson and Shaw, 1991) 등의 학자는 인간애, 공감 등 순수한 이타적 동기에 따른 행동으로 일면식이 없는 빈민국 아동을 위해 대가 없이 금전이나 재능 등을 자선단체에 기부하는 활동에 대해 개인의 순수한 이타성으로 설명한 바 있다.

반면, 사회적 교환원리를 근거로 이타적 행동이 개인의 이기적 동기에 의해 발생한다는 관점도 있다. 이를 주장하는 학자들은, 사람이 타인을 돕거나 타인에게 이익이 되는 행동을 하는 이유는 사회규범에 부합하는 이타적 행동의 수행이라는 수단을 통해, 궁극적으로 타인의 인정과 같은 외적인 사회적 보상이나 자부심과 같은 내적인 자기 보상을 얻으려는 이기적 동기 때문이라 주장한다.

(4) 소비자의 효과성 지각

소비자의 효과성(effectiveness) 지각이란 자신의 행동이 사회적 변화를 일으킬 수 있다고 믿거나, 자신의 행동이 사회에 미치는 영향을 고려하여 의식적으로 행동하는 것이다. 이것은 자신이 행동을 바꿈으로써 사회를 바꿀 수 있고, 부정적으로 예견되는 미래를 바꿀 수 있다고 믿는 것이다. 예를 들어 공정무역 커피를 구매함으로써 제3세계에 취약한 노동자의 삶이 바뀔 수 있다고 믿는 것이다. 이렇게 믿을수록 윤리적 소비를 할 가능성이 높다. 반대로 내가 한다고 해서 기본 환경이 열악한 그들의 삶이 바뀌지 않을 거라고 생각하면 윤리적 소비를 실천하는 확률이 더 낮아진다. 따라서 소비자 효과성 지각은 윤리소비에 정(+)적인 영향을 미치며, 어떤 목표를 달성하는 데 있어 미래를 바꿀 수 있다고 소비자가 믿을수록 윤리적 소비를 할 가능성이 높아진다.

(5) 윤리적 정체성

쇼우와 슈이(Shaw and Shui, 2002)는 윤리적 소비를 행하는 소비자가 구매의사결정에 있어서 윤리적 의무지각과 윤리적 정체성이 상대적으로 중요한 변수임을 주장하였다. 윤리적 의무지각은 개인적 차원을 넘어 소비가 사회적 기제로 바르게 작용하도록 하는 소비자의 행동 또는 인식으로 윤리적 제품에 대한 행동 의도에 긍정적인 영향을 미친다. 이에 대해 커랜드(Kurland, 1995)는 개인의 선호와 비선호에 대한 신념을 반영한 윤리적 규칙의 내면화로 설명하는 등 개인의 옳고 그름에 대한 견해가 반영된 개인적 규범으로 설명하였다.

한편 윤리적 정체성이란 자신의 독특성에 대한 주관적 느낌으로, 윤리적 소비에 대한 확고한 소비자의 주관적 신념이다. 간단히 말해, 본인 스스로 윤리성 측면에서 자신을 어떻게 생각하는가로 설명할 수 있다. 개인이 윤리적 행동에 대해 소비자의 의무이자 책임으로 지각하며, 동시에 나는 윤리적 소비자라고 본인 스스로 정체성을 확립하고 있을수록 윤리소비에 더 적극적으로 참여하게 된다.

(6) 자아표현 및 자아구축

차이와 다양성의 윤리를 강조하는 포스트모던 사회에서 윤리적 소비는 자아표현, 자아발견과 자아구축을 위한 잠재성을 갖기도 한다. 포스트모던 사회를 살아가는 소비자들은 '그들이 누구이며, 어떤 사람이 되기를 원하는지'를 고려하고 이를 반영하는 윤리적 소비를 실천하며, 능동적인 윤리적 소비양식을 갖기 위해 윤리적 관심과 자아개념을 기반으로 공공선에 대해 개인적 필요를 맞추어 개인화된 행동을 한다.

그러나 소비는 개인적인 행동이나 경험이 아니라 사회적인 것이며, 윤리적 소비는 개개 소비자와 주변인, 시장과 연결되는 것이라는 주장도 있다. 소비자의 윤리적 관여 정도는 특정 목적이나 개인의 정체성뿐만 아니라 그들의 문화적 배경, 개인의 역사, 타인의 필요에 대한 관심 정도와 총체적인 사회적 맥락에 의존한다는 것이다. 이에 Shaw 외의 학자들(2005)은 윤리적 행동을 '집단적 참여'로 설명하는데, 윤리적 소비생활의 양식은 내적 자아정체성뿐 아니라 외부의 집단정체성으로 구축되기 때문이다. 다시 말해, 윤리적 소비자들은 관심, 열정, 생활양식을 공유하며, 사회적 공동체를 통해 그들의 가치를 표현하기도 하는 것이다.

소비자 책임(Consumer Responsibilities)

• 위험 인식(Critical awareness)

– 소비자는 상품과 서비스 품질의 제공에 대한 많은 의문들을 인식해야 함

– Consumers must be awakened to be more questioning about the provision of the quality of goods and services.

• 참여 또는 조치(Involvement or action)

– 소비자가 자신을 주장하고 공정한 거래를 얻을 수 있도록 행동해야 함

– Consumers must assert themselves and act to ensure that they get a fair deal.

• 사회적 책임(Social responsibility)

– 소비자는 특히 지역사회와 경제적·사회적 현실과 관련하여 취약계층에게 그들의 행동으로 인해 미치는 영향에 대한 관심과 반응을 고려하여, 사회적 책임을 갖고 행동해야 함

– Consumers must act with social responsibility, with concern and sensitivity to the impact of their actions on other citizens, in particular, in relation to disadvantaged groups in the community and in relation to the economic and social realties prevailing.

• 생태학적 책임(Ecological responsibility)

– 현재와 미래의 삶의 질을 향상시키는 가장 중요한 요소로 환경 보존을 촉진하면서 조화로운 방법을 개발해야 하는 소비자의 물리적 환경에 대해 소비자 의사결정이 미치는 영향에 대해 주의 깊게 인식해야 함

– There must be a heightened sensitivity to the impact of consumer decisions on the physical environment, which must be developed to a harmonious way, promoting conservation as the most critical factor in improving the real quality of life for the present and the future.

• 연대(Solidarity)

– 소비자와 시민단체의 협동적 노력은 소비자에게 이익을 주는 가장 효과적인 최고의 행동임을 인지해야 함

– The best and most effective action is through cooperative efforts through the formation of consumer/citizen groups who together can have the strength and influence to ensure that adequate attention is given to the consumer interest.

출처 : 소비자의 권리 중 소비자 책임, 국제소비자기구(Consumers International)
http://www.consumersinternational.org/who-we-are/consumer-rights/

4) 윤리적 소비의 유형

윤리적 소비를 판단하고 실행하는 기준은 소비자에 따라 차이가 있지만, 윤리적 소비행동의 실천은 소비로 인해 발생되는 여러 문제들을 예방하고 감소시킬 수 있다. 그렇기 때문에 윤리적 소비형태를 파악하는 것이 윤리적 소비를 이해하는 데 도움을 줄 수 있다. 따라서 어떤 기준으로 윤리적 소비를 판단하고 윤리의식수준을 구분할 수 있는지 살펴보고자 한다. 장기적인 관점에서 아래의 가치들을 포괄한 윤리적 소비에 대한 의식 증가는 윤리적 소비를 확산하고 더 나은 세상을 모색하는 데 기반이 될 것이다.

(1) 목표가치에 따른 구분

윤리적 소비유형은 추구하는 가치에 따라 6가지로 구분될 수 있다. 이러한 기준은 소비자가 제품 또는 서비스 선택에 있어서 가시적인 속성뿐만 아니라 전반적인 상품화 과정에 투사되어 영향을 미친다. 소비자는 환경보호를 촉진하고 에너지 고갈을 예방하기 위한 생활을 하며, 소비과정 및 상품화 과정에서 인권의 침해를 예방하고 관심을 촉구한다. 또한 식품에 대해 '위험기술' 적용과 확산 방지 및 안전이 검증되지 않은 기술 수용을 반대하며, '동물권익' 촉진을 바탕으로 소비자의 건강 촉진과 연계된 목표가치를 실현한다. 마지막으로, 소비행동 시 지역 발전과 복지를 고려하고 제3세계의 공생 발전을 생각하며, 윤리적 경영을 실천하는 기업의 상품을 적극적으로 지지하며 사용하고 구매를 한다. 이러한 목표가치별로 윤리적 소비유형 특성을 비교하면 〈표 4〉와 같이 설명할 수 있다.

표 4 목표가치에 따른 윤리적 소비형태 비교

목표가치	신념요소	구체적 사항
환경	기후변화, 에너지, 자원순환, 생태보존	환경 훼손 억제 및 예방, 환경보호 촉진, 신재생에너지를 의식주 생활에 적용
사람	인권보호, 원주민보호, 노동자 권익보호, 아동권익 보호	인권과 연계되는 가치로 도덕적 신념 차원에서 형성
위험기술	GMO, 성장호르몬 · 항생제 방사능오염 조사	유전자 변형식품(GMO)과 성장호르몬 및 항생제 등이 첨가된 제품에 대한 부정적 신념을 구매단계에 표출

목표가치	신념요소	구체적 사항
동물권익	동물복지	공장형 사육 금지, 동물대상 비윤리적 실험 및 학대의 금지, 동물복지 인증제 실시
지역발전	지역사회 발전, 제3세계 공생발전	지역사회 발전 및 복지증진 기여, 제3세계 공생발전을 고려
경영윤리	법규 준수, 사회봉사, 기부, 대안 가치, 지원	구매의사결정 시 기업윤리, 법규 준수, 사회봉사 등을 고려하며 지속가능성을 실천하고 사회적 책임을 다하는 기업을 지지

출처 : 이득연 · 황미진(2013), pp. 1~173

(2) 차원에 따른 구분

① 가치 지향 차원에 따른 구분

개인적 차원의 윤리적 소비는 2가지로 구분될 수 있는데, 개인의 건강을 위한 소비와 지속 가능한 소비의식에 대한 책임의식이다. 〈표 5〉와 같이 가치 지향 차원에 따른 소비윤리 행동유형의 특성을 구분해 볼 수 있다. 먼저, 개인적 차원의 소비는 소비자의 삶의 지향성 변화뿐만 아니라 육체적 · 정신적인 건강을 추구한다. 또한 물질적 가치보다는 정신적 · 정서적 만족을 우선시하는 현상이다. 이러한 개인적 차원에서의 소비행위는 결과적으로 소비자 스스로의 만족도를 높일 수 있다. 더 나아가 소비행동과 관련된 기업이나 정부의 이해당사자들에게 사회적 책임의식을 향상시키고 실천하도록 영향을 미치며, 사회적 차원과 생태적 차원으로 나아가는 기본 바탕이다. 사회적 차원의 경우 사회 전반적 책임의식과 관련되어 생산자의 인권 및 관계를 고려한 공정무역과 로컬푸드 운동 등이 있다. 이러한 사회적 책임을 촉진시키기 위해서는 소비자단체나 민간단체, 정부의 지원이 뒷받침되어야 할 것이다. 마지막으로 생태적 차원은 지속 가능한 사회발전을 위한 소비행위로 재활용품 사용, 동물복지 등 다양한 영역을 포함하고 있다. 또한 지금 당장의 일회성 소비에 그치는 것이 아닌 지속가능성을 보장하는 것이다. 따라서 이러한 소비자의 윤리적 행위를 높이기 위해서는 소비자들의 의식향상을 위해 노력해야 할 것이며, 다양한 윤리적 소비이슈를 전달하고 올바른 가치관을 확립할 수 있도록 도와야 할 것이다.

표 5 가치 지향 차원에 따른 소비윤리 행동유형의 특성 비교

차원	구분	내용	예시
개인적 차원	개인의 건강	• 소비의 결정과정에서 소비자 건강의식, 스스로의 안녕과 타인과의 조화	• 공정무역제품 구매 • 친환경농산물 • 유전자조작식품 불매
	지속가능 소비의 책임의식	• 소비를 통한 나눔 & 기부의 실천 • 자발적인 소비절제를 통한 책임의 실현	• 환경을 고려한 소비행위 • 물질적 만족보다는 최소한의 소비와 기부 • 검소한 생활 추구
사회적 차원	사회 전반적 책임의식	• 소비자는 생산자와 판매자 간의 유기적 관계 및 신뢰 형성 노력 • 공동체 의식 고양	• 공정무역 활성화 • 로컬푸드 운동 • 불매운동 등
생태적 차원	지속 가능한 사회발전	• 친환경적인 소비행위	• 재활용, 재사용 제품 사용 • 동물복지 고려

출처 : 이상훈 · 신효진(2012), 윤리적 소비를 토대로 구성

② 소비윤리 차원의 구분

소비윤리에 따라 구분해 보면 〈표 6〉과 같이 종적 및 횡적 차원, 상거래 윤리, 시장경제의 기초윤리 등의 네 가지 차원으로 설명할 수 있다. 종적 차원에서 세대 간 분배는 미래세대를 위한 자원배분문제로 지속가능한 소비로써 환경을 고려하는 시간적 차원이다. 횡적 차원에서는 동시대의 세대 내 분배로 인류 간 빈부 격차 문제를 고려하는 공간적 차원으로 자신의 소비수준을 절제하고 나눔, 자선, 기부의 소비행동을 하는 것이다. 사업자 간의 거래차원은 상거래 시 윤리적 행동으로 개인의 목적을 달성하기 위해 판매자 혹은 다른 소비자에게 피해를 주지 않아야 하는 것이다. 마지막으로 시장경제의 기초적 차원은 절제된 이기심, 정직성, 진실성, 신뢰성, 책임의식, 공정성과 같은 것을 시장경제에 체제화하여 구성원들에게 생활화 · 습관화되도록 해야 하는 것이다. 자신의 가치체계에 내면화되어 있지 않으면 결과적으로 시장경제에 윤리적 가치가 제대로 작동되지 않을 것이기 때문이다.

표 6 소비윤리 차원의 구분

차원	종적 차원 세대 간 분배	횡적 차원 세대 내 분배	사업자와의 거래 상거래 윤리	예시시장경제의 기초적 윤리
정의	환경과 다음 세대를 고려한 소비	동시대의 자발적 소득 재분배 : 절제와 나눔, 자선, 기부	계약관계 이행 의무, 주의 의무, 소비자 권리에 대응한 소비자 책임	절제된 이기심, 정직성, 신뢰성, 책임의식과 같은 일련의 윤리적 가치가 구성원에게 생활화

출처: 이상훈 · 신효진(2012), 윤리적 소비를 토대로 구성

(3) 윤리의식 발달 정도에 따른 접근

윤리의식 발달 정도에 따라 소비윤리를 [그림 2]와 같이 구분해서 생각해 볼 수 있다. 가장 낮은 수준의 윤리의식은 불법행위를 하거나 타인이나 사업자에게 적극적인 손해를 가하는 행동이다. 그 다음으로 비윤리적인 행동으로는 거스름돈을 돌려주지 않는 것 등의 타인이나 사업자에게 소극적으로 손해를 주는 행동이 포함된다. 다음으로 불법행위와 비윤리적 소비행위를 하지 않는 수준, 소비의 사회적 책임을 인식하고 타인에 대한 배려를 하는 수준, 마지막으로 적극적인 절제와 나눔을 보이며 다음세대를 고려한 소비가 가장 높은 차원의 소비윤리이다.

그림 2 소비윤리의식 발달 정도에 따른 구분

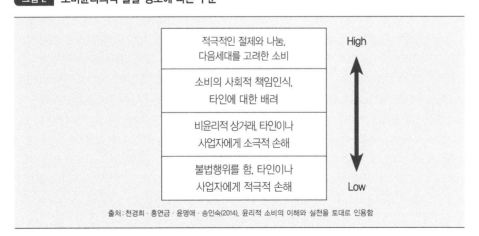

출처: 천경희 · 홍연금 · 윤명애 · 송인숙(2014), 윤리적 소비의 이해와 실천을 토대로 인용함

읽을거리

착한 소비, 어디까지 해봤니? "나는 소비로 세상을 바꾼다"

자동차 '덕후'인 40대 직장인 A씨는 스웨덴 자동차 볼보의 보행자 안전 철학에 깊은 감동을 받고 '새 차를 사면 반드시 저걸 사리라' 생각해 왔다. 2020년까지 교통사고 사망자와 부상자를 제로로 만들겠다는 야심 찬 프로젝트를 가동 중인 볼보는 2010년 보행자가 있으면 자동으로 감지해 차를 멈추는 오토 브레이크 기능을 도입했다. 2012년에는 세계 최초로 보행자 안전을 위해 차량 외부에 에어백을 장착하기까지 했다. 볼보를 타고서는 막아선 악당들을 밀어버리며 도주하는 액션영화를 더 이상 찍을 수 없게 된 것이다. "운전자와 탑승자의 안전만 생각하는 여타 브랜드들과는 차원이 달라. 역시 북유럽 클래스"라며 찬탄하던 A씨는 그러나 정작 새 차를 구입할 때가 되자 변심했다. 북유럽의 인본주의 철학을 언제 그랬냐는 듯 저버리고 유명 독일 차의 세련되고 부티 나는 '있어빌리티'를 선택한 것. "볼보의 디자인과 퍼포먼스도 정말 매혹적이었는데 독일 차의 그 어필링한 디자인과 날렵한 선들을 끝내 포기 못 하겠더라고요." 인류의 발전을 위해 기꺼이 내 돈을 지불하는 착한 소비, 가치소비는 누구나 머리로는 찬동한다. 하지만 막상 몸으로는 실천하기가 어렵다.

〈중략〉

2015년 배출가스 조작 파문으로 세계적 디젤스캔들을 일으킨 폴크스바겐은 한때 한국에서만 폭탄세일로 매출이 증가하는 이변을 기록해 부끄럽다는 탄식이 여기저기서 쏟아졌다. '개이득'과 '득템'이란 말에서 보듯 한국은 비싸고 유명한 제품을 싼 값에 사는 게 최고의 소비로 여겨지는 곳이다.

〈중략〉

한국이 착한 소비에 인색한 국가라는 지표는 꽤 많다. 지난해 5월 마스터카드가 아시아태평양 지역 14개국을 대상으로 실시한 '착한 소비 지수 국가별 비교'에 따르면 한국은 37.4점으로 11위였다. 1위는 인도네시아로 73.2점이었으며, 뒤를 이어 태국(69.6), 중국(68), 인도(66.2) 순이었다. 일본은 39.5점으로 9위였다. 착한 소비 지수는 친환경제품과 공정무역 제품, 기부금 자동 적립 제품의 구매비율을 합쳐 산출한 점수로 최근 3년 안에 해당 제품을 구매해 본 적이 있느냐는 질문에 대한 답변을 합산한 점수다. 공정무역 제품을 사본 적이 있다는 한국인들은 해가 갈수록 줄어들어 2013년 52.4%에서 2014년 43.6%, 2015년 40.6%로 감소일로였다.

사회공헌에 활발한 기업으로 착한 소비의 범주를 넓혀도 마찬가지다. 정보분석업체 닐슨이 2015년 10월 발표한 '기업 사회공헌활동에 관한 글로벌 소비자 보고서'에서도 한국은 글로벌 평균보다 윤리적 소비에 인색한 것으로 나타났다. '사회 공헌을 많이 하는 기업 제품에 더 많은 돈을 지불할 의사가 있느냐'는 질문에 전 세계 60개국 3만 명 중 66%가 그렇다고 답한 반면 한국은 58%만이 '예스'라고 답했다. 베트남(86%), 인도(85%), 필리핀(83%) 등 아태지역 개발도상국가들이 착한 소비에 우호적이었다. 공정무역의 당사국들이라

보다 절실하게 받아들이고 있는 것으로 보인다. 너무 많은 물건들로 선택피로에 시달리는 북미와 유럽은 44%와 51%로 착한 소비에 대한 관심이 낮았다.

〈중략〉

아직은 구매운동보다 불매운동이 더 뜨겁게 소비자 주권을 행사하는 방식으로 각광받고 있지만, 변화의 움직임은 뚜렷하다. 안전의 대명사 볼보는 최근 몇 년 사이 20~50%의 성장세를 보였다. 문제는 속도. 기업을 격려하고 혼내주는 효과적인 방편으로써 한낱 소비자인 내가 행사할 수 있는 이 권력이 정치혁명의 시기를 맞아 그 어느 때보다 중요해졌다. 오늘 나는 뭘 사지?

출처 : 한국일보, 2017.01.18

2. 소비자시민성

1) 컨슈머리즘

본 책에서 지금까지 설명해 온 컨슈머리즘(Consumerism)은 소비자시민성을 형성하는 근본적 관점으로 소비자 운동을 넘어서는 철학적이고도 실천적인 개념이다. 이는 소비자권익보호 및 소비자복지추구의 두 가지 큰 개념 틀로도 이해가능하다. 이러한 컨슈머리즘이 나타나게 된 초창기에는 소비자 운동과 동일시되었던 반면, 시간이 지남에 따라 단순히 소비자 피해예방 및 구제의 차원을 넘어 소비자 주권회복과 인간복지를 지향하는 보다 높은 차원의 현대적 소비자 운동으로 변모하였다.

한편 국내학자인 이기춘(2005), 이기춘과 나종연(2006)은 컨슈머리즘에 대해 새롭게 조명하며 이를 보다 구체적으로 설명하였다. 이들에 따르면, 컨슈머리즘이란 생활에서 문제의식을 느끼고 해결하고자 하는 이념과 철학, 그리고 실천적 차원의 운동을 포함하는 포괄적인 개념이다. 즉 컨슈머리즘은 일부 단체나 소비자 운동가들의 보이콧과 같이 현실적이고 구체적인 행동을 지칭하는 소비자 운동과는 분명히 구분되며, 일반적인 생활의 가치와 이념 및 철학으로써 소비자의 생활 속에 녹아들수 있어 실천까지 이끌어 수 있는 보다 포괄적인 개념인 것이다.

2) 소비자시민성

(1) 소비자시민성의 이해

심영(2009)에 의하면 사회가 지속적으로 발전하기 위해서 소비자들은 자신의 효용극대화를 위한 경제적 합리성 못지않게 사회와 환경에 미치는 사회문화적 역할과 시민적 역할을 고려하여 소비와 선택행동을 해야 한다. 개인의 이익추구를 자제하고 공동의 이익을 우선하는 자발적 의지를 시민성이라 하는데, 오늘날의 소비사회에서 개인에게 있어 소비자시민성은 갖추어야 할 덕목이 되었다.

소비자가 어떻게 시민성(citizenship)을 가질 수 있으며, 소비자시민성(Consumer citizenship)이란 무엇일까? 먼저 시민성의 특징부터 살펴보자. 시장에서 소비자는 공공의 선을 추구함에 있어 사회적으로 권리와 책임을 지니고 있는데, 이는 바로 시민성의 개념 및 특징과 부합한다. 파울크스(Faulks, 2000)에 따르면 시민성이란, 근대적 인간이 자신만을 위한 이기적인 특수이익에의 추구를 자제하고 공공의 이익에 우선권을 부여하고자 하는 자발적 의지와 심리적 준비상태로, 권리와 의무의 2개 구조로 이루어져 있다. 이러한 시민성의 특징과 일맥상통하게도, 소비자는 소비자로서의 권리뿐 아니라 소비사회에 대한 문제를 인식하고 이를 해결하기 위한 책임을 가지기 때문에, '소비자시민성'의 개념이 나타나게 된 것이다.

소비자시민성은 소비자의 윤리적 의식과 주체적인 참여를 인식과 행태 면에서 파악할 수 있는 소비자의 정체성에 관한 것으로, 개인의 사적인 소비를 넘어 국가와 세계를 고려할 수 있는 포괄적인 개념이다. 즉 사적으로 이루어지는 개인의 소비에 대해 자발적으로 성찰하고 문제의식을 가짐으로써 사회적 책임과 참여의 영역으로 사고와 행동을 확장해 나가는, 자율적 주체로서 소비자가 지녀야 할 윤리적 정체성인 것이다. 이처럼 컨슈머리즘의 문제의식적 시각을 토대로 소비생활의 윤리적 이념과 윤리적 행동을 이루는 모든 것을 포함하는 것이 바로 소비자시민성이다. 그렇기 때문에 소비자시민성은 결국, 시민성과 컨슈머리즘의 융합을 통해 발전되었다. 소비라는 기제를 통해 개인의 정체성과 사회적 의사소통이 영향을 주고받는 현대소비사회에서 시민의 역할과 소비자의 역할이 함께 주어지고 있기에 개인은 시장이라는 환경 속에서 소비과정을 통해 시민으로서의 역할을 수행하는 것이다.

그림 3 소비자시민성의 이해

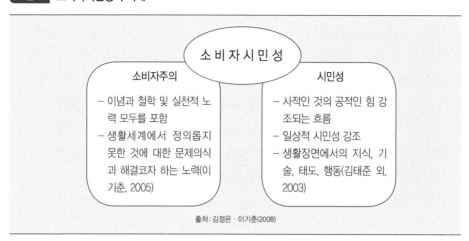

출처: 김정은 · 이기춘(2008)

소비가 개인의 효용을 극대화하려는 개인적 선택에 기초한 사적인 일로 간주되었던 과거와 달리, 오늘날 일상의 정치화와 개인의 정치적 영향력 증대는 소비자들이 다양한 역할을 수행하도록 하였고, 소비의 영역이 사회적 책임을 다하는 공적인 영역으로 부각되고 있다. 이처럼 일상생활에서 개인의 만족을 넘어서 환경 및 사회에 대한 책임을 지닌 시민으로 인식되는 오늘날의 소비자들은 사회구성원이자 시장의 주요 주체로서 권리와 사회적 책임 및 의무를 수행해야 하며, 개인의 이익과 만족을 넘어 환경과 사회를 통합적으로 고려하고 배려하는 시민으로서의 행동을 보여야 한다.

그렇다면 소비자가 일상 소비생활 속에서 시민성을 어떻게 발휘할 수 있을까? 질문에 대한 대답은 바로 화폐투표(dollar vote)로서의 소비이다. 투표이론에 기초하여 소비자 주권을 강조하고 있는 이 개념은, 결국 개인의 소비를 일상생활에서 행하는 정치적 임파워먼트로 보고, 소비자에게 시장에 대한 참정권을 부여하는 것이다. 즉 '어느 곳에 소비할 것인가'의 이슈는 기업의 부당함을 알리거나 소비생활의 이슈 등을 공유하고 개인의 의견을 표출하게 함으로써, 소비는 결국 소비자로서 시민성을 발휘하는 적극적인 방법이 되는 것이다. 이러한 소비자시민성은 일상적인 소비생활에서 개인의 만족과 사회의 공공선을 조화롭게 적용시킬 수 있는 소비사회의 자본이 된다.

(2) 소비자시민성의 영역

오늘날 소비자들의 교육수준과 정보취득능력, 의식은 과거에 비해 매우 높아졌다고는 하나, 이러한 소비자의 수준이 윤리적 구매와 반드시 일치하지는 않고 있다. 즉 소비자가 아무리 윤리적 태도를 보인다고 할지라도, 이러한 태도가 여전히 직접적인 행동의 변화나 실천으로 연결되지 못하고 있는 것이다. 이의 원인으로는 유용한 정보의 부족과 공동선의 실현에 대한 소비자의 의지부족 등을 들 수 있는데, 국내학자인 김정은과 이기춘(2009)에 따르면 소비자시민성이야말로 태도와 행동 간의 명확한 영향과 방향을 설정해 준다고 설명하고 있다.

'소비자시민성'이란 소비윤리를 근간으로 나타난 구체적인 소비자 참여와 실천의 행동으로, 소비자로서의 책임의식 견지라는 수준을 뛰어넘어 실제 실천적 수준을 강조하는 개념이다. 보다 구체적으로 설명하자면, 윤리적 정체성 및 자기성찰, 그리고 참여 및 행동으로 사회적 책임을 다하는 '소비자시민성'은 소비자가 지니는 대의적인 잣대인 '소비윤리'와, 행동지표로서의 '소비자참여 및 실천'의 개념을 포함한다. 오늘날 소비자는 기업, 정부와 함께 시장을 꾸려가는 주체로 인식되고 있으며, 환경 및 사회의 소비환경에 대한 책임을 지닌 존재로서 일상의 공공화라는 시민성의 개념과 맞닿아 있는 것이다. 이 중 소비윤리는 앞서 살펴본 바와 같다. 간단히 요약하자면, 소비윤리는 사회의 여러 면과 미래세대를 동시에 배려하는 덕목으로, 작게는 소비행위에 있어 법을 어기지 않는 것부터 시작하여 확장적으로는 옳지 못한 시장 내 행위를 제지하고 공공선을 지향하는 정의감이다. 이는 소비자의 도덕심에 기반함으로써 소비자시민성의 근본적인 의식적 토대로 볼 수 있다. 이러한 윤리의식에서 더 나아가 소비자시민성은 소비자의 행동적 참여와 실천을 포함한다. 소비자의 참여행동은 개인의 구매 의사결정과정에서 이루어지는 정보탐색과 의사소통에서부터 기업과 정부의 행동에 영향을 미치고 소비자를 조직화하는 행동까지 포함한다. 다시 말해, 기업과 정부의 결정에 영향을 미치는 조직적 사회운동뿐 아니라, 매일매일 일어나는 일상적인 개인의 소비과정에서 축적되는 윤리적 소비자 참여까지도 아우르고 있는 것이다.

한편 소비자참여의 유형은 집단적 차원과 개인적 차원의 두 영역으로 분리가 가능하다. 먼저, 집단적 차원이라 함은 목적을 가진 조직적인 단체 활동이나 당장의 소비와 연관되지 않은 장기적이고 간접적인 범주의 이타적 소비윤리의 실천을 일컫는다. 개인적 차원은 소비자로서 사회적 책임을 인지하고, 직접적인 일상의 소비생활에서 정보를 탐색하고 구매를 결정하는 전 과정에서 소비윤리를 고려하여 행동하는 것을 의미한다. 이러한 개인영역은 다시 적극적 의사표현의 영역과 타인의 견해에 대한 수용 및 학습으로 나누어지는데, 온−오프라인에서 의견과 정보를 생산하고 공유하는 행동과, 타인의 의견 및 여러 정보를 참고하여 의사결정에 숙고하는 행동이 바로 그것이다.

김정은과 이기춘(2008)에 따르면 소비자시민성의 영역은 〈표 7〉과 같이 크게 개인적 소비영역, 공동체 소비영역, 환경과 세계 소비영역 각각에 대한 소비윤리의식과 소비자참여행동으로 구성된다.

표 7 소비자시민성의 개념틀

소비영역 / 구성요소	개인적 소비영역	공동체 소비영역	환경과 세계 소비영역
소비윤리의식	• 상거래 시 개인행동에 대한 윤리적 평가 • 기업평가에 있어서 개인소비의 윤리적 효용에 관한 인식 • 개인의 소비가 미치는 사회적 의미에 관한 인식	• 공공시설/서비스이용에 관한 윤리적 인식 및 책임의식 • 사회적 형평성 문제에 관한 소비자 인식 • 미래세대에 대한 현재 소비의 배려인식	• 환경에 미치는 소비의 영향에 관한 인식 • 소비의 지속가능성에 대한 인식 • 세계에 미치는 기업의 생산과정 윤리성 및 인권에 관한 인식
소비자참여행동	• 올바른 시장이해를 위한 정보활용 정도 • 기업의 제품과 서비스에 관한 적극적인 의사표현 정도 • 구매를 통한 기업평가에의 참여 정도 • 자발적인 소비자 교육 참여정도 • 개인소비의 자발적인 사회기부 정도	• 공공서비스/기물에 관한 올바른 정보의 활용 정도 • 정부와의 원활한 의사소통 정도 • 공공서비스 개선을 위한 자발적인 참여 정도 • 올바른 지역공동체 건설을 위한 자발적 커뮤니티 참여 정도	• 환경오염을 방지하기 위한 정보의 활용 • 기업이나 타 국가의 생산과 정에 대한 비판적 관심과 실천 • 환경친화적 소비활동을 위한 자발적 참여 정도 • 다국적 기업의 활동에 대한 비판적 참여 정도

출처 : 김정은 · 이기춘(2008), 소비자시민성의 개념화 및 척도개발을 토대로 내용 수정함

3) 초연결사회, 오늘날의 소비자시민성

오늘날 소비자들의 온라인 사용이 확장되고 있다. 특히 소셜미디어(social media)는 원자화된 소비자 각각을 네트워크를 통해 연결하는 역할을 하고 있으며, 소속감이나 친밀감 그리고 신뢰 등의 정서적 가치를 제공해 주고 있다. 소셜미디어를 통해 소비자들은 시간과 공간의 제약 없이 세계 각지에서 일어나는 일들을 실시간으로 접하고 있으며, 지체 없는 쌍방향 의사소통으로 개인 간 정보나 의견을 공유하며 문제를 해결하고 있다. 과거에 오프라인 중심으로 소비자 간 의사소통이 이루어졌다면, 이제는 온라인, 소셜미디어 중심으로 확장되어 움직이고 있는 것이다.

소셜미디어는 개인과 개인의 소통을 확장시켜 줌으로써 관계를 이어주는 역할을 한다. 그렇기 때문에 소셜미디어를 이용하면서 소비자 개인은 더 넓은 사회자본(social capital)을 갖게 된다. 사회자본이란, 개인들의 사회적 연결망을 통해 타인과 상호작용함으로써 유대감 및 친밀감 속에 형성하는 것으로, 개인을 둘러싼 다양한 관계 속에서 창출되는 것으로 알려져 있다. 사회적 관계망이 축적되면 사회적·정서적 지지뿐 아니라 풍부한 정보와 자원의 교류가 가능해짐으로써 문제를 인식하거나, 더 나아가 다양한 문제를 해결하기가 용이해진다. 실제로 린과 루(Lin & Lu, 2011)의 연구에 따르면 개인은 SNS를 통해 기존의 사회적 관계를 강화하고, 새로운 관계를 형성하며, 이를 통해 새로운 정보를 입수 및 공유하는 등 사회적 자본을 형성하기 위해 SNS를 이용한다고 밝혀 소셜미디어가 사회자본 형성의 기제로 작용함을 알 수 있다. 결국 유추해 보면, 이렇게 형성-확장된 사회자본은 개인의 사회참여와 의사결정, 공공선의 협력과 성취능력을 증진시킬 수 있는 것이다.

그렇다면 소셜미디어의 사용으로 인해 증가된 소비자 개인의 사회자본은 소비자시민성에 어떠한 영향을 미칠까? 국내외 학자들에 따르면 소셜미디어로 인해 축적된 개인의 사회자본과 연결망은 시민성을 함양시키는 것으로 보고되고 있다. 오프라인을 넘어 시공간의 제약 없이 더 넓은 의사소통이 가능한 온라인상에서 소비자는 일상적 소비활동에서의 제품불매운동에 참여하거나 윤리적 소비에 참여하거나, 혹은 기업의 부당함을 알리고 의견을 표출하는 등 소비자시민성을 충분히 발휘할 수 있는 것이다. 실제로 최근 트위터, 페이스북, 인스타그램, 카카오 등의 SNS를 이용하여 소비자 간 정보를 서로 공유함으로써 특정 기업에 대해 비판하며 불매운동(boycott)을 진행하거나, 혹은 특정 모범적 기업에 대해 바이콧(buycott)을 진행하기도 한다. 실제로 첸(Chen, 2010)은 소비자 운동의 하나인 보이콧의 거시개념에 대해 윤리적 의식을 바탕으로 사회적 변화를 추구하는 것으로 정의하였으며, 이는 개인 및 SNS, 온라인 등에서 이루어질 수 있음을 설명한 바 있다.

SNS 사용의 확장은 우리를 초연결사회로, 그리고 4차 산업혁명의 단계로 이끌었다. 영국에서 시작된 1차 산업혁명 이후 오프라인상에서의 시장과 도시공간은 경제적 및 사회적 활동의 중심장소로 재조명되었으며, 2차 산업혁명 이후 시장과 도시공간은 대량생산과 대량소비의 장이 되었다. 20세기 후반 인터넷의 등장으로 시작된 3차 산업혁명은 정보통신 기술 및 네트워크 기술을 바탕으로 시공간에 구애받지 않는 온라인상의 개인을 등장시켰으며, 이때부터 소비자는 누구나 원하는 정보를 쉽게 취득할 수 있게 되었다. 반면 2016년 1월 열린 다보스포럼에서 초연결·초지능·대융합의 시대로 들어가는 4차 산업혁명의 시작이 선포되었는데, 이는 인터넷을 넘어 초연결 네트워크를 기반으로 한 공유경제와 시민 중심의 사회라는 새로운 관점을 의미한다. 다양한 과학기술과 스마트폰의 보급 확대로 사물과 사람, 공간 등의 서로 다른 구성요소들이 거미줄처럼 연결되어 초연결사회로 진입하게 된 것이다.

이에 소비자들은 정보생산과 공유를 넘어, 공유경제를 구성하는 데 주체로서 부각되고 있다. 단순히 소비과정을 통해 시민성을 발휘하는 것을 뛰어넘어, 이제는 소비자이자 일종의 생산자로서 시민성을 발휘함과 동시에 사회적 부가가치를 생산하는 것이다. 예를 들면, 자신의 남는 방을 소셜미디어를 통해 알려 여행객에게 제공하는 사례, 릴레이라이즈(RelayRides)와 겟어라운드(Getaround)와 같이 차주가 자동차를 사용하고 있지 않을 때 차를 잠시 빌려 쓰는 사례, 태양광 패널을 통해 에너지를 생산하여 판매하는 사례 등은 다른 소비자에게 시간과 장소의 효과적인 재분배 외에도 지구환경보호와 지속가능한 발전을 이끄는 데 주체가 되는 소비자의 참여이다. 물론 이는 컨슈머리즘의 이념인 비판의식이 결여된 단순한 경제적 행동으로 비추어질 수 있으나, 그럼에도 불구하고 초연결사회에서 상호관계성이 높아진 소비자들은 필요를 느끼는 다른 소비자에게 실시간으로 자원을 분배하고 환경보호 등 지속가능한 사회로의 이행에 직접적으로 참여하는 등 개인적−사회적인 부가가치의 생산을 통해 공유가치를 창출하고 있는 것이다.

그림 4　산업혁명과 사회형태의 변화

	1차 산업혁명	2차 산업혁명	3차 산업혁명	4차 산업혁명
	18세기 말	19~20세기 초	20세기 후반	2015년~
	증기기관 기반의 기계화 혁명	전기 에너지 기반의 대량생산 혁명	컴퓨터와 인터넷 기반의 지식정보 혁명	IoT/CPS/인공지능 기반의 만물초지능혁명
주요 주체	국가	국가	국가 · 지자체	국가+시민
사회형태	공업사회	대량소비사회	기업가 위주의 사회	시민 위주의 사회
교통/통신	철도, 증기, 운하	자동차, 항공기	정보통신기술, 네트워크기술	초연결 네트워크, 자율주행차량
에너지	석탄, 증기	석유, 가스	전기	신재생에너지
커뮤니케이션방식	책, 신문 등	전화기, TV	인터넷	SNS, IoT, iOS 등

출처 : 삼정경제연구소(2016) 자료 수정 후 사용

 읽을거리

기사, 햄버거 공포증 확산, 소비자반응 살펴보니

　맥도날드 햄버거를 먹은 어린이가 '용혈성요독증후군(HUS)', 일명 햄버거병에 걸렸다는 주장이 확산되면서 소비자들의 우려가 커지고 있다.

　11일 업계에 따르면 육아카페와 SNS(소셜네크워크서비스)를 중심으로 햄버거 공포증이 일파만파로 커지고 있다. 260만 명의 회원이 가입돼 있는 육아 커뮤니티 '맘스홀릭베이비'에서는 '햄버거병'과 관련된 정보들이 수십 건 이상 공유되고 있는 상태다.

　회원 tkek****씨는 '다들 햄버거병 기사 읽어보셨나요?'라는 제목의 글을 통해 "저희 아이한테도 일어날 수 있는 일이라고 생각하면 너무 무섭다. 결과가 나와 봐야 알겠지만 지금부터라도 햄버거를 조심해야겠다"고 말했다. 해당 글에는 "아이에게 앞으로 햄버거를 안 먹이려고 한다", "그동안 애들에게 햄버거를 자주 먹였는데 충격이다", "햄버거병이 무서워 어제는 3살 딸이랑 집에서 햄버거를 직접 만들어먹었다"는 댓글이 달렸다.

회원 dial****씨는 "기사를 본 이상 더는 햄버거를 못 먹을 것 같다"며 "맥도날드의 불매운동을 부탁드린다"는 내용의 글을 쓰기도 했다. 관련 글에는 "맥도날드 햄버거를 먹으면서 패티가 덜 익은 것 같은 느낌을 받았던 적이 있다", "원래부터 맥도날드는 안 먹었다", "저희 신랑은 햄버거병 기사를 보고 아이에게 햄버거 금지령을 내렸다", "우리 아이도 맥도날드 햄버거를 먹고 구토발열로 힘들었던 기억이 있다" 등의 의견이 달린 상태다.

이 같은 분위기는 SNS에서도 마찬가지다. 한 네티즌은 "햄버거병을 알고 난 뒤 입맛이 떨어졌다(@eyag****)"고 말했다. 또 다른 네티즌도 "햄버거 먹고 병난 아이가 정말 불쌍하다. 나도 햄버거를 끊었다(@danc****)"고 말했다. 이어 "맥도날드 햄버거 불매운동에 참가합시다(@kykc****)", "무서워서 내 아이한테는 햄버거를 안 사줄 것 같다(@tgi*****)", "햄버거 먹을 때마다 패티를 보면서 우려했던 현실이다(@wow6****)" 등의 의견이 잇따라 올라왔다.

이 같은 논란은 "실제로 덜 익힌 고기 패티가 나올 수 있다"는 증언이 나오면서 확산되는 분위기다. 맥도날드의 전·현직 직원들이 한 매체와의 인터뷰를 통해 "체크리스트에 조리상태가 정상으로 기록되고 수백 개가 정상이더라도 일부 패티는 덜 익을 수 있다"고 밝혔기 때문.

맥도날드에서 아르바이트를 시작해 부점장까지 10년간 근무한 전직 직원 A씨는 "매일 아침 그릴과 패티의 온도를 측정하고 체크하지만. 온종일 그 온도가 유지되지 않을 수도 있다"며 "일부 직원은 체크리스트를 대충 작성하는 경우도 있다"고 말했다.

A씨는 또 덜 익은 패티 때문에 고객의 교환 요청을 받거나 제품을 폐기한 적이 여러 번 있었다고 증언했다. 그는 "조리기가 오류가 나거나 패티가 그릴 밖으로 삐져나올 수도 있고, 패티와 그릴 바닥 사이에 틈이 생기기도 한다"며 덜 익은 패티가 나오는 경우도 설명했다.

11년간 맥도날드에서 일했던 B씨 또한 "패티가 덜 익어서 폐기한 적이 여러 번 있었다"며 "기계로 조리하다 보니 완벽하게 다 구워지는 것은 아니다"고 말했다. 이 같은 증언은 맥도날드의 주장과 배치되는 것이다. 앞서 맥도날드는 "식품 안전 체크리스트가 정상으로 기록됐기 때문에 햄버거 제조과정상 덜 익은 패티가 나올 수 없다"고 해명한 바 있다.

한편 맥도날드 외 다른 햄버거 전문점들은 자칫 이번 사태가 업계 전반의 매출 하락으로 이어질까 노심초사하는 분위기다. 햄버거 전문점 맘스터치 측은 "이번 사태가 끼치는 영향이 전혀 없지는 않다. 현재 동향을 예의주시하고 있다"면서 "맘스터치는 햄버거 패티의 90% 이상을 튀기는 방식으로 제조하기 때문에 고기가 덜 익는 문제는 발생할 수 없다"며 선을 그었다.

버거킹의 경우 패티 제조과정을 다시 들여다보고 있다. 버거킹은 "고기 패티와 관련해 제조 매뉴얼과 가이드라인이 있지만 최근 제조 전 과정을 다시 점검 중"이라고 밝혔다. 롯데리아 또한 "기존에도 매뉴얼점검을 실시해 오고 있지만 다시 한 번 전국 점포에 매뉴얼을 제대로 지켜야 한다는 지침을 내렸다"고 말했다.

출처 : 월요신문, 2017.07.11

기사, '착한' 오뚜기에 반한 소비자들 "갓뚜기 최고"

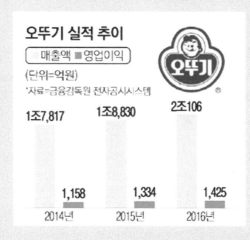

최근 소셜네트워크서비스(SNS)에서 식품 대기업 오뚜기에 대한 신뢰와 칭찬을 담은 글들이 끊이지 않고 있다. 비정규직을 거의 고용하지 않고 수천억 원대 상속세를 내는 등 미담이 계속 나오기 때문이다. 오뚜기의 진정성 있는 윤리경영에 감동한 소비자들은 급기야 '갓뚜기'라는 별명을 붙여줬다.

갓뚜기는 신이라는 의미의 '갓(God)'과 오뚜기의 합성어. 새 정부 출범을 전후로 재벌 개혁, 기업의 사회적 책임에 대한 관심이 높아진 가운데 '파도 파도 미담만 나온다'는 오뚜기에 대한 찬사다.

오뚜기의 '노블레스 오블리주'가 주목받은 계기는 지난해 9월 창업자 고(故) 함태호 명예회장의 별세였다. 함 명예회장이 세상을 떠나면서 그간 조명받지 못했던 오뚜기의 선행이 뒤늦게 알려지기 시작했다. 가장 먼저 화제가 된 미담은 함영준 회장이 부친 함 명예회장에게 오뚜기 주식을 상속받으면서 낸 1500억 원대의 상속세다. 지난해 9월 함 명예회장이 세상을 떠나며 남긴 오뚜기 주식은 총 46만 5543주. 오뚜기 전체 주식의 13.53%로 금전적 가치는 당시 주가 기준 3500억 원에 달했다.

상속세·증여세법에 따르면 30억원 이상의 상장 주식에 붙는 증여세는 50%다. 약 1500억 원을 세금으로 내놔야 한다는 얘기다. 오뚜기의 선택은 분명했다. 함 회장은 1500억 원가량의 상속세를 5년에 걸쳐 분납하기로 하고 지난해 12월 주식 전량을 상속받아 최대주주 자리에 올랐다.

'사람을 비정규직으로 쓰지 말라'는 함 명예회장의 경영철학도 뒤늦게 화제가 되고 있다. 비정규직이 넘쳐나는 요즘 세태와 확연히 대조된다. 금융감독원 전자공시시스템에 따르면 지난 1분기 보고서 기준 오뚜기의 전체 직원 3099명 중 36명만이 기간제 근로자로 비정규직 비율이 불과 1.16%에 그친다.

전반적으로 식품업계는 비정규직 비율이 낮지만 마트에 파견하는 시식 사원까지 정규직으로 고용하고 이를 회사 차원에서 적극적으로 알리지 않고 있었다는 점이 진정성 있는 모습으로 여겨지며 '착한 기업' 이미지에 일조했다. 활발한 사회공헌활동은 오뚜기에 대한 소비자들의 신뢰를 높였다. 특히 '왼손이 한 일을 오른손이 모르게 하라'는 철학이 감동을 더했다. 함 명예회장은 생전인 2015년 11월 315억 원 규모의 오뚜기 주식 3만 주를 사회복지단체인 밀알복지재단에 기부했다. 남몰래 진행한 개인적인 기부였지만 금융감독원에 보유 주식 감소 내용을 보고한 내용이 알려지면서 자연스럽게 미담이 전해졌다. 그는 1992년부터 한국심장재단을 통해 4242명의 선천성 심장병 어린이들에게 새로운 생명도 선물했다. 도움을 받은 아이들이 자라서 함 명예 회장의 사후 그를 기리는 모습이 조명되면서 오뚜기의 꾸준한 선행이 다시 한 번 회자됐다.

최근 알려진 석봉토스트와의 사연은 10년 만에 선행이 알려진 희귀한 사례다. 2000년대 초 서울 무교동에서 노숙자들에게 하루에 토스트 100개를 나눠주며 유명해진 김석봉 석봉토스트 사장이 "오뚜기가 어려운 이웃을 위해 자신에게 소스를 무상 제공했다"는 사실을 자서전에 소개하면서 '나눔과 양심의 자본주의' 대표 사례로 알려졌다. 소비자 입장에서 생각하는 모습을 보인 점도 오뚜기의 평판을 높인 원동력이었다. 지난해 최순실 사태 이후 정부가 손을 놓은 사이에 라면 등 식품가격 인상이 줄을 이었지만 오뚜기는 '가격 동결'을 선언했다. 2008년 100원 인상 이후 10년째 가격을 유지하고 있는 것이다.

오뚜기 관계자는 "가격 인상 요인은 많았지만 라면 등 서민 물가에 직결되는 식품값을 일제히 올릴 경우 가계 부담이 커질 수 있다고 판단했다"고 설명했다.

오뚜기는 지난해 사상 첫 매출액 2조 원을 달성하며 소비자들의 성원에 걸맞은 성과를 거뒀다. 히트상품 '진짬뽕'의 약진 등도 보탬이 됐지만 진짜 힘은 '오뚜기 상품 구매운동'까지 불러일으킨 모범적인 윤리 경영에서 나왔다는 게 대내외적인 평가다. 미국의 평판관리 전문가 찰스 폼브런은 기업 평판의 핵심 구성 요건으로 △사회적 책임 △비전과 리더십 △재무 성과 △근무환경 △제품·서비스 △감성적 공감을 꼽는다. '갓뚜기 열풍'을 만든 원인 역시 사회적 책임을 다하는 모습과 소비자들의 감성적 공감을 이끌어내는 진정성에 있었다.

출처 : 매일경제, 2017.06.30

12 4차 산업혁명과 소비자앙트레프레너십(entrepreneurship)[1]

1. 4차 산업혁명의 도래

기원전 3500년 전 고대 사람들이 무거운 물건을 쉽게 옮기기 위해 나무 조각 3개를 엮은 '바퀴'[2]를 만들지 않았다면, 지금의 자동차는 존재하지 않았을지도 모른다. 벨(Alexander Graham Bell)이 최초의 실용적인 전화기를 발명하지 않았다면 오늘날의 스마트폰은 존재하지 않고 여전히 파발마나 횃불을 통해 장거리 의사소통을 했을지도 모른다. 이렇게 인류 역사 변화의 중심에는 새로운 기술의 등장과 기술적 혁신이 자리하고 있었고, 새로운 기술의 등장은 단순히 기술적 변화에 그치지 않고 전 세계의 사회 및 경제구조에 큰 변화를 일으켰다. 기술적 혁신과 이로 인해 일어난 사회·경제적으로 큰 변화가 나타난 시기를 우리는 '산업혁명'[3]이라 부르고 있다.

먼저, 산업혁명의 역사적 전개는 [그림 1]에 정리된 것과 같다.

그림 1　기술적 혁신과 산업혁명의 시계열

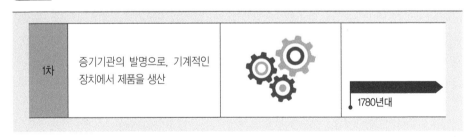

| 1차 | 증기기관의 발명으로, 기계적인 장치에서 제품을 생산 | 1780년대 |

---

1) 현재 보유하고 있는 자원의 범주를 뛰어넘어, 기회를 추구하는 일련의 혁신적 사고와 행동.

2) 통나무를 원판모양으로 잘라 만든 것이 최초의 바퀴라고 할 수 있으나, 메소포타미아 문명의 수메르인들은 기원전 3500년 경에 나무판자 세 조각을 구리못으로 연결하여 만든 바퀴가 현재 바퀴형태의 시초(잭 첼로너, 2010).

3) '산업혁명' 단어는 '아널드 토인비'가 『Lectures on the Industrial Revolution of the Eighteenth Century in England』에서 처음 사용하였고, 그는 기술적 혁신은 한 순간에 나타난 격변적인 현상이 아니라 그 이전부터 진행되어 온 점진적이고 연속적인 기술혁신의 과정으로 보고 있다.

2차	전기기관의 발명으로 대량생산이 가능해지고 노동력을 절약		1870년대
3차	정보통신기술의 발달로 생산라인이 자동화되고, 사람은 생산라인의 점검 및 컨트롤을 수행		1970년대
4차	AI, 빅테이터, 로봇 등을 통한 기술의 융합으로 사람·사물·공간이 초연결화 및 초지능화		2010년대

출처 : 미래창조과학부 한국과학기술기획평가원(2016.03.28), 이슈분석 : 4차 산업혁명과 일자리의 미래, p. 1

증기기관이 발명되며 1780년대에 1차 산업혁명이 시작되었다. 이로 인해 사람의 수작업 대신 기계를 이용해 제품을 생산하는 길이 열렸다. 나아가 증기기관차는 지역과 지역을 연결하는 수단이 되었다. 발전기와 전동기가 발명되면서 1870년대에는 2차 산업혁명이 일어났다. 석탄 산지로부터 멀리 떨어진 곳에도 전기에너지를 공급받아 공장을 가동할 수 있게 되고, 분업과 기계화에 기초한 대량생산 시스템이 확산되었다. 이에 따라 사람들은 더욱 질 좋고 저렴해진 재화를 풍부하게 공급받을 수 있게 되었다. 이 시기에는 자동차, 유선전화, 텔레비전이 도입되며 국가 내의 연결성을 높일 수 있었다. 3차 산업혁명은 1970년대부터 반도체, 컴퓨터, 인터넷 등 정보통신기술(ICT)이 도입되면서 일어났다. 이를 이용하여 노동집약적 작업이 이루어지던 생산 시스템이 자동화될 수 있었다. 또한 인터넷, 이동통신 등을 통해 세계가 하나로 연결되는 기반이 마련되었다. 2010년대 들어 여러 기기가 지능화되고, 만물이 집약적으로 연결되는 새로운 문명사적 변화가 나타나기 시작했다. 특히 사물인터넷(IoT), 빅데이터(Big Data), 클라우드 컴퓨팅(Cloud Computing), 모바일(Mobile), 인공지능(AI) 등 지능정보기술이 다른 분야와 융합하며 변화의 속도가 더욱 빨라지고 있다. 또한 인터넷이 등장하며 형성된 가상공간이 실제공간과 결합하며, 사람–사물–공간이 고도로 연결되고 단순한 정보 축적을 넘어 지능화가 이루어지기 시작했다. 지난 2016년 1월 다보스 포럼(World Economic Forum ; WEF)에서 논의된 '4차 산업혁명'이 의미하는 것이 바로 이것이다. WEF는 「The Future of Jobs」 보고서를 통해 4차 산업혁명이 머지않은 미래에 도래할 것이고, 변화의 물결이 생각보다 가까이 다가와 광범위한 측면에서 변화가 이루어질 것이라 전망하고 있다. 또한 4차 산업혁명을 '디지털 혁명(제3차 산업혁명)에 기반하여 물리적 공간, 디지털적 공간 및 생물학적 공간의 경계가 희석되는 기술융합의 시대'라고 정의하면서, 사이버물리 시스템(Cyber–Physical System ; CPS)에 기반한 4차 산업혁명은 전 세계의 산업구조 및 시장경제 모델에 커다란 영향을 미칠 것으로 예상하였다. 이는 기존에는 분리되어 있던 물리적 · 가상적 · 생물학적 영역들이 융합되면서 새로운 역사가 만들어지고 있는 것이다.

한편, 앞서 살펴본 산업혁명을 과학기술적 사건(Events)으로 보는 것은 매우 최근에 발생하였다. [그림 2]에서 볼 수 있듯이 인류의 기술발전 속도에 대하여도 접근해 보자. 최초의 인류인 '호모 사피엔스'가 등장한 시기가 20만 년 전에서 7, 8만 년 전이고, 농경중심의 사회에서 현대사회로의 첫 번째 전환점이라고 할 수 있는 제1차 산업혁명이 약 200여 년 전에 발생했다는 점은 우리 사회가 매우 짧은 시간 동안 발전하고 변화하였다는 것을 보여준다. 또한 현대사회로 진입할수록 새로운 기술과 기술적 혁신이 나타나는 주기가 극단적으로 빨라졌으며, 기술의 파급속도도 급격하게 빨라지고 있다. 1876년 벨(Bell)이 발명한 유선 전화기의 보급률이 10%에서 90%로 도달하는 데 걸린 기간은 73년이었으나, 1990년대에 상용화된 인터넷이 확산되는 데 걸린 시간은 20년에 불과했고, 휴대전화가 대중화되는 기간이 14년이라는 점은 기술발전의 속도와 더불어 기술의 파급력이 급진적으로 빠르다는 점을 보여주고 있다. 즉 새로운 기술이 등장하고 기술적 혁신이 나타나는 주기가 점차 짧아지며, 그 영향력은 더욱 커지고 있다는 것이다([그림 2] 참조).

현재 진행 중인 이러한 변화는 몇 가지 측면에서 이전과 다르다. 첫째, 과거의 산업혁명이 기계가 인간의 육체노동을 대체하는 과정이었다면, 앞으로는 인간의 지적 능력까지 대체할 수 있을 것이다. 둘째, 지금까지는 사람 간의 연결성이 강화되어 왔다면, 앞으로는 사람–사물 간, 사물–사물 간 연결성이 총체적으로 강화될 것이다. 셋째, 지금까지 변화가 실제공간을 중심으로 일어났다면, 앞으로는 실제공간이 가상공간과 결합하여 변화가 가속될 것이다. 이러한 변화는 기술의 차원을 넘어 경제와 사회에 근본적인 지각변동을 몰고 올 것으로 예상된다.

특히 주목할 점은 4차 산업혁명이 가져올 변화가 공급 측면의 생산 영역에만 그치지 않는다는 것이다. 그 여파는 수요 측면의 소비, 심지어 개인의 일상생활에까지 미쳐 '지능정보사회'로의 전환을 가속시킬 것으로 예상된다.

그림 2   인류의 기술발전 속도

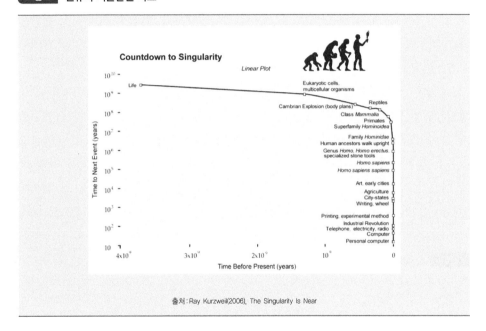

출처 : Ray Kurzweil(2006), The Singularity Is Near

2. 4차 산업혁명, 그리고 미래사회 변화

1) 4차 산업혁명의 특징

4차 산업혁명은 '초연결성(Hyper-Connected)', '초지능화(Hyper-Intelligent)의 특성을 가지고 있고, 이를 통해 "모든 것이 상호 연결되고 보다 지능화된 사회로 변화"시킬 것이다.

우리 사회는 이미 '초연결 사회'로 진입하고 있다. 사물인터넷(IoT), 클라우드 등 정보통신기술(ICT)의 급진적 발전과 확산은 인간과 인간, 인간과 사물, 사물과 사물 간의 연결성을 기하급수적으로 확대시키고 있고, 이를 통해 '초연결성'이 강화되고 있다. 2020년까지 인터넷 플랫폼 가입자가 30억 명에 이를 것이고 500억 개의 스마트 디바이스로 인해 상호 간 네워크킹이 강화될 것이라는 전망은 초연결사회로의 진입을 암시하고 있다(삼성증권, 2016). 또한 인터넷과 연결된 사물(Internet-connected objects)의 수가 2015년 182억 개에서 2020년 501억 개로 증가하고, M2M(Machine to Machine, 사물−사물) 시장 규모도 2015년 5조 2000억 원에서 2020년 16조 5000억 원 규모로 성장할 것으로 전망되고 있다. 이러한 시장 전망은 '초연결성'이 4차 산업혁명이 도래하는 미래사회에서 가장 중요한 특성임을 보여주고 있다([그림 3] 참조).

또한 4차 산업혁명은 '초지능화'라는 특성이 존재한다. 즉 4차 산업혁명의 주요 변화동인인 인공지능(AI)과 빅데이터의 연계 및 융합으로 인해 기술 및 산업구조가 '초지능화'된다는 것이다. 2016년 3월 이미 우리는 '초지능화' 사회로 진입하고 있음을 경험하였다. 인간 '이세돌'과 인공지능 컴퓨터 '알파고(AlphaGo)'와의 바둑 대결이 그것이다. 바둑판 위의 수많은 경우의 수와 인간의 직관 등을 고려할 때 인간이 우세할 것이라는 전망과 달리 '알파고'의 승리는 사람들에게 충격으로 다가

그림 3 인터넷과 연결된 사물(Connected objects)의 수 증가

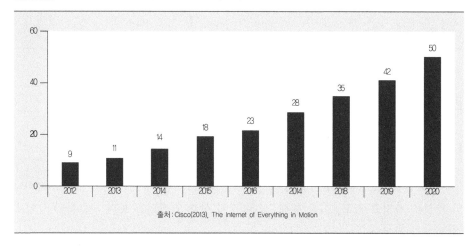

출처 : Cisco(2013), The Internet of Everything in Motion

왔다. 이 대결은 '초지능화' 사회의 시작을 알리는 단초가 되었고, 많은 사람들이 인공지능과 미래사회 변화에 대해 관심을 갖기 시작했다. 사실 2011년에도 이미 인공지능과 인간 간의 대결이 있었다. 미국 ABC 방송국의 인기 퀴즈쇼인 '제퍼디!(Jeopardy!)'에서 인간과 IBM의 인공지능 컴퓨터 왓슨(Watson) 간에 퀴즈대결이 있었는데, 최종 라운드에서 왓슨은 인간을 압도적인 차이로 따돌리며 우승하였다. 이 대결은 인공지능 컴퓨터가 계산도구에서 벗어나 인간의 언어로 된 질문을 이해하고 해답을 도출하는 수준까지 도달했음을 보여주는 사례로 회자되고 있다.

산업시장에서도 딥 러닝(Deep Learning) 등 기계학습과 빅데이터에 기반한 인공지능과 관련된 시장이 급성장할 것으로 전망되고 있다. 시장조사기관인 트랙티카(Tractica)의 보고서에 따르면 인공지능 시스템 시장은 2015년 2억 달러 수준에서 2024년 111억 달러 수준으로 급성장할 것으로 예측되고 있고(Tractica, 2015), 인공지능이 탑재된 스마트 머신의 시장 규모는 2024년 412억 달러 규모가 될 것으로 보고 있다(BCC Research, 2014). 이러한 기술발전 속도와 시장성장 규모는 '초지능화'가 4차 산업혁명 시대의 또 하나의 특성이라는 점을 말해주고 있다.

2) 4차 산업혁명에 따른 미래사회 변화

많은 미래학자들과 전망 보고서들은 4차 산업혁명에 따른 미래사회 변화가 크게 기술·산업구조, 고용구조 그리고 직무역량 등 세 가지 측면에서 나타날 것으로 예측하고 있다. 앞서 언급하였듯이 미래사회 변화는 기술의 발전에 따른 생산성 향상 등 긍정적인 변화도 존재하는 반면, 일자리 감소 등과 같은 부정적인 변화도 존재한다. 따라서 미래사회의 다양한 변화를 면밀하게 살펴봄으로써 우리는 보다 현실적이고 타당한 대응방안을 모색할 수 있을 것이다.

우선 기술·산업적 측면에서 4차 산업혁명은 기술 및 산업 간 융합을 통해 "산업구조를 변화"시키고 "새로운 스마트 비즈니스 모델을 창출"시킬 것으로 판단된다. 4차 산업혁명의 특성인 '초연결성'과 '초지능화'는 사이버물리시스템(Cyber Physical System ; CSP)기반의 스마트 팩토리(Smart Factory) 등과 같은 새로운 구조의 산업생태계를 만들고 있다. 예를 들어 사이버물리시스템은 생산과정의 주체를 바꾸게 되는데, 기존에는 부품·제품을 만드는 기계설비가 생산과정의 주체였다면 이제는 부품·제품이 주체가 되어 기계설비의 서비스를 받아가며 스스로 생산과정을 거치는 형태의 산업구조로 변화한다는 것이다. 이로 인해 이미 제조업 분야에서 인간의 노동력 필요성이 점차 낮아지고 있어 '리쇼어링(Reshoring)[4]' 현상이 나타나는 등 산업생태계가 변화하기 시작했다. 이러한 변화가 반영하듯 보스턴컨설팅그룹(BCG)은 2013년 보고서에서 미국이 다시 생산기지로 적합해지고 있다고 진단하였다. 이미 제너럴일렉트릭(GE, General Electric Corp.)은 세탁기와 냉장고, 난방기 제조공장을 중국에서 켄터키주(州)로 이전하였고, 구글(Google)도 미디어 플레이어인 넥서스Q를 캘리포니아주(州) 세너제이에 만들고 있다. 그리고 독일은 2011년 제조업의 혁신과 부흥을 위해 정보통신기술(ICT)과 제조업을 융합하여 사이버물리시스템 기반의 '인더스트리 4.0(Industry 4.0)' 전략을 선제적으로 추진하고 있다.

또한 사물인터넷(IoT) 및 클라우드 등 '초연결성'에 기반을 둔 플랫폼 기술의 발전으로 O2O(Online to Offline) 등 새로운 '스마트 비즈니스 모델'이 등장할 것이다. 공유경제(Sharing Economy) 및 온디맨드경제(On Demand Economy)의 부상은 소비자 경험 및 데이터 중심의 서비스 및 새로운 형태의 산업 간 협업 등으로 이어지고, 정보통신기술(ICT)과 '초연결성'에 기반한 새로운 스마트 비즈니스 모델이 등장시킬 것으로 전망되고 있다. 또한 4차 산업혁명의 주요 변화 동인이자 기술 분야인 빅데이터, 사물인터넷, 인공지능 및 자율주행자동차 등의 기술개발 수준 및 주기를 고려할 때 향후 본격적 상용화로 인해 새로운 시장이 나타날 것으로 예상하고 있다.

두 번째로 4차 산업혁명으로 인해 '고용구조의 변화'가 나타날 것이다. 즉 4차 산업혁명을 야기하는 과학기술적 주요 변화동인이 미래사회의 고용구조인 일자리 지형을 변화시킬 것으로 전망되고 있는 것이다. 특히 자동화 기술 및 컴퓨터 연산기술의 향상 등은 단순·반복적인 사무행정직이나 저숙련(Low-skills) 업무와 관련된 일자리에 직접적으로 영향을 미쳐 고용률을 감소시킬 것으로 예측되고 있다. 옥

---

4) 리쇼어링(Reshoring)은 해외에 나가 있는 자국기업들에 각종 세제혜택이나 규제완화 등을 통해 자국으로 불러들이는 정책으로, 기존의 싼 인건비나 판매시장을 찾아 해외에서 생산공장을 설치한 '오프쇼어링(Offshoring)의 반대 개념

스퍼드대학(Oxford University)의 Martin School은 컴퓨터화 및 자동화로 인해 미래에 사라질 가능성이 높은 직업에 대한 연구를 수행하였는데, 현재 직업의 47%가 20년 이내에 사라질 가능성이 높은 것으로 도출되었다. 특히 텔레마케터, 도서관 사서, 회계사 및 택시기사 등의 단순·반복적인 업무와 관련된 직업들이 자동화 기술로 인해 사라질 것으로 전망하고 있다(Oxford Univ., 2013). 호주는 노동시장의 39.6%(약 5만 명의 노동인력)가 수십 년 내 컴퓨터에 의해 대체 될 것으로 예상하고 있고, 그중 18.4%는 업무에서의 역할이 완전히 사라질 가능성이 높은 것으로 보고 있다(CEDA, 2015).

독일 제조업 분야에서는 기계가 인간의 업무를 대체함에 따라 생산부문 120,000개(부문 내 4%), 품질관리부문 20,000개(부문 내 8%) 및 유지부문 10,000개(부문 내 7%)의 일자리가 감소하고 생산계획부문의 반복형 인지업무(Routine cognitive work)에서도 20,000개 이상의 일자리가 사라질 것으로 예측되고 있고, 이러한 현상은 2025년 이후 더욱 가속화될 것으로 전망되고 있다(Boston Consulting Group, 2015). 미국의 경우에도 인공지능, 첨단로봇 등 물리적/지적 업무의 자동화로 인해 대부분 업무의 특정 부분이 자동화될 것으로 보고 있다. 구체적으로는 저숙련 및 저임금 노동인력이 수행하는 단순 업무와 더불어 재무관리자, 의사, 고위간부 등 고숙련, 고임금 직업의 상당수도 자동화되어, 인간이 하는 업무의 45%가 자동화될 것으로 전망되고 있다(Mckinsey, 2016).

그러나 일자리 지형 변화와 관련하여 부정적인 전망만 있는 것은 아니다. 4차 산업혁명과 관련된 기술직군 및 산업분야에서 새로운 일자리가 등장하고, 고숙련(High-skilled) 노동자에 대한 수요가 증가할 것이라는 예측도 존재한다. 특히 산업계에서는 인공지능, 3D 프린팅, 빅데이터 및 산업로봇 등 4차 산업혁명의 주요 변화 동인과 관련성이 높은 기술분야에서 200만 개의 새로운 일자리가 창출되고, 그중 65%는 신생직업이 될 것이라는 전망도 있다(GE, 2016). 또한 독일 제조업 분야 내 노동력의 수요는 대부분 IT와 S/W개발 분야에서 경쟁력을 가진 노동자를 대상으로 나타날 것이고, 특히 IT 및 데이터 통합 분야의 일자리 수는 110,000개(약 96%)가 증가하고, 인공지능과 로봇 배치의 일반화로 인해 로봇 코디네이터 등 관련 분야 일자리가 40,000개 증가할 것으로 전망되고 있다(Boston Consulting Group, 2015).

마지막으로 4차 산업혁명에 따른 기술·산업 측면의 변화와 일자리 지형의 변화는 여기에서 멈추지 않고 고용 인력의 '직무역량(Skills & Abilities) 변화'에 영향을 미치고 있다. WEF 보고서에 따르면 4차 산업혁명은 고용인력이 직무역량 안정성(Skills Stability)에도 영향을 미치고, 산업분야가 요구하는 주요 능력 및 역량에도 변화가 생겨 '복합문제 해결능력(Complex Problem Solving Skills)' 및 '인지능력' 등에 대한 요구가 높아질 것으로 전망되고 있다(WEF, 2016)(〈표 1〉 참조).

표 1 산업분야별 요구 직무역량 변화 전망(2015~2020)

구분(%)	기초/인프라		소비자		에너지		금융서비스		보건		정보통신기술		미디어		이동수단		전문서비스		평균	
	현재	2020	현재	2020	현재	2020	현재	2020	현재	2020	현재	2020	현재	2020	현재	2020	현재	2020	현재	2020
복합문제 해결능력	42	33	28	31	49	38	35	39	35	36	36	46	–	–	32	24	35	38	36	36
사회적 능력	17	17	26	27	27	28	32	23	30	28	20	19	27	32	22	20	26	24	20	19
공정능력	10	19	21	22	24	29	36	34	25	36	26	25	27	31	18	22	37	29	18	18
체계적 능력	22	26	28	25	24	18	23	22	–	–	26	24	–	–	16	23	16	16	16	17
자원관리 능력	21	15	38	35	29	24	20	20	–	–	16	19	28	32	26	28	24	29	14	13
기술적 능력	25	20	20	18	29	22	5	16	–	–	22	20	–	–	26	21	19	18	14	12
인지 역량	10	19	13	25	–	–	15	23	35	36	20	23	–	–	11	27	19	22	11	15
콘텐츠 능력	6	13	–	–	–	–	22	24	–	–	19	18	–	–	22	28	11	15	10	10
신체적 역량	–	–	–	–	–	–	–	–	–	–	–	–	–	–	–	–	–	–	5	4

출처 : WEF(2016), The Future of Jobs

다수의 전망 보고서에서도 '컴퓨터/IT' 및 'STEM(Science, Technology, Engineering, Mathematics)'분야의 지식이 효율적인 업무수행을 위해 필요함을 강조하고 있다(Oxford Univ., 2016). 특히 미국 제조업계에서는 2018년까지 전체 일자리의 63%가 STEM분야의 교육 이수를 요구하고, 첨단제조분야의 15% 이상이 STEM 관련 고급학위(석사 이상)를 필요로 할 것으로 전망하고 있다(GE, 2016). 또한 미래사회의 고용 인력은 새로운 역할과 환경에 적응할 수 있는 유연성과 더불어 지속적인 학제 간 학습(Interdisciplinary Learning)이 필요하고, 다양한 하드 스킬(Hard Skills)을 활용할 수 있어야 한다고 말하고 있다. 로봇이나 기계를 다루는 전문적인 직업 노하우를 정보통신기술(ICT)과 접목할 수 있는 역량과 더불어 다양한 지식의 활용을 기반으로 소프트스킬(Soft Skills)이 미래사회에서 더욱 중요한 역량이 될 것으로 보고 있다(Boston Consulting Group, 2015).

직무역량과 더불어 자동화 또는 인공지능 등 기술 및 기계의 발전으로 노동력이 대체되더라도 창의성 및 혁신성 등과 같은 인간만의 주요 능력 및 영역은 자동화되지 않을 것으로 전망되고 있다. Mckinsey는 미국 내 800개 직업을 대상으로 업무 활동의 자동화 가능성을 분석한 결과, 800개 중 5%만이 자동화 기술로 대체되고 2,000개 업무 활동 중 45%만이 자동화될 것으로 분석하고 있다. 그리고 인간이 수행하는 업무 중 창의력을 요구하는 업무(전체 업무의 4%)와 감정을 인지하는 업무(전체 업무의 29%)는 자동화되기 어려울 것으로 보고 있다(Mckinsey, 2015).

다양한 미래 전망보고서들이 제시하고 있는 4차 산업혁명에 따른 미래사회 변화를 종합·분석해 보면, 4차 산업혁명은 '기술·산업구조' 및 '고용구조'와 같이 사회 외적 측면에만 영향을 미치는 것이 아니라 '역량'이라는 사회 내적 측면이자 인간 개개인의 특성에도 영향을 미치고 있음을 알 수 있다. 이는 미래사회 변화에 대비하기 위해서 사회 외적인 측면에서의 대응과 사회 내적인 측면에서의 대응이 병행되어야 함을 의미한다.

3. 4차 산업혁명에서 '생산과 소비의 혁명'

1) 생산과 소비의 혁명의 의미

'생산과 소비의 혁명'이 미래 사회에 미칠 영향력은 2015년 미래준비위원회가 발표한 「10년 후 대한민국, 미래이슈 보고서」의 '제조 혁명' 이슈에서 살펴볼 수 있다. 「10년 후 대한민국, 미래이슈 보고서」에서는 전문가 설문조사, 학술자료, 포털사이트 뉴스 키워드 등의 입체적 분석을 통해 미래이슈가 다른 미래이슈들이나 핵심기술들과 어떻게 영향을 주고받을 것인지 분석한 바 있다.

미래이슈와 핵심기술 간 연관관계를 분석한 결과, '제조 혁명' 이슈는 [그림 4]에서 볼 수 있듯이 미래이슈들 중 핵심기술들과 가장 높은 관련성을 갖는 것으로 나타났다. '제조 혁명' 이슈는 핵심기술들 중 3D 프린터와 연관관계가 가장 높았으며,

이외에 인공지능, 사물인터넷, 가상현실 등과도 연관을 보였다.

이러한 핵심기술들에 의해 이루어지는 '제조 혁명'은 생산과 소비 전반을 변화시킬 수 있다. 지능정보기술로 세상의 연결성이 높아지고 사물이 지능화되면서, 제조를 비롯한 생산활동이 소비와 밀접하게 결합할 것이기 때문이다. 예를 들어, 미쉐린 등의 타이어 기업은 센서를 부착한 타이어를 물류 회사에 판매하고, 타이어 비용과 유류 비용을 최적화하는 서비스를 제공할 수 있다. 이용과정에서 생성되는 센서 데이터는 소비자 의견과 함께 분석되어 다시 제품의 생산과 결합된다. 이렇듯 '제조 혁명'은 향후 제품과 서비스를 생산하고 소비하는 방식을 바꿔놓을 것이다. 이러한 관점에서 '제조 혁명' 이슈는 자연스럽게 '생산과 소비의 혁명' 이슈로 확장될 수 있다.

그림 4 **'제조 혁명' 이슈와 핵심기술과의 연관관계**

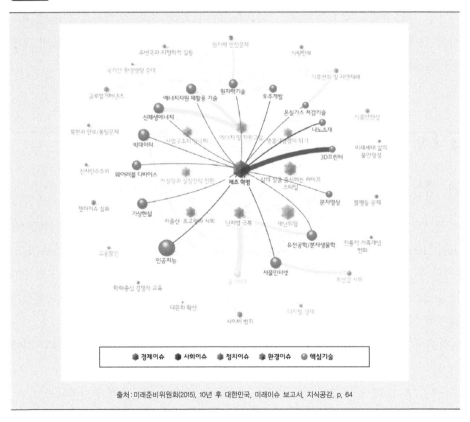

출처 : 미래준비위원회(2015), 10년 후 대한민국, 미래이슈 보고서, 지식공감, p. 64

'생산과 소비의 혁명'이란 이러한 초연결 플랫폼이 기술·경제·사회 전반에 확산되면서 생산과 소비의 전 과정이 지능화되고, 또한 서로 긴밀하게 상호작용하게 되는 혁명적 변화를 가리킨다([그림 5] 참조).

그림 5 **'생산과 소비의 혁명' 의미**

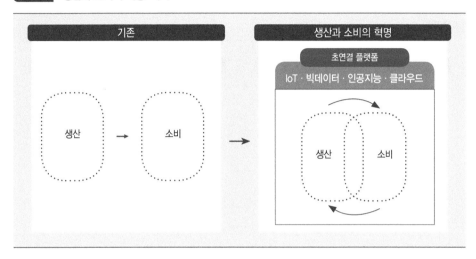

　제품과 서비스를 생산하고 소비하는 경제 활동은, 생산자가 가치를 만들어 소비자에게 전달하는 가치사슬(value chain)의 관점에서 살펴볼 필요가 있다. 가치사슬이란 고객에게 가치를 주는 기업 활동, 기업 활동을 가능하게 하는 생산과정, 기업 활동을 통하여 소비자의 욕구가 충족되는 과정 전체를 의미한다. 가치사슬에서 기업의 활동이 가치를 가질 수 있도록, 기업은 소비자가 원하는 가치를 반영한 제품과 서비스를 신속하게 제공하려고 노력한다. 따라서 기업은 상호 협력하는 공급자와 정보를 공유하고 지속적으로 소비자의 정보를 파악한다. 그런데 앞서 언급한 사물인터넷, 빅데이터, 인공지능이 형성하는 초연결 플랫폼을 통해 소비와 생산을 직접 연결하고, 생산과 소비의 프로세스들 간에도 거의 실시간으로 정보를 공유할 수 있게 되었다. 즉 판매현장에서 나타나는 소비자의 요구가 실시간으로 기획이나 디자인, 제조단계에 반영될 수 있게 된 것이다. 다시 말해, 소비와 생산이 결합되는 것이다.

　[그림 6]을 보자. 기존에는 생산공정이 순차적으로 관리되므로 소비자의 요구가 생산에 반영되려면 상당한 시간이 필요했다. 즉 소비자가 원하는 가치를 만족시키

는 것에 제한이 있을 수밖에 없었다([그림 6] 왼쪽). 그러나 초연결 플랫폼에 의하여 소비자의 요구가 생산에 실시간으로 반영될 수 있게 됨에 따라 소비자 만족과 생산성이 획기적으로 향상될 것이다([그림 6] 오른쪽). 이러한 현상은 초연결이라는 변화가 만들어낸 생산과 소비의 혁명이라고 할 수 있다.

그림 6 **생산과 소비 프로세스의 변화**

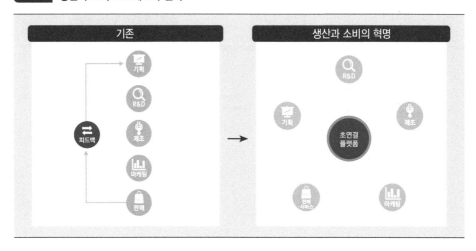

이러한 변화는 가치사슬 자체의 성격에도 변화를 가져온다. 2000년대에는 ICT의 발전과 지식경제의 확산으로, 가치사슬상 부가가치에서 제조부분의 비중이 상대적으로 낮아지며 스마일 커브의 모양을 띠게 되었다([그림 7] 참조). 이에 따라 다국적 기업들은 인건비가 저렴한 아시아 국가 등으로 제조시설을 이전하고 모기업은 R&D와 서비스에 집중하게 되었다. 가치사슬의 국제적 분담이 이루어진 것이다. 우리나라의 대기업들도 제조시설을 중국, 동남아시아로 이전하고, 국내에서는 핵심R&D, 판매, 서비스를 수행했다.

그러나 4차 산업혁명으로 가치사슬과 부가가치에 변화가 일어나며 스마일 커브의 형태가 바뀌고 있다. 가치사슬 프로세스 내에 지능정보기술이 적용되고 정보가 공유됨에 따라(화살표 ①), 가치사슬 전체의 부가가치가 상승하면서 제조부분의 비중이 다시 높아지게 된다(화살표 ②). 이에 따라, 선진국들은 한동안 홀대하던 제조부분을 재조명하게 되었다. 최근 선진국의 기업들이 제조시설을 본국으로 되돌리는

그림 7 가치사슬의 변화

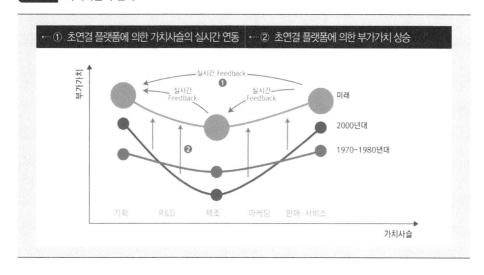

리쇼어링(reshoring) 현상도 이러한 맥락에서 이해할 수 있다.

이러한 '생산과 소비의 혁명'에 대해 다음과 같이 예측하고 있다(미래창조과학부 미래준비위원회 외, 2017). 첫째, 새로운 산업혁명은 2040년경까지 계속될 것이고, 그 속성들이 상호작용하면서 21세기 말까지 광범위하게 영향을 미칠 것이다. 둘째, 맞춤형 생산의 기회가 더욱 많아질 것이며, 기업들은 대량 맞춤화(mass customization)나 대량 개인화(mass personalization)를 통해 고객들에게 더욱 넓은 선택의 폭을 제공할 것이다. 셋째, 제품·서비스의 생산이 글로벌 가치사슬에 걸쳐 확산되고, 고비용 국가, 저비용 국가마다 역할을 맡으며 사업 기회를 찾아갈 것이다. 넷째, 특정 그룹 고객을 대상으로 하는 틈새시장(niche market)이 세계적으로 성장할 가능성이 커지면서, 기업들은 특정 영역에 전문화할 기회를 더 많이 얻게 될 것이다. 다섯째, 생산자는 더욱 높아진 환경 의식으로 인해 지속가능성(sustainability)을 추구할 것이며 물질의 재활용이 일반화될 것이다.

이러한 변화는 경제·사회 전체를 단기간에 바꾸어놓는다는 점에서 혁명적이라고 할 수 있다. 그리고 현재 일어나는 생산과 소비의 대전환은 우리에게 위기와 기회를 함께 몰고 올 것이다.

2) 생산과 소비의 변화전망

인류는 산업혁명의 시기마다 과학기술의 확산에 의하여 사회, 경제, 환경의 전반에서 불연속적인 변화를 경험해 왔다. 하지만 미래 생산과 소비의 혁명은 지난 산업혁명과 비교하여 볼 때 더욱 큰 파고로 나타날 것이다. 지능정보기술을 비롯한 핵심기술들은 변화의 중요한 원동력으로, 생산과 소비에서 자동화를 진전시키고, 가치 있는 데이터를 공급하며, 사람과 사물을 더욱 긴밀하게 연결해 줄 것이다. 그리고 경제·사회 영역에서 인구구조의 변화, 기후변화와 자원부족, 경제 저성장, 세계화의 가속과 신보호무역주의의 등장은 생산과 소비에 새로운 과제를 부여하며 변화를 이끌 것이다.

'다양화'와 '융합'이 핵심을 이루는 생산과 소비의 융합적 혁명이야말로 생산과 소비의 미래상이라고 할 수 있다. 우선, 생산과 소비의 '다양화' 측면에서는, ① 개인 맞춤형 생산의 확대, ② 소비 트렌드의 급격한 변화, ③ 생산·소비의 환경친화성 증대 트렌드가 두드러질 것이다. 그리고 '융합' 측면에서는, ④ 제조와 서비스의 결합, ⑤ 생산과 소비의 스마트화, ⑥ 프로세스의 글로벌 융합과 리쇼어링 현상이 나타나고 있다.

그림 8 '생산과 소비 혁명'의 동인과 미래상

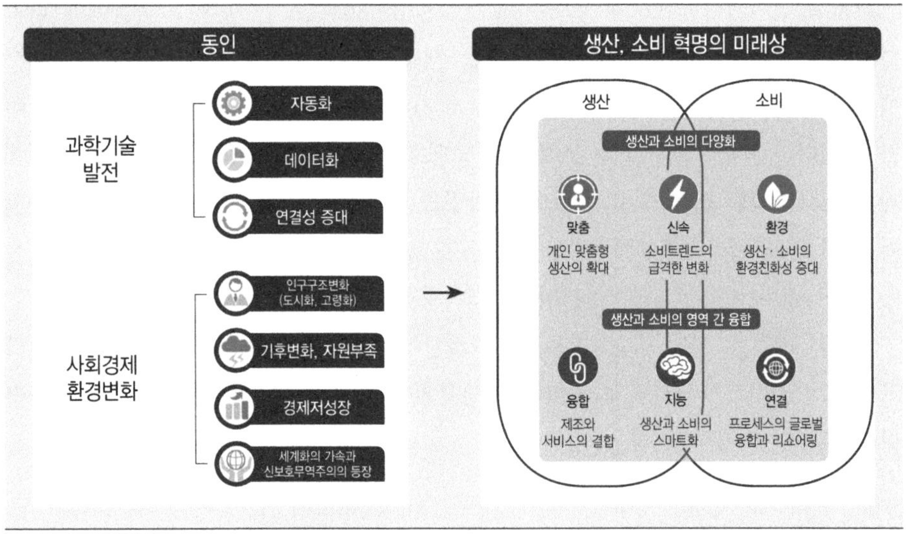

(1) 과학기술의 발전에 의한 생산·소비의 변화

앞서 일어난 산업혁명의 시기마다 새로운 범용기술(general-purpose technology, GPT)이 등장하여 경제·사회를 변화시키곤 했다. 범용기술이란, 1차 산업혁명 시대의 증기기관, 2차 산업혁명 시대의 전기기관, 3차 산업혁명 시대의 ICT처럼, 경제·사회 전반에 영향을 미치며 극적인 변화를 가져오는 기술을 뜻한다. 다가올 미래에는 사물인터넷, 인공지능, 빅데이터, 클라우드 컴퓨팅, 로봇공학(Robotics), 3D 프린팅, 블록체인(blockchain) 등의 기술이 지능정보기술로 진화하여 생산과 소비의 변화를 주도할 것으로 전망된다.

앞으로 다가올 생산과 소비의 혁명 시대에는 정보통신보다 진화된 지능정보기술이 나노(Nano)나 바이오(Bio) 등의 기술분야, 제조와 서비스를 아우르는 산업분야와 융합함으로써 생산성과 효율성을 획기적으로 높이는 코어 역할을 할 것이다. 이러한 변화의 방향은 ① 자동화, ② 데이터화, ③ 연결성 증대로 정리될 수 있다.

① 자동화

지능정보기술의 발전에 힘입어 자동화 수준이 고도화되며 적용범위 또한 확대되고 있다. 미래에는 기계가 단순한 저숙련 육체노동의 대체를 넘어, 의사 결정, 최적화, 소통·교류 등의 지식노동도 수행하고, 개인의 맞춤형 소비까지 지원하게 될 것이다. 그 중심에는 인공지능 기술로 대표되는 디지털 기술과 3D 프린팅으로 대표되는 개인화 제조기술이 있다.

인공지능은 인간의 지각, 추론, 학습 등과 같은 지적 능력을 디지털로 구현하여 문제 해결력을 크게 높인 기술이다. 딥 러닝(deep learning) 등의 머신러닝(machine learning)에 힘입어 인공지능은 최근 획기적 발전을 이루었다. 머신러닝은 사람 얼굴이나 음성의 인식, 소설이나 회화의 창작 등 인공지능에게 무리라고 여겨지던 수준까지 단번에 도약하도록 만들었다. 최근에는 의료 및 투자 자문, 자율주행 등 여러 분야로 적용이 확대되고 있다. 인공지능은 나날이 축적되는 빅데이터를 재료 삼아 더욱 현명해질 것이라 예상된다.

또한 3D 프린팅 기술의 발전에 힘입어 디지털 설계도로부터 실제의 제품을 자동으로 구현할 수 있게 되었다. 미래에는 3D 프린팅이 확산되면서 산업 및 생활의 기반 기술로 정착할 것이라 예상된다. 개인의 일상에도 3D 프린팅이 일반화되어 가정이나 사무공간에서도 필요한 물품을 바로 만들어 쓰고, 대형 기계설비 없이도 제품을 만드는 1인 제조업도 활성화될 것이다. 나아가 3D 프린팅을 활용한 초정밀 가공으로 인공장기·인체조직 등을 생산하고, 대형 복합 3D 프린터를 이용하여 비행기, 우주선 등의 첨단제품도 제작하는 시대가 올 전망이다.

자동화는 생산·소비가 데이터화됨에 따라 급증하는 데이터 분석에 유용하게 활용되며 가치를 창출할 것이다. 예를 들어, 자동화 데이터 분석 서비스를 이용해 이전에는 미처 몰랐던 새로운 사업기회를 발굴하고, 다양한 소비자의 개별적 수요를 포착할 수 있게 될 것이다. 그리고 자동화된 시장분석 서비스를 활용해 소비 패턴을 분석하고 특화된 개별 마케팅을 제공할 수도 있다. 제조업에서는 생산공정 자체가 지능화, 유연화되면서 개개인의 수요에 대응하는 맞춤형 제품의 제공이 가능해진다. 의료분야에서는 인공지능 기반의 데이터 분석으로 환자 개개인의 유전체 및 생활패턴 분석을 최신 논문 및 사례 분석 등과 결합할 수 있게 된다. 이를 통해 진단의 정확성을 높이고 맞춤형 처방을 제시할 수 있게 될 것이다. 법률 분야에서도 방대한 판례를 신속하게 분석하여 소송에 대처하는 최적의 가이드라인을 제시해 줄 것이다.

② 데이터화

실제공간의 정보가 디지털 데이터로 전환되는 비율이 높아지면서 데이터는 생산과 소비의 중요한 자원으로 진화되고 있다. IT 시장조사기관 IDC(International Data Corporation)에 의하면, 연도별 디지털 데이터 생성은 2013년 4.4 제타바이트(ZB=1012GB)에서 2020년 44 제타바이트로 10배나 증가할 것([그림 9] 참조)이라고 한다. 2018년 이후에는 신흥국의 데이터 생성이 선진국을 추월하며 이러한 추세를 주도할 것이다.

그림 9 디지털 데이터의 급격한 증가

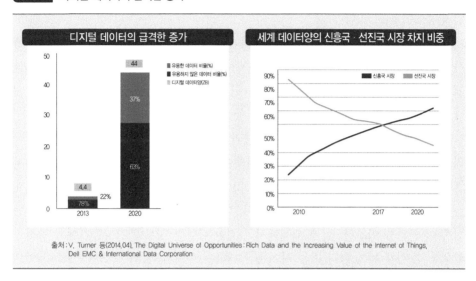

출처 : V. Turner 등(2014.04), The Digital Universe of Opportunities : Rich Data and the Increasing Value of the Internet of Things, Dell EMC & International Data Corporation

데이터가 풍부해지더라도 제때 분석하여 필요한 정보로 가공할 수 없으면 무용지물이다. 기존의 데이터베이스 기술로는 자료의 추출에만 몇 주 내지는 몇 달이 걸렸다. 그러나 컴퓨팅 기술의 발전으로, 이제는 방대한 데이터라도 실시간으로 처리하여 활용할 수 있게 되었다. 이러한 빅데이터 분석기술의 적용이 확대되며 전체 데이터에서 활용 가능한 데이터의 비중도 2013년 22%에서 2020년 37%로 높아질 전망이다.

이용 가능한 데이터의 증가와 신속한 분석은 다양한 제품과 서비스를 소비자 맞춤형으로 제공할 수 있게 해준다. 지금까지의 보험산업은 보험사가 사전에 설계한 기성 보험상품 중 하나를 가입자가 선택하는 방식이었다. 하지만 미래에는 보험사가 가입자의 일생을 분석하여 한 사람 한 사람에 맞춘 보험상품을 제시하는 형태로 바뀔 것이다. 또한 사물인터넷으로 새로운 유형의 데이터를 축적할 수 있게 되어 정밀농업(Precision Farming), 핀테크(FinTech), 자율주행 등 새로운 서비스들의 실현을 가속화시킬 것이다.

③ 연결성 증대

정보통신기술의 발달로 지난 10여 년간 세계의 연결성은 비약적으로 증대되어 왔다. 세계의 인터넷 사용자는 2005년 10억 명에서 2015년 32억 명으로 3배 넘게 증가했다. 이에 따라 나타난 디지털 플랫폼은 수많은 생산자와 소비자가 참여하며 산업의 중심이 되고 있다.

소규모 사업자나 개인도 디지털 플랫폼을 통해 산업이나 사회에 큰 영향력을 행사할 수 있게 되었다. 최근 중국 샤오미(Xiaomi, 小米科技)의 급성장, 2013년 미국 에드워드 스노든(Edward Snowden)의 위키리크스(Wikileaks) 파문, 에어비앤비나 배달의 민족 같은 새로운 비즈니스의 등장은 이러한 변화를 단적으로 보여준다.

앞으로는 사람과 사물 간의 연결, 사물과 사물 간의 연결도 증가할 것이다. 미국의 네트워크 기업 시스코(Cisco)는 인터넷에 연결된 기기가 2015년 150억 개에서 2020년경에는 500억 개로 크게 증가할 것이라 예상했다. 이러한 사물인터넷 세계는 부품, 반제품, 제품 등에 부착된 센서, 이들을 연결하는 무선인터넷, 근거리 통신 등이 근간을 이룬다. 실제 세계에서 수집한 다양한 정보를 가상공간에서 축적·활용할 수 있게 됨에 따라 이들 사이를 매개하는 사이버-물리 시스템(CPS)이 중요해진다. 이때 빅데이터, 인공지능 등의 지능정보기술은 직간접적으로 CPS의 기능에 기여하게 된다.

사물인터넷에 의해 연결성이 비약적으로 증가하면서 생산과 소비의 과정도 최적화될 수 있다. 생산시스템이 지역적으로 분산되더라도 중앙에서 CPS를 활용하면 부품 하나, 제품 하나의 상태까지 통합적으로 관리할 수 있다. 또한 제품을 판매한 후에도 자동차를 최적 성능으로 유지·관리하거나, 스마트 워치(smart watch)로 사용자의 건강상태를 지속적으로 점검하는 등의 서비스도 다채롭게 활성화될 것이다. 나아가 소비자는 제품을 통해 생산자와 소통하며 생산에 참여할 뿐만 아니라, 소비자 간 정보 공유를 통해서 생산자에 대한 영향력을 높여갈 것이다.

(2) 생산과 소비의 혁명을 가져오는 사회·경제·환경의 변화

국가, 조직, 개인 등이 밀접하게 관련되는 현재의 세계에서, 복잡다단하게 일어나는 변화들이 순식간에 확산되며 글로벌 트렌드를 형성하고 있다. 이러한 글로벌 트렌드는 지능정보기술과 상호작용하는 가운데 생산과 소비를 변화시킨다. 국내 전문가들을 대상으로 실시한 설문조사 결과, ① 인구구조의 변화, ② 기후변화 및 자원 부족, ③ 경제 저성장, ④ 세계화의 가속과 신보호무역주의의 등장 등이 미래의 생산과 소비를 변화시킬 것으로 나타났다.

① 인구구조의 변화

인구구조의 변화에서 도시화와 고령화는 특히 중요하게 고려할 부문이다. 많은 사람들이 일자리와 편의시설이 풍부한 도시로 모여들고 있다. 세계의 도시화율은 2007년 이미 50%를 넘겼고, 2050년경이면 70%를 돌파할 전망이다. [그림 10]에서 볼 수 있는 것처럼, 도시화는 최근 중상위 소득 국가들이 주도하였으나 앞으로는 중하위 이하 소득 국가들이 이끌 전망이다. 도시는 생산과 혁신에 필요한 인력을 공급하고, 소비자들이 높은 밀도로 모인 새로운 시장이 되고 있다. 이에 따라 도시는 생산·소비 혁명의 진원지 역할을 할 것이다.

정보 인프라에 힘입어 스마트한 소비가 이루어지며, 밀집한 인구 사이에 유행이 빠르게 변화하고, 개성을 추구하며 나만의 맞춤형 상품을 찾는 사람들이 많아질 것이기 때문이다.

또한 보건환경 개선, 의료기술의 발전에 따른 인류의 평균수명 증가에 의한 고령화도 큰 영향을 줄 전망이다. UN에 의하면, 세계 60세 이상 인구 비중이 2015년에는 12.3%였으나, 2050년에는 21.5%에 달할 것이라고 한다. 고령화로 1인당 생산성이 저하되면서 생산 경쟁력을 유지하기 위한 자동화는 더욱 확산될 것이다. 그리고 고령자를 대상으로 하는 새로운 서비스 시장이 성장할 전망이다. 고령자 편의를 위한 헬스케어(health care), 스마트홈(smart home)과 교통 시스템, 쇼핑몰 등이 대표적인 사례이다.

그림 10 **국가 소득 수준별 도시화 현황 및 전망**

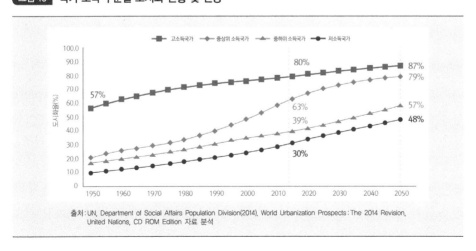

출처 : UN, Department of Social Affairs Population Division(2014), World Urbanization Prospects : The 2014 Revision, United Nations, CD ROM Edition 자료 분석

② 기후변화 및 자원 부족

　세계적으로 기후변화가 가속화되고 자원 수급이 불안정해지고 있다. 2013년 기후변화에 관한 정부 간 패널(Intergovernmental Panel on Climate Change, IPCC) 보고서에 의하면, 지구의 평균기온은 1880년 이후 0.85℃ 상승했고, 21세기 말에는 1986~2005년에 비해 3.7℃ 상승할 것으로 전망된다. UN은 이에 체계적으로 대응하지 않으면 자연재해로 인한 경제적 손실이 21세기만 해도 최소 25조 달러에 이를 것이라고 경고한 바 있다.

　경제성장의 연료라고 할 수 있는 자원은 도시화, 산업화, 전쟁과 같은 외부 요인에 따라 수급의 변동을 겪는다. 향후 원자재의 수급은 세계적으로 중산층의 규모가 커짐에 따라 더욱 역동적으로 변화할 것이다. 또한 원자재 채굴의 한계가 가까워지면서 자원 수급의 불안정성은 더욱 높아질 것으로 예상된다. 그 결과 인류가 지금까지 자원을 이용하며 생산하고 소비해 온 방식이 미래에도 지속가능할지에 의문이 제기되고 있다.

　이러한 상황에서 기후변화와 자원 부족의 문제를 극복하기 위한 세계적 노력이 이루어지고 있다. 2015년 9월 유엔총회에서는 2030년까지 추진할 환경·사회·경제적 측면의 17개 지속가능발전목표(Sustainable Development Goals, SDGs)에 대한 세부적 협의가 이루어졌다. '책임 있는 소비와 생산'은 그중 하나로 중요하게 다루어지고 있다. 또한 2015년 12월에는 파리협정(Paris Agreement)이 체결되어, 기후변화를 억제하기 위한 선진국·개발도상국 모두가 노력하도록 하는 합의를 이루었다.

③ 경제 저성장

　글로벌 금융위기 이후 세계 경제의 저성장이 이어지고 있다. 현재의 저성장은 일시적 현상이 아니라 새로운 일상상태가 되었다는 측면에서 '뉴노멀(New Normal)'로 불리기도 한다. IMF에 따르면 금융위기 전인 2001~2007년의 선진국 잠재성장률은 2.25%였으나, 2015~2020년에는 1.6%로 하락할 전망이다([그림 11] 참조). 신흥국도 같은 기간 잠재성장률이 6.5%에서 5.2%로 낮아지는 등 저성장에서 자유롭지 못할 것으로 예상된다. 장기적으로는 어떨까? OECD에서는 인구 고령화에 따른 노동력 감소로 인해 대부분의 국가에서 2060년까지 잠재성장률이 둔화될 것으로 전망하고 있다.

그림 11 선진국과 신흥국의 잠재성장률 전망

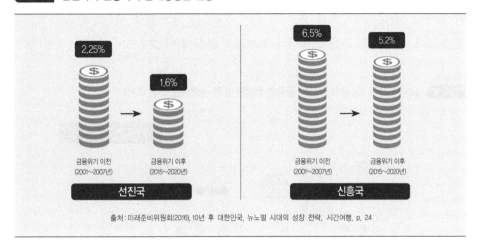

출처 : 미래준비위원회(2016), 10년 후 대한민국, 뉴노멀 시대의 성장 전략, 시간여행, p. 24

　실체적 위협으로 떠오르는 경제 저성장 추세를 돌파하기 위해 세계적으로 신산업 창출을 위한 경쟁이 가속화되고, 기업들은 한정된 시장에서 살아남기 위해 더욱 치열하게 경쟁하고 있다.

　저성장의 지속은 소비문화에도 영향을 미칠 것이다. 일본이나 유럽 등의 선진국에서 이미 나타나고 있듯이, 최소의 비용으로 최대의 만족을 얻으려는 합리적 소비문화가 확산될 것이다. 이러한 소비패턴의 변화는 기업에도 영향을 미쳐, 가격대비 성능이 좋은 제품을 공급하는 전략이 주목받게 될 것이다. 이러한 변화의 한 맥락에서 최근 제품에서 필수적이지 않은 부분을 생략하여 복잡성과 비용을 줄이는 '검소한 혁신(frugal innovation)'이 확산되고 있다.

④ 세계화의 가속과 신보호무역주의의 등장

　세계화가 급격하게 진전되면서 제품과 서비스 외에도 자금, 인력, 정보의 국가 간 이동이 크게 증가해 왔다. 국제연합 무역개발회의(United Nations Conference on Trade and Development, UNCTAD) 통계에 따르면, 국가 간 제품 교역은 1980년의 1조 9,400억 달러에서 2015년 15조 8,500억 달러로, 서비스 교역은 2001년 1조 5,400억 달러에서 2015년 4조 7,300억 달러로 증가했다. 특히, 세계의 공장들이 개발도상국들로 이동하면서 글로벌 협업이 본격화되기 시작했다.

[그림 12]는 글로벌 협업의 과정을 단순화해서 보이기 위해, 소비자 가격 100달러인 가상의 상품을 생산하는 데 기여하는 주체들을 국가별로 시각화해 보았다. 이같은 국가 간 협업은 현대의 생산에서 보편적 현상이 되었다.

그림 12 소비자 가격 100달러 상품이 글로벌 협업을 통해 완성되는 과정(예시)

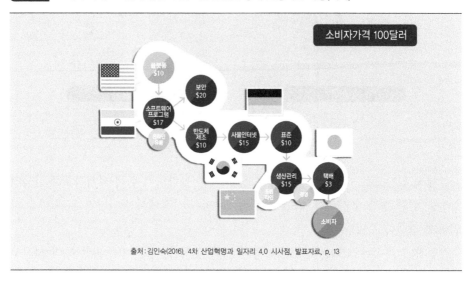

출처: 김인숙(2016), 4차 산업혁명과 일자리 4.0 시사점, 발표자료, p. 13

이러한 과정에서 이전에는 세계 경제의 변방에 위치하던 중국, 인도 등 아시아 국가들이 중요한 주체로 부상했다. 세계의 산업 부가가치에서 아시아 신흥국들이 차지하는 비중은 1991년 11.9%에서 2014년 38.1%로 증가했다(UNCTAD 통계). 또한 OECD(2010년)는 1만 9,500달러 이상 소득을 가진 전 세계 소비자 중 아시아가 차지하는 비중이 2030년경 서구를 앞지를 것으로 예측했다. 그뿐 아니라 최근 인도네시아 등에서 외모를 적극적으로 꾸미는 신세대 남성 '그루밍(grooming)족'이 부상하는 것처럼, 향후 신흥국들은 세계시장의 소비트렌드 형성에 중요한 역할을 하게 될 것이다.

그러나 최근 들어 세계화 흐름에 대한 반작용 또한 나타나고 있다. 2008년 글로벌 금융위기 이후 세계 각국은 자국 경제를 회생시키면서 알게 모르게 보호무역의 장벽을 높여왔다. G20 국가들에서 무역제한조치가 증가하는 추세를 보이고 있으며, 실제로 제품, 서비스, 자금의 세계적인 흐름이 GDP에서 차지하는 비중은 2007년을 정점으로 하락했다. 그리고 2016년의 브렉시트(Brexit)나 미국 대선 결과는 이러한 신보호무역주의의 동향을 극명하게 드러낸 사례라고 할 수 있다. 이는 한국처럼 경제의 대외의존도가 높은 국가들에게는 더 큰 영향을 줄 수 있다.

4. 4차 산업혁명에서 '생산과 소비 혁명'의 주요 트렌드

4차 산업혁명시대에는 과학기술의 발전과 사회·경제·환경의 변화가 맞물리면서 생산과 소비는 큰 변화를 겪을 것이다. 이러한 변화상은 [그림 13]과 같이 생산과 소비의 '다양화'와 '융합'이라는 두 가지 키워드로 요약할 수 있다.

더불어, 생산과 소비의 영역 간 융합이 두드러질 전망이다. 특히, 제품과 서비스의 융합이 더욱 활발해지고, 인간과 기계의 협업으로 생산·소비가 스마트하게 이루어지며, 생산·소비 네트워크가 세계적 차원으로 확대되어 글로벌 융합도 이루어질 것으로 예상된다.

그림 13 생산과 소비 혁명의 주요 트렌드

1) 생산과 소비의 다양화

(1) 개인 맞춤형 생산의 확대

기술 발전에 힘입어 개인별 수요에 최적화된 제품과 서비스의 생산이 더욱 확대될 것이다. 과거에는 평균적인 보통 사람들이 좋아할 만한 무난한 제품이 대량으로 생산되었기에 소비자는 제한된 선택 범위 내에서 괜찮은 제품을 구매하는 데 만족해야 했다. 그러나 네트워크 발달로 연결성이 크게 높아지면서, 소비자는 더욱 다양한 브랜드를 접하고 폭넓은 선택을 할 수 있게 되었다. 즉 생산자와 소비자가 상시적으로 연결되어 아무리 작은 수요도 충족할 수 있게 되는 온디맨드 경제(on-demand economy)가 확대될 것이다. 그리고 미래의 소비자들은 넘쳐나는 선택지 속에서도 혼란을 겪지 않고, 더욱 쉽고 편하게 소비활동을 할 수 있을 것으로 전망된다. 소비자의 구매 이력, 생활 패턴, 주변인의 선호, 새로운 유행 등의 정보가 자동으로 분석되어, 가장 적합한 상품을 큐레이션(curation)[1]하여 줄 것이기 때문이다.

또한 소비자마다 개성 있는 라이프스타일을 추구하고 제품의 감성적 가치를 중시하면서 시장 수요는 더욱 세분화될 것이다. 기능적 가치와 달리 감성적 가치는 개인마다 기준이 다르므로 서로 다른 제품과 서비스를 선택하도록 만든다. 소비 수요의 초세분화로 인해 평범한 대량생산 제품에 대한 선호는 더욱 낮아질 것이다. 이와 함께 빅데이터, 사물인터넷, 3D 프린팅 기술 등의 발달은 생산을 유연하게 만들고, 생산·소비를 긴밀하게 연결하며, 개인 맞춤형 생산이 확대되는 계기를 마련해 주었다. 결국 대량생산 개념에 기반한 생산에서 다양한 수요를 폭넓게 충족하는 생산으로 패러다임이 변화하고 있다([그림 14] 참조).

그림 14 **시장 및 고객의 요구와 밀접해지는 미래의 생산**

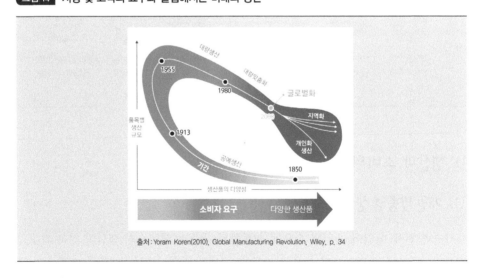

출처 : Yoram Koren(2010), Global Manufacturing Revolution, Wiley, p. 34

---

1) 큐레이션이란 여러 가지 정보를 수집해서 선별한 후 이에 새로운 가치를 부여하여 전파하는 것을 의미한다.

미국의 스타트업(startup) 기업 솔스(SOLS)는 고객이 스마트폰 앱으로 찍어 보낸 발 사진을 받아 맞춤형 깔창을 3D 프린터로 제작하여 배송해 준다. 로컬모터스(Local Motors)는 3D 프린터로 개인 맞춤형 전기자동차를 만들어주는 세계 최초의 기업으로, 고객의 주문을 받아 차량을 새로 디자인하고 제작하는 데 7일 이내의 시간이 소요된다([그림 15] 참조)

그림 15 소비자의 다양화와 개인 맞춤형 생산 확대의 사례

출처 : 솔스 홈페이지(www.sols.com)(좌), 로컬모터스 홈페이지(www.localmotors.com)(우)

(2) 소비 트렌드의 급격한 변화

현대에는 사회와 소비 트렌드가 빠르게 변화하면서 제품과 서비스의 수명주기가 짧아지고 있다. 태블릿 PC의 경우 출시된 지 불과 5년 만에 시장이 감소세로 돌아섰다. 2016년 세계적인 관심을 불러일으켰던 '포켓몬 고(Pokemon Go)' 게임도 출시된 지 2주일 만에 이용자 수가 감소세로 돌아서고, 앱 스토어 매출 1위 자리도 78일 만에 타 게임에 내주었다.

제품과 서비스의 수명주기 단축에 기술 혁신의 가속화도 한몫하고 있다. 미국 전체 인구의 25%가 전기를 사용하는 데는 40년의 세월이 걸렸고, 전화기도 30년 이상이 걸렸다. 그러나 인터넷이나 스마트폰은 채 10년이 안 되어 인구의 25%까지 확산되었다. 기술 혁신이 빨라지면서 소비자들은 새 제품이 나오면 기존 제품이 충분히 쓸 만한데도 교체하는 현상이 만연하게 되었다. 과거에는 스마트폰의 교체 주기

가 2~3년이었지만, 최근에는 새 제품이 나오면 1년 만에 교체하는 사람들도 많아졌다. 또한 미국에서는 시청자들이 유선방송을 해지하고, 넷플릭스(Netflix) 등의 스트리밍 영상 서비스로 옮겨가는 '코드커팅(Cord Cutting) 현상'이 나타나고 있다.

급변하는 소비 트렌드, 기술 트렌드에 기민하게 대응하는 것은 기업들에게 사활이 걸린 과제가 되고 있다. 이를 위하여 기업들은 신속한 생산 혁신을 추구하고 있다. 유니클로(UNIQLO), 자라(ZARA) 등은 의류의 기획부터 판매까지의 전 과정을 주관하는 스파(Specialty store retailer of Private label Apparel, SPA[2]) 사업 모델을 통해 리드 타임(lead time)[3]을 9개월에서 2주 수준으로 단축하였다. 이로써 소비자들의 쉴 새 없는 수요 변화를 신속히 충족하며 성장할 수 있었다.

트렌드 변화가 더욱 빨라질 미래에는 기업의 혁신을 가속화하기 위한 방법들이 다각적으로 도입될 것으로 전망된다. 현재에도 기존의 기술들을 조합하여 혁신을 창출하거나, 프로젝트를 효율적으로 분해해서 병렬 추진하는 등의 방법들이 이용되고 있다. 기업들은 시장에 기민하게 대응하기 위해, 의사 결정 권한을 더욱 분산하고 고객 소통을 강화하도록 조직을 개선해 갈 것이다. 기업 내에서도 관행이나 기밀 유지 등의 이유로 분절되어 있던 시스템을 통합하여 고객, 생산 현장 등의 데이터와 정보가 장벽 없이 흐르도록 하는 조직 혁신이 많아질 것으로 예상된다.

(3) 생산·소비의 환경친화성 증대

미래에 생산과 소비를 지속적으로 유지하기 위하여 환경친화적 생산이 중시될 것이다. 기존에는 원료나 원자재가 자연에서 수취되어 제조과정을 거쳐 제품으로 변환되고, 소비된 이후 폐기되었다. 이때 한번 폐기된 원료, 원자재는 다시 사용되기 힘들었다. 그러나 원자재 가격이 오르고 수급의 안정성이 낮아지면서 전통방식의 생산·소비는 지속하기 어려워져 가고 있다. 게다가 2030년이 되면 약 30억 명에 달하는 개발도상국의 소비자가 중산층에 진입할 것으로 전망된다. 이 같은 신규 수요의 거대한 유입은 인류가 여태껏 경험하지 못한 수준으로, 인류 전체의 수요를 충족하도록 제품 재료의 공급을 확대하려면 많은 어려움이 따를 것으로 예상된다.

---

2) 스파(SPA)는 단일 업체가 의류의 기획, 생산, 유통을 통합적으로 수행하여 효율을 높이는 방식으로, 현장의 소비자 수요를 신속히 충족하고 재고를 줄일 수 있다는 장점이 있다.

3) '리드 타임'이란 상품의 주문에서 인도까지 소요되는 시간을 가리키는 말이다.

이러한 변화에 대처하기 위해 환경친화적 생산과 소비를 위한 노력이 확산되고 있다. 미국의 반도체 기업 인텔(Intel Corporation)이 운영하는 반도체 공장 팹32(Fab 32)는 자연채광과 태양에너지를 활용하고 공장 운영을 최적화하여, 에너지 사용을 절감하고 온실가스 배출을 15% 줄였다. 또한 사용한 물을 70%나 저장하여 재사용할 수 있도록 하는 등 자원 이용의 효율성을 극대화하였다. 글로벌 의류업체 H&M은 고객이 입지 않는 옷을 가져오면 고객에게 신상품 할인권을 지급하는 회수 프로그램을 선보인 바 있다. 회수된 의류는 역물류(reverse logistics)[4]기업과 협업해 세계시장에서 중고의류로 재활용되고, 더 이상 입을 수 없는 옷은 청소용 직물, 진동흡수재, 단열재 등으로 이용된다. 이와 같이 수명이 다한 자재와 부품을 여러 용도로 여러 산업에서 여러 번 재활용하는 것을 '폭포수 방식(cascaded use)'이라 부른다.

이와 같은 움직임이 제대로 이루어지기 위해서는 공공 규제와 소비자 의식의 개선이 함께 이루어져야 한다. 근대 이후의 사회는 자연환경을 마치 공짜인 것처럼 남용해 왔다. 그러나 미래에는 자연환경의 이용에 적정한 가격이 부과되고 여기서 얻어진 수익을 다시 자연환경 관리에 이용하려는 움직임이 생겨날 것이다. 우리나라에서도 2016년 5월 「자원순환기본법」이 제정되어 2018년 1월 시행될 예정이다. 이 법안에는 자원 순환 성과관리 제도, 자원 순환 인정 제도, 폐기물 처분 부담금 제도 등의 내용이 담겨 있다. 그리고 소비자 사이에 '죄책감 없는 소비' 같은 움직임도 활발해질 것이다.[5] 아울러 소비자들이 생산품과 생산과정에 대해 폭넓은 정보를 얻게 되면서, 생산자의 환경윤리 준수를 강제할 힘을 갖게 될 것이다.

2) 생산과 소비의 영역 간 융합

(1) 제조와 서비스의 결합

지능정보기술을 통해 제품과 서비스를 결합해 제공함으로써 고도화된 부가가

---

4) 원료-부품-제품-서비스-소비자'로 향하는 전통적인 물류의 흐름에 역행하여 원료를 재사용, 재제조, 재활용할 때 발생하는 물류의 흐름을 의미한다.

5) 죄책감 없는 소비(guilt-free consumption)란 신체적 비만, 개발도상국 노동자들의 인권, 지구환경 등에 대한 부정적 영향을 고민할 필요가 없는 제품을 선택해서 소비하는 것을 말한다.

치를 창출하는 트렌드는 미래에 더욱 심화될 것이다. 최근 기업들은 최종 생산품의 판매 후에도 유지·개선·재활용 등의 서비스를 제공하며, 가치사슬 전체를 지능적으로 관리하는 것에 많은 관심을 갖는다. 완성차 업계에서는 텔레매틱스(telematics)를 통해 차량 판매 후에도 고객과 지속적으로 소통하며 서비스를 제공하는 것이 일반화되는 추세이다. 온도조절기를 기반으로 가정 내 가전제품과 조명을 제어해 최적의 생활환경을 제공하는 네스트(Nest), 데이터 분석을 활용하여 엔진 관리 서비스를 제공하는 GE, 정수기 제품 판매에 렌털(rental) 개념을 적극적으로 도입한 웅진코웨이도 제품과 서비스의 융합 사례라 볼 수 있다.

제조의 서비스화가 강조되는 것은 기존의 전문성을 새로운 방식으로 활용해 더욱 높은 가치를 창출할 수 있기 때문이다. 전통적 제조기업도 서비스화를 통해 시장에서 차별화된 위치를 차지할 수 있다.

우선, 제조와 서비스의 결합을 통하여 소비자 중심의 시스템을 구축하고 가치를 제공할 수 있게 된다. GE는 산업인터넷(industrial internet)을 통해 엔진·기계 등의 제품을 유지·관리·컨설팅·금융 등의 통합 서비스 패키지와 결합하여 제공한다. 제품 진단 서비스와 분석 솔루션을 결합한 GE의 산업인터넷은 제품, 사용자, 비즈니스를 연결하며 고객사의 시스템 운영을 최적화해 준다.

또한 생산자는 고객과 지속적인 관계를 유지하며 자신의 제품을 계속 이용하도록 유도할 수 있다. 이는 소비부문에서 제품 자체를 구입해 소유하기보다, 제품 사용권을 구입하여 접속하는 형태가 선호되는 현상과도 맞닿아 있다. 공유경제(sharing economy)의 성장에서 볼 수 있듯이, 소비자들은 자산을 직접 소유하지 않고도 원하는 때에 필요한 만큼만 이용하는 것을 점점 더 선호하고 있다.

기술 발달로 고객의 사용량을 정확히 측정할 수 있게 됨에 따라 일회성 판매 대신 사용량 기반 계약(pay-as-you-go)[6] 서비스가 활성화될 것이다. 사용자는 제품을 구매, 소유하는 대신 서비스 접근과 이용 권한을 구매함으로써 초기 비용은 크게 낮추고 유지·관리의 부담에서 벗어날 수 있게 된다. 미국의 태양광발전 설비 업체 솔라시티(SolarCity)는 태양광 패널의 판매 대신 주택에 설치한 패널에서 생산된 전기를 해당 가정에 저렴하게 판매하는 사업을 벌여 급성장을 이루었다.

---

6) 사용량 기반 계약은 자원을 사용량에 따라 과금하는 형태의 계약을 의미한다. 마이크로소프트(Microsoft)의 오피스 프로그램도 과거에는 패키지 판매 방식이었지만, 지금은 1년 단위 서비스 계약(오피스 365) 방식으로 많이 판매된다.

(2) 생산과 소비의 스마트화

미래에는 자동화 기술과 정보 공유를 통해 스마트한 생산·소비가 확산될 것이다. 스마트 시대의 소비자들은 '언제, 어디서나, 어떤 기기에서나' 제품과 서비스를 이용·구매하고 기업과 소통하기를 기대할 것이다. 시장의 이러한 요구사항에 따라, 인간과 기계의 협업을 통해 생산과 소비가 더욱 스마트해지는 방향으로 발전해 갈 것이다.

미래의 스마트 소비자는 디지털 및 모바일, 나아가 가상현실 기술로 무장하고, 오프라인, 온라인, 모바일, 가상현실, 증강현실 등 전방위에 걸친 채널에서 자신에게 꼭 맞는 제품과 서비스를 찾아내 구매할 것이다. 또한 소비자는 소셜 미디어나 가격 비교 사이트에서 실시간으로 정보를 공유하며 가장 저렴한 구매조건을 찾아낼 것이다. 이때 제품에 대해 기능, 성능, 품질, 가격, 사후 관리 등 기본적 정보뿐만 아니라, 환경 및 노동 윤리의 준수 여부도 챙겨서 확인하는 사람들이 늘어날 것으로 보인다. 즉 미래의 소비자들은 '똑똑한 소비자'를 의미하는 '스마트슈머(smartsumer)'를 넘어서, 전문 엔지니어 못지않은 지식을 갖춘 '컨슈니어(consuneer)[7]'로까지 진화할 것이다.

이처럼 똑똑해지는 소비자의 요구에 대응하기 위해 미래의 생산 또한 단순히 공급 주도적 관점에서 생산요소를 투입, 가공하는 구조에서 벗어나, 수요 데이터를 관측, 활용하며 프로세스를 탄력적으로 조정하는 스마트한 형태로 진화할 것이다. 기계 설비나 소재·부품에 센서와 메모리가 부착되어 생산과정이 자가진단되고 최적화될 것이다. 사물인터넷으로 제품의 모든 생애주기를 추적할 수 있게 됨에 따라, 사이버–물리 시스템에 의한 생애주기별 제품 관리가 가능해질 것이다. 제품의 성능을 향상시키는 동시에 가격을 하락시킬 수 있다는 장점으로 인해, 스마트 생산은 더욱 폭발적으로 보급될 것이라 예상된다.

인간과 기계의 지능형 협업이 일반화되는 미래에는, 제품과 프로세스의 기획·설계단계부터 시뮬레이션이 적용되어 제작기간을 단축하며 맞춤형 제품을 개발할 수 있게 될 것이다.

설비–자재–시스템 간 연결, 원자재–반제품–제품 간 연결성이 증대되고 전체 과

---

7) 스마트슈머는 똑똑한(smart)과 소비자(consumer)의 합성어로서 똑똑한 소비자를 가리키는 말이고, 컨슈니어는 소비자(consumer)와 기술자(engineer)를 결합한 신조어로서 전문가 못지않은 지식을 가지고 제품의 성분과 기술력 등을 꼼꼼히 따지는 소비자를 가리키는 말이다.

정이 최적화될 것이다. 그리고 서비스 영역에서는 데이터를 분석하여 유용한 정보를 생산하고 의사 결정을 지원할 것이다. 결과적으로 생산의 각 단계가 유기적으로 연계되고 상황에 따라 유연하게 조정됨으로써 효율을 높이고 개인 맞춤형 생산의 확산에 기여할 것이다.

독일의 부엌가구 제조업체 노빌리아(Nobilia)는 현재 확인되는 사례 중의 하나이다. 노빌리아는 바코드를 부착한 자재·부품들의 데이터를 실시간으로 송수신해서 대부분의 공정을 자동으로 수행한다. 이를 통해 2,500명의 직원이 특별 주문 가구를 매일 2,600세트씩 생산하고 있다.

또한 미래에는 위탁 제조 전문기업의 도움으로 스타트업 기업의 시제품 제작, 대기업의 제조부문 아웃소싱(outsourcing)으로 인한 수요에 따라 유연한 생산이 더욱 확대될 것이다. 이 과정에서 지능정보기술은 제품 생산의 기획, 개발, 설계, 제조, 유통, 판매의 모든 단계에서 인간이 수행하는 작업을 도와주며 효율성과 유연성을 높여줄 것이다. 그리고 법률·의료·교육·유통 등의 서비스 영역에서도 빅데이터의 관리, 분석과 함께 전문적 질의에 대한 응답과 컨설팅에 활용될 것이다.

(3) 프로세스의 글로벌 융합과 리쇼어링

생산 시스템이 세계적으로 분산되는 가운데, 긴밀한 상호작용을 통해 자원과 역량을 공유하며 생산이 최적화되어 이루어질 것이다. 생산 자원과 인력을 확보하고 소비시장에 밀착 대응하기 위해, 생산 시스템의 확장은 국가 간 경계를 넘어서 일어나고 있다. 세계 각국과 기업들은 글로벌 가치사슬에서 고부가가치 영역을 확보하기 위해 경쟁하는 한편, 각자의 강점을 갖고 글로벌 차원의 기업 네트워크를 형성하게 될 것이다.

애플의 아이폰은 현재도 세계적으로 분산된 생산 프로세스를 활용하고 있다. 일본에서 재팬디스플레이(Japan Display Corporation)와 샤프(Sharp Corporation)가 디스플레이를, 대만에서 TSMC(Taiwan Semiconductor Manufacturing Company)와 진테크가 터치ID 센서를, 한국에서 삼성이 배터리와 플래시메모리(flash memory)를 생산하는 등 세계 각지의 200여 개 공급업체가 부품을 생산한다. 최종 조립은 인건비가 저렴한 중국에서 이루어진다. 이러한 방식을 통해 생산을 유연하게 운영할 수 있으며, 미국의 애플 본사는 소프트웨어, 디자인, 마케팅에 집중할 수 있게 되었다.

미래에는 애플처럼 기업들이 수평적 네트워크를 이루어 협력하는 방식이 더욱 확산될 것이다. 개별 가치사슬별로 전문성을 갖는 기업들이 외부에 얼마든지 존재하고, 지능정보기술의 발전은 이들과의 거래 비용을 크게 줄여줄 것이기 때문이다. 결국, 미래에는 기업들에게 자체 경쟁력의 강화 못지않게 우수한 파트너 기업을 발굴하고 긴밀하게 협력하는 것이 중요해질 것이다. 그리고 ICT가 발달하면서, 파트너 기업의 선택은 글로벌 네트워크를 활용하여 이루어질 것이다.

그러나 다른 한편으로 선진국을 중심으로 일부 제조시설을 본국에 재배치하는 리쇼어링(reshoring)이 일어나고 있다. 이는 기술 발전이나 신흥국의 인건비 상승뿐 아니라 신호보무역주의의 등장에도 원인이 있다. 2017년 출범한 미국의 새로운 행정부는 자국 시장에서 활동하는 기업들이 자국 내에 제조시설을 두어야 함을 강력하게 요구하고 있다.

5. 앙트레프레너십(entrepreneurship)의 의의

앙트레프레너십(entrepreneurship)은 프랑스어 앙트레프레너(Entrepreneur)와 영어접미사 '-ship'을 결합하여 만든 20세기의 신조어이다. 먼저 앙트레프레너(Entrepreneur)란 무엇인가에 대해 알아보아야 할 것이다. 앙트레프레너(Entrepreneur, 창조적 파괴자)는 '수행하다, 시도하다, 모험하다'의 의미를 가지고 있으며(Lewis, 1983), 200년 전에는 중개상(between-taker 또는 go-between)이라는 뜻을 가진 말로 '아무도 신경 쓰지 않는 것에서 의미 있는 무엇을 찾아낸 사람'을 지칭하는 용어로 사용하였다(김종재, 2000). 18세기 프랑스 경제학자인 캉티용(R. Cantillon)은 앙트레프레너라는 용어를 처음 사용하였는데, 확실한(certain) 가격에 상품이나 원료를 구매하여 불확실한(uncertain) 가격에 제품을 판매하는 상인, 농부, 장인 등을 관찰한 후 이들에게 '위험을 감수하고 경제활동에 종사(risk bearing activity)하는 사람'으로 정의하였다. 19세기에 들어와 프랑스의 경제학자 세이(Jean Say)는 캉티용의 정의에 생산의 기능을 추가하여 앙트레프레너를 '경제적 자원을 생산성과 수익성이 낮은 곳으로부터 보다 높은 곳으로 이동시키는 사람'으로 보았다.

세이의 사상에 영향을 받은 미국의 경제학자 슘페터(Joseph Schumpeter)는 앙트레프레너를 '혁신(innovation)을 통해 창조적 파괴(creative destruction)를 주도하는 사람'으로 정의하였다. 슘페터는 혁신의 유형을 ① 신제품의 개발, ② 새로운 생산방식의 도입, ③ 신시장의 개척, ④ 새로운 공급자의 확보, ⑤ 새로운 조직의 실현 등으로 규정하였다.

나이트(Knight, 1921)에 따르면 불확실성하에서는 변화에 대한 적응정도에 따라 기업이 이윤 또는 손실을 얻을 수 있고, 앙트레프레너의 선택과 능력이 이윤의 원천이 된다. 한편 현대의 경영학자인 드러커(Peter Drucker)는 앙트레프레너를 '변화를 탐구하고, 변화에 대응하며, 변화를 기회로 이용하는 자'로 정의하였다. 이처럼 앙트레프레너에 대한 정의는 시대와 학자에 따라 다소 차이를 보이지만, OECD(1998)가 제안한 다음의 정의는 현세대의 인식을 보여주고 있다. "앙트레프레너는 경제의 변화와 성장의 주체로서 혁신적 아이디어의 생성·확산·활용을 가속화할 뿐만 아니라, 이를 통해 자원의 효율적 활용을 도모하고 경제활동의 범위를 확장하는 주체이다." 앙트레프레너(창조적 파괴자)가 가지고 있는 혁신적이며, 진취적이고 위험감수적인 특성을 수반한 앙트레프레너십은 경제주기 상에서 경기하락을 다시 회복시키는 역할을 수행하며, 이것은 혁신이라는 궁극적 목표를 달성하는 데 도움을 주고 있다(Schumpeter, 1934).

슘페터 이후, 앙트레프레너십은 다양한 학자들에 의해 정의되고 있다(Low and MacMillan, 1988). 예를 들어, 슘페터(Schumpeter, 1934)는 앙트레프레너십을 새로운 조합을 수행하는 것으로 정의했으며, 나이트(Knight, 1921)는 미래를 성공적으로 예측할 수 있는 능력으로 정의하였다. 리벤스타인(Leibenstein, 1978)은 경쟁자들에 비해 보다 진취적이고 현명하게 일을 수행할 수 있는 능력으로 정의하였으며, 커즈너(Kirzner, 1973)는 불완전하고 불균형이 발생할 수 있는 다음 시장을 정확히 예측할 수 있는 능력과 관련지어 앙트레프레너십을 정의하였다. 유사하게 이를 정의하였지만 약간의 시각차이를 보이고 있는 스티븐슨, 로버트, 그리고 그로스벡(Stevenson, Roberts, and Grousbeck, 1985)은 현재 통제된 자원보다는 기회지각에 의해 주도되는 것으로 앙트레프레너십을 정의하였으며, 가트너(Gartner, 1985)는 신생조직의 창업으로 이를 정의하였다. 이처럼 앙트레프레너십에 관한 정의는 매우 다양하다.

앙트레프레너십에 대한 개념은 현상을 바라보는 학문적인 입장에 의해 영향을 받는다. 경제학에 기반을 둔 관점에서는 주로 시장의 불확실성과 변화에 기반한 위험을 내포한 기회, 그리고 혁신에 중점을 두고 있는 반면, 경영학자들은 새로운 조직의 출현(창업), 또는 새로운 자원의 조합과 활용 등 조직과 전략의 관점에서 앙트레프레너십을 정의하고 있다. 그리고 앙트레프레너(창조적 파괴자)의 특성(trait)을 바탕으로 앙트레프레너십을 정의하고 있는 심리학자들은 앙트레프레너(창조적 파괴자)가 일반인과는 다른 심리적 특징을 가졌을 것이라는 가정하에서 앙트레프레너(창조적 파괴자)의 성취욕구, 위험감수성, 통제의 위치 등의 특성을 밝히고자 한 경우가 많다(고종길, 2009).

표 2 앙트레프레너십에 관한 다양한 정의

연구자	정의	중심내용
Knight(1921)	불확실성과 위험의 부담으로부터 생기는 이윤을 추구하는 행위	위험감수, 이윤추구
Schumpeter(1934)	생산적 요소의 새로운 조합을 발견하고 촉진하는 창조적 파괴과정	새로운 결합촉진
Leibenstein(1968)	조직의 비효율성을 제거하고 조직의 엔트로피를 역전시키는 과정·활동	비효율성 제거, 가치창출
Stevenson(1983)	현재 보유하고 있는 자원에 구애받지 않고 기회를 추구하는 것	기회추구
Hisrich(1985)	또 다른 가치를 창조하는 과정	가치창출
Gartner(1985)	신조직의 창조(과정/활동)	조직체 창조
Drucker(1985)	새로운 부 창출 능력을 가진 기존 자원의 할당을 포함한 혁신의 한 행동	혁신(자원의 할당)
Schuler(1986)	사내기업가들의 혁신적인 위험감수 활동	혁신과 위험감수
Stevenson & Jarillo-Mossi(1986)	기회를 개발하기 위해 자원을 결합함으로써 가치를 창조하는 과정	가치창출
Amit, Glosten, & Muller(1993)	불확실하고 모호한 환경하에서 새롭고, 독특하고, 가치있는 자원의 조합으로부터 수익을 창출하는 과정	자원의 조합

연구자	정의	중심내용
Timmons(1994)	기회에 초점을 두고, 총체적 접근방법과 균형 잡힌 리더십을 바탕으로 하는 사고/추론/행동방식	기회추구 사고, 추론, 행동방식
Kao(1995)	부가가치를 창출하는 과정	가치창출
Lumpkin & Dess (1996)	조직의 신규진입	조직체 창조
Duane & Hitt(1997)	파악된 기회의 이점을 취하기 위해 자원을 수집하고 통합하는 것	자원수집과 통합, 이윤추구
Timmons(1999)	사실상 의무로부터 비전을 창출하는 능력	가치창출
김종년(2004)	실질적으로 아무것도 아닌 것으로부터 가치있는 어떤 것들을 이루어내는 인간적이고 창조적인 활동	가치창출
배종태 · 차민석 (2009)	현재 보유하고 있는 자원이나 능력에 구애받지 않고, 기회를 포착하고 추구하는, 사고방식 및 행동양식	기회추구 사고방식 및 행동양식

출처 : 이민화(2015), 지속가능한 혁신의 리더십 기업가정신 2.0, pp. 24-26

　2009년 마이클 루퍼트 펜네더(Michael Rupert Peneder)는 기업가정신에 대해 한마디로 정의 내릴 수 없기 때문에 이를 모듈식 개념으로 이해해야 한다고 지적한다(〈표 3〉 참조). 모듈은 크게 3개로 구분되며 앙트레프레너가 어떤 행태(behavior)를 보여야 하고, 어떤 임무와 기능(function)을 해야 하고, 어떤 지위와 직업(occupation)을 가져야 하는지에 대해 각각 정의하고 있다.

표 3　**앙트레프레너십의 모듈**

	주요 특성
행태적 측면	– 앙트레프레너십은 이윤기회의 추구와 개척임 – 앙트레프레너의 행동 특성 　① 경험적 지식에 입각한 리더십의 발휘 　② 불확실성하에서 의사결정 　③ 새로운 수단, 목표, 혹은 수단–목표의 관계 창출

	주요 특성
기능적 측면	– 균형 달성(equilibrating) ① 시장에서 수급의 조정자 ② 신기술의 채택과 확산 – 불균형 조성(disequilibrating) ③ 혁신을 통한 새로운 기회의 창출
직업적 측면	– 독립 앙트레프레너(independent entrepreneur) : 자신 소유 기업을 경영 – 조직 앙트레프레너(corporate entrepreneur) : 전문 경영인

출처 : Peneder, M.(2005), Tracing empirical trails of Schumpeterian development, In Entrepreneurships, the New Economy and Public Policy, Springer Berlin Heidelberg, pp. 203–221

행태적 측면에서 앙트레프레너십은 이윤기회(profit opportunities)의 추구와 개척으로 정의되고, 앙트레프레너는 리더십을 발휘하고, 불확실성하에서 의사결정을 하며 새로운 사업 목표와 수단 혹은 이의 관계를 창출하는 특성을 갖는다. 기능적 측면에서 앙트레프레너는 시장 조정자로서 신기술의 수용과 확산을 통해 시장균형을 달성하는 기능을 수행하고, 동시에 창조적 파괴를 통해 시장불균형을 발생시키는 기능을 수행한다. 끝으로 직업적 측면에서 앙트레프레너는 자신 소유의 기업을 경영하는 독립 앙트레프레너(independent entrepreneur)와 타인 소유의 기업을 경영하는 전문 경영인과 같은 조직 앙트레프레너(corporate entrepreneur)로 구분할 수 있다.

6. 소비자앙트레프레너십의 부상

앞서 살펴본 앙트레프레너십은 4차 산업혁명시대에 더욱 강조될 것이다. 4차 산업혁명의 특징처럼 기존 경제방식과 비교해 다수의 소비자가 보다 적은 비용으로 효율적인 소비를 할 수 있는 새로운 경제패러다임이 도래했기 때문이다. 이른바 기술과 사회와 인간이 총체적으로 융합하는 미래 모습을 자기조직화하는 초생명사회(Holocracy)[8]라 불릴 수 있다.

---

8) KAIST문술미래전략대학원 · KCERN(2017), 대한민국의 4차산업혁명, 창조경제연구회.

4차 산업혁명은 매슬로우(A. Maslow)의 욕구 5단계에서 물질과 연결의 욕망을 넘은 개인의 자기표현 단계라는 점에서 기존의 산업혁명과 차원을 달리한다. 1차 혁명은 물질의 양적 공급을, 2차 혁명은 물질의 질적 공급을 통하여 매슬로우 욕구 5단계의 각 1, 2차 단계를 만족시켰다. 이어서 3차 혁명은 인터넷 연결의 혁명으로 인간의 사회적 연결 욕구를 충족시켰다. 과연 4차 혁명은 무엇을 제공할 것인가. 인공지능과 로봇으로 대표되는 생산성 혁명은 초생산 사회를 이룩하여 물질과 서비스의 공급문제를 해결할 것이다. 그렇다면 인간은 무엇을 할 것인가. 이 질문이 바로 4차 산업혁명이 과거 산업혁명과 다른 본질적인 차이를 갖는 이유이다. 4차 산업혁명은 인간의 정신적 욕구인 자기표현과 자아실현이라는 매슬로우 욕구 4, 5단계에 도전하는 혁명이다. 그래서 4차 산업혁명은 인간을 연구하는 인문학과 융합된다. 즉 물질의 소유를 넘어, 사회적 관계를 넘어 자기표현과 명예에서 행복을 추구하는 사회이다. 불행은 외부에서 오나, 행복은 내부에서 온다. 과거 산업혁명과는 본질적으로 다른 가치가 창발된다.

  4차 산업혁명에서는 생산과 공급의 문제보다 소비와 분배의 문제가 궁극적인 과제가 된다. 물론 4차 산업혁명의 첫 단계는 생산의 혁명이 될 것이다. 우선 기술은 초생산성을 이룩할 것이다. 무엇보다 전문 서비스업의 생산성이 급증할 것이다. 결국 인공지능과 로봇이 초생산혁명의 주역이 될 것이다. 수요는 경험경제의 확산으로 물질 소비는 줄고 개인화된 정신적 소비가 증대된다. 놀이와 문화가 최대 산업으로 부상할 것이다. 물질의 소유에서 정신의 삶으로 행복은 이동할 것이다. 지속가능한 성장은 혁신에 비례하는 보상에, 지속가능한 분배의 문제는 복지의 거버넌스에 달려 있다. 만약 현재보다 월등한 생산이 가능한 사회가 도래하여 분배문제가 해결된다면 미래는 유토피아가 될 것이다. 그래서 경제적 가치와 사회적 가치가 선순환하는 미래 사회의 이론에 소비자앙트레프레너십에 대한 새로운 정의가 필요하다.

  소비자의 힘에 대하여 지속가능성을 중시하는 혁신의 시장기회를 발견하고, 성공적으로 혁신을 실행하고, 새로운 제품이나 서비스를 만들어내는 역할 또한 지속가능성을 손상시키는 시장실패(Market failure) 속에서 시장의 개척자, 평가자의 역할로 진화되어야 할 것이다.

4차 산업혁명, 소비자가 자산이다

요즘 대선주자들은 앞다퉈 4차 산업혁명의 미래에 대처하겠다며 공약을 내걸고 있다. 지난해 세계 경제 리더들이 모이는 다보스포럼 주제는 '4차 산업혁명의 이해'였고, 마침 '알파고'라는 컴퓨터가 바둑 천재 이창호를 압도한 뉴스에 놀란 탓도 있어 인공지능 등 신기술의 등장이 가져올 변화에 많은 사람들의 관심이 모아진 때문일 것이다.

산업사회는 지금까지 두 차례 산업혁명을 경험했고, 3차 산업혁명의 와중에 4차 산업혁명이 대두하고 있다. 1차는 '기계혁명'으로 18세기 후반 증기기관 등장 이후 가내수공업에서 공장 생산체제로 변화된 시기를, 2차는 '에너지혁명'으로 전력의 사용과 가전제품이 등장하는 시기를 말하며, 3차는 정보통신기술 발전에 의한 '디지털혁명'으로 현재도 진행 중인데 4차 산업혁명이 도래하면서 인공지능과 사물인터넷으로 만물이 연결되고 입체프린팅, 신소재, 바이오테크 등 제조기술과 결합해 기계들이 인간과 대화하고, 스스로 학습하며 필요를 찾아 일하는 시대로 진화하는 것이다.

이러한 산업혁명은 생산활동만이 아니라 유통, 소비에도 영향을 준다. 예컨대 과거 자동차와 대형 냉장고 보급이 소비생활의 지역적 범위와 1회 구매량을 확대해 도시근교 대형 할인마트 성장의 계기가 되었고, 인터넷에 의한 온라인쇼핑 확산은 유통업에 대변화를 가져왔다.

과거 기업들은 비용절감을 위해 대량생산하고 구매를 부추기는 마케팅에 엄청난 노력을 들였는데, 4차 산업혁명 시대에는 생산과정이 지능화되고 소비자 니즈가 실시간으로 읽혀짐에 따라 싸게 생산하는 기술 이상으로 소비자의 니즈를 읽는 기술의 중요성이 커진다.

엄청난 정보가 실시간 처리돼 소비자와 공급자가 언제 어디서든 거래할 수 있게 되고, 다수 공급자와 소비자가 기업조직이 아닌 네트워크로 연결된 공유 플랫폼이 등장하며 이들은 거래장터에 그치지 않고 결제 시스템과 함께 마케팅과 관련한 다양한 부가가치를 창출한다. 택시 한 대 없이 세계 최대 택시기업이 된 '우버'나 숙박 공유기업 '에어비앤비'에서 보듯 '개방·공유 플랫폼'이 생산과 유통, 소비의 새로운 흐름이 되고 있다. 나아가 이러한 변화로 소비자들이 생산활동에 참여하는 프로슈머 사회가 심화되고 기업가치는 더욱더 소비자 관계에 의존하게 된다. 트렌드를 리드하는 소비자들이 공급자의 능력을 잘 평가하는 플랫폼에 유능한 공급자들이 모이고 경쟁력이 커지기 때문이다. 애플은 디지털 혁명을 리드하는 소비자그룹을 기반으로 iOS와 아이튠스, 앱스토어 등 플랫폼을 운영하며 제조공장 하나 없이 큰 이익을 내며 시가총액 세계 1위 기업이 됐다.

한편 소비자들은 유통을 브랜드 이미지를 만들고 문화를 즐기는 공간으로 진화시킨다. 새롭게 핫플레이스로 떠오른 가로수길, 홍대앞 등도 문화와 함께하는 쇼핑공간이다. 제조업이나 사무적 서비스들이 인공지능으로 대체되는 4차 산업혁명시대에 소비자들의 아날로그적 감성과 문화적 역량이 더욱 중요해지는 아이러니가 있다.

출처 : 파이낸셜뉴스, 2017.03.23

4차 산업혁명의 본질은 소비 행동의 변화다

지난 4월 12일 '2017 동아 이코노미 서밋'에서 4차 산업혁명과 인공지능에 대한 전문가의 의견을 들었다. 인공지능 학자인 제리 카플란 교수는 할리우드 영화에 나오는 인공지능 로봇이 인간의 뜻에 반해 반란을 일으키는 일은 일어나지 않을 것이라고 했다. 인공지능과 로봇이 산업현장에 지속적으로 도입될 것이고, 그 결과 생산성은 높아질 것이라 했다. 기업에서 이런 기술들을 도입하지 않을 이유가 없다고 했다. 마침 옆자리에 앉은 중년의 직장인 참석자와 담소를 나누었다. 4차 산업혁명이 자신이 근무하고 있는 건설회사에 어떤 영향을 미칠지, 어떤 준비를 해야 할지 궁금해서 참석했다고 했다. 필자 역시 4차 산업혁명이 가속화될수록 경영 환경에 특히 마케팅 환경에 어떤 영향을 미칠지 궁금해서 참석했다. 인공지능, 로봇공학, 사물 인터넷, 빅데이터, 클라우드, 3D 프린팅 등 4차 산업혁명에서 이야기하는 기술들의 융합으로 우리 사회에 어떤 변화를 가져올지 궁금하다.

4차 산업혁명의 특성은 융합이고, 연결이고, 자율화다. 궁극적으로 어디를 향하고 있을까? 인간의 행동 특히 소비 행동에 맞춰지지 않을까? 경영 활동은 결국 돈이 되는 곳에 집중하게 되어 있고, 돈을 가지고 있는 소비자의 의사결정을 얻어내는 것은 기업의 최대 화두가 되기 때문이다. 아날로그 시대 소비자들은 정보 부족으로 품질에 대한 평가를 가격과 브랜드라는 지표로 대신하는 경향이 높았다. 마케터들은 품질이 좀 떨어지더라도 포지셔닝이나 이미지 상징화로 고객을 설득하고 구매를 유도할 수 있었다. 디지털시대 소비자들은 사용자의 후기 20여 개 정도만 읽어보고도 가치가 있는 제품인지 파악한다. 소비 행동 변화의 한 단면이다. 소비자들은 기업에서 제공하는 정보보다는 주변 사람들이나 사용자들의 후기, 그리고 전문가의 평가를 더 신뢰하는 경향으로 바뀌고 있다.

예를 들어 와비 파커는 안경을 온라인으로 주문하고 배송받은 5개의 안경 중에서 하나를 선택하게 해 소비자들의 의사결정 행동에 변화를 주었다. 애플, 인스타그램, 테슬라 등 세계적인 기업을 제치고 미국에서 혁신 기업 1위를 차지한 바 있다. 만약 맞춤형 수제 가죽 신사화 사업을 한다고 가정해 보자. 온라인으로 발 사이즈에 맞는 구두를 주문하고 배송된 구두의 가봉 상태를 점검해 반송한 다음 완성된 구두를 전달받을 수 있다면 구매하고 싶을까? 그것도 기존 수제화의 반값이라면 어떨까? 최근에 수제화 스타트업 기업을 코칭하면서 이런 제안을 했다. 새로운 시장을 만들고자 한다면 디지털 소비 행동을 파악하는 것은 선택이 아니라 필수다.

지난 30여 년 리서치 결과를 연구와 컨설팅 업무에 활용하면서 데이터가 중요하다는 것을 체득했다. 하지만 분석 가능한 데이터는 정형 데이터에 국한되어 있었다. 그런데 몇 년 전부터 빅데이터에 대한 언급이 지속적으로 높아졌다. 빅데이터 분석은 고객의 소리와 사용 후기 등과 같은 텍스트 데이터, 각종 이미지와 동영상 등의 비정형 데이터도 분석할 수 있다. 숨겨진 고객의 마음을 들여다볼 수 있는 방법이다. 아직은 마케팅에 활용하는 데 한계가 있기도 하다. 4차 산업혁명을 가속화하는 여러 기술 중의 하나인 빅데이터 분석을 통해서 소비 행동의 변화를 파악할 수 있는 시대로 접어들고 있다. 문제는 데이터의 규모가 아니라 다양한 유형의 소비 행동 데이터를 마케팅에 활용할 것인가 하는 것이다. 디지털 변혁이 가져올 소비 행동의 변화를 미리 파악하고 대처한다면 오히려 위기를 기회로 바꿀 수 있다.

출처 : 이코노믹리뷰, 858호, 2017.05.03

참 고 문 헌

KAIST문술미래전략대학원, KCERN(2017), 대한민국의 4차 산업혁명, 창조경제연구회.

곽효원, 양진숙(2011). 연구논문 : 섬유패션디자인 제품의 윤리적 소비에 관한 사례 분석. 한국디자인문화학회지. 17(3): 411-422.

국제에너지기구(2014). 세계에너지전망 2014보고서.

김정은, 이기춘(2008). 소비자시민성의 개념화 및 척도개발. 소비자학연구. 19(1): 46-70.

김정은, 이기춘(2009). 소비자시민성의 구성요소와 소비생활영역별 차이 분석. 소비자학연구. 20(2): 27-51.

김진하(2016.08.31). 4차 산업혁명 시대, 미래사회 변화에 대한 전략적 대응 방안 모색. KISTEP InI. 제15호.

미래창조과학부 미래준비위원회, KISTEP, KAIST(2017). 10년 후 대한민국 : 4차 산업혁명 시대의 생산과 소비. 지식공감.

박지희, 김유진(2010). 윤리적 소비. 메디치미디어.

박헌준, & 이종건(2002). 세계 주요 8개국의 기업윤리 동향 : 한국 기업의 윤리경영 1991-2001년 : 변화와 실태. 기업윤리연구. 4(단일호): 133-173.

삼정경제연구소(2016). 소셜시티, 공유경제와 시민중심의 초연결도시, 삼정인사이트.

송인숙, 윤명애, 천경희, 홍연금(2016), 윤리적 소비의 이해와 실천. 시그마프레스.

이득연, 황미진(2013). 생활협동조합을 통한 윤리적 소비 확산 방안 연구. 정책연구보고서. pp. 1-173.

이민화(2015). 지속가능한 혁신의 리더십 기업가정신 2.0. 창조경제연구회.

이상훈, 신효진(2012). 윤리적 소비. 한국학술정보(주).

장일훈, 이성림, 박은정(2017), 소셜미디어를 통한 사회자본 유형이 소비자시민성에 미치는 영향. 한국가정관리학회지. 35(1): 107-124.

장흥섭(2015), 소비자보호 및 이해를 위한 현대소비자론. 경북대학교출판부.

천경희, 홍연금, 윤명애, 송인숙(2010). 착한 소비 윤리적 소비. 시그마프레스.

천경희, 홍연금, 윤명애, 송인숙(2014). 윤리적 소비의 이해와 실천. 시그마프레스.

경향신문(2007.12.23). 아름다운 거래 윤리적 소비(상) 확산되는 운동.

한겨레(2009.09.27). 건강에서 환경, 이젠 사회로⋯ 진화하는 '착한 소비'.

Dodge, H. R.(1996). Consumer Transgressions in the Marketplace : Consumers' Perspectives. Psychology on Marketing.

Batson, C. D.(1990). How social an animal : The human capacity for caring. American Psychologist. 45(3): 336-346.

Batson, C. D., & Shaw, L. L.(1991). Evidence for altruism : Toward a pluralism of prosocial motives. Psychological Inquiry. 2(2): 107-122.

Chen J.(2010). The moral high ground : Perceived moral violation and moral emotions in consumer boycotts (Unpublished doctoral dissertation). University of Oregon.

Faulks. K.(2000). Citizenship, Routledge.

Holbrook, Morris. B.(1999). Consumer value's framework for analysis and research, Routledge.

Monroe, K. R.(1996). The altruistic perspective : Perceptions of a shared humanity. In K. R. Monroe(Ed.). The heart of altruism : Perceptions of a common humanity. Princeton University Press, pp. 197-216.

Muncy, J. A., and S. J. Vitell(1992). Consumer Ethics : An Investigation of Ethical beliefs of the final consumer. Journal of Business Research. 24(4): 297-311.

Shaw, D., & Shiu, E.(2002). An assessment of ethical obligation and self-identity in ethical consumer decision-making : A structural equation modelling approach. International Journal of Consumer Studies. 26(4): 286-293.

저 자 소 개

서 여 주

- 이화여자대학교 일반대학원 소비자학 박사
- 전) IDS & Associates Consulting 컨설턴트
- 전) 경기연구원 연구원
- 전) 한국직업능력개발원 연구원
- 현) 과학기술정책연구원 부연구위원

　　서여주 박사는 소비자에 집중된 수많은 이슈들에 관심을 가진 학자로서 최근에는 4차 산업혁명에 대비한 진정한(authentic) 컨슈머리즘에 관하여 소비자학문 분야에서 선도적인 문제제기를 하고 있다. 무엇보다도 기업과 정부의 폭넓은 경험을 통해 소비자 중심적인 시각에서 소비자 만족과 효용을 극대화하는 가교역할을 담당하며 소비자의 니즈와 소비행동에 대한 다양하고 심층적인 정보를 수집·가공하여 소비자 복지향상에 기여할 수 있는 연구를 꾸준히 수행하고 있다.

임 은 정

- 이화여자대학교 일반대학원 소비자학 박사
- 전) (사)소비생활연구원 부장
- 현) 금융소비자연맹 소비자라이프연구소 연구원
- 현) 이화여자대학교 시간강사

임은정 박사는 소비자 권익향상을 위해 소비자단체에서의 각종 정책 및 시장조사 연구를 시행함으로써 소비자 중심적 사회로의 실질적인 이행방안을 제시하고 있으며, 동시에 이화여자대학교 소비자학과와 교육대학원에서 소비자론 및 소비자 교육 등의 강의를 진행하면서, 다수의 학술연구를 통해 최신의 정량적 기법으로 컨슈머리즘을 정확히 이해하고 이를 확산시킬 수 있는 구체적 방안을 지속적으로 제안하고 있다.

정 순 희

- University of Illinois at Urbana—Champaign 소비자 및 가족경제학(가족과 소비자 경제) 박사
- 전) 한국소비문화학회, 한국FP학회, 한국소비자학회 편집위원장
- 전) 소비자학회 학회장
- 현) 소비자업무협회, 소비자정책교육학회, 한국소비문화학회 부회장
- 현) 한국FP학회 이사
- 현) 이화여자대학교 사회과학대학 소비자학과 교수

정순희 교수는 사회의 지속가능성을 담보할 수 있는 다양한 측면에서의 전략탐색에 관심을 가지고 있는데, 이런 관심은 소비자 스스로의 자발적 의식과 선택하에 이루어지는 에너지 소비와 실효성 있는 선한 규제 및 정책 연구, 자주적이고 비판적인 경제주체로서 소비자의 주권을 확립하기 위한 소비자복지 모형 연구, 소비자와 직간접으로 관련된 패널자료 정량 분석 연구, 그리고 여러 개의 세분화된 소비자 특성과 소비자 교육의 성과분석 연구를 통해 구체화하고 있다.

저자와의
합의하에
인지첩부
생략

컨슈머리즘의 이해

2017년 12월 25일 초판 1쇄 인쇄
2017년 12월 30일 초판 1쇄 발행

지은이 서여주 · 임은정 · 정순희
펴낸이 진욱상
펴낸곳 백산출판사
교 정 편집부
본문디자인 김윤진
표지디자인 오정은

등 록 1974년 1월 9일 제406-1974-000001호
주 소 경기도 파주시 회동길 370(백산빌딩 3층)
전 화 02-914-1621(代)
팩 스 031-955-9911
이메일 edit@ibaeksan.kr
홈페이지 www.ibaeksan.kr

ISBN 979-11-5763-419-4
값 18,000원